古寺遍歴

—法文化の深層を尋ねて—

池田政章 著

信山社

はしがき

それが当人の趣味ではないにしても、学会が関西、それも京都で開かれたときなど、古寺名刹の一つでも訪れてみようかという誘惑にかられない会員はないのではなかろうか。一九六〇年代ともなれば、生活にも余裕ができ、文化に対する飢餓感から、それを癒すために日本人の古都詣でがはやり出す。とくに京都観光旅行、それも古寺巡礼は、今でもその頂点に位置付けされる。

筆者の古社寺巡礼の動機も、最初はそうした機会を利用したものであった。しかも、代々の北陸生れという例に洩れず、両親が熱心な真宗信者という環境に支えられ、加えて、学生時代の長期に渉る結核療養時に蓄えられた宗教心によって後押しされていたから、かなり憑かれたような気持であったに違いない。

他方、判例研究会などの雰囲気のなかで、条文解釈による体系的辻褄合わせのダイアローグに法律学の限界をみたと感じた、若年時の生半可な理解による疑念から、その対極にある「不立文字」の世界に限りない魅力を覚えたという経緯が加わる。

こうして、研究生活も数年たって、日本の古社寺巡礼を果したいという大それた宿望を抱くようになっていた。

古社寺の前で合掌。しかし、頭はその由緒・縁起を考え、想いは建物や仏像の由来にとんでいたから、信仰心というよりは研究心が先走っていたことは否めない。それはそれで、旅先で行きずり合った人々の生きざまとの出会い、文化遺産との対面における日本人の美意識との交わりなど、活字では表わしえない学びを沢山受けとめることができたことは確かである。そして、それが積み重なって頭が飽和状態になれば、吐き出したくなるのが人の習いというもの。

自身もその一人と自戒したうえで、法律学者の硬い難解な文章に辟易していたそのころ、平易な文章の訓練になればと、飽和状態の開放のため、求められるままに、旅先での感想を紀行文という形で表現することにした。それが本書の成り立ちである。

文字通りの、北は東北から南は九州まで、飽きもしないでよく歩いたものだと思う。人は凝り性というから、それも理由だろうが、何かごく当たり前のように巡歴を重ねていたのは、七〇年代に入って法文化論に強い関心をもち、それを深層で支える「日本宗教」の解明という問題意識が強迫観念となっていたことは間違いない。その数、無慮……。したがって、本文でとりあげた古寺名刹はその一部、地域にも偏りがあることは否めない。しかも、どうしても書きたいと思い、資料も集めながら、活字にできなかったものも数多くある（〔補遺〕参照）。原因は、法文化の比較という観点から、ヨーロッパのキリスト教、つまり聖堂紀行に精を出すようになったことによる。

とにもかくにも、これまで活字にした巡礼記を、信山社の渡辺左近さんの薦めによって一書にまとめることにした。写真は、鑑賞用というよりメモ代りに撮っていたので、ややワン・パターンに終始しているが、本文理解の手助けになるのではと考えて多めに掲載した。

なお、筆者には、すでに古寺巡礼の紀行文集『古寺のある風景』（一九八二年、一粒社刊）があるが、今回、それをも本書に収録することにした。諒解いただいた彦坂社長に御礼を申し上げる。

二〇〇一年五月

池田政章

目次

目次

古寺巡礼礼賛（滋賀）

古寺巡礼というと、年寄りのお寺めぐりを想像しがちであるが、近年の古寺めぐりブームを支えているのは、むしろ若者たち、とくに女性である。ガイド・ブックに出てくるような有名観光寺院を若い女性が占領している風景は、今に始まったことではないが、辺地の鄙びた寺院で、まれに人に出くわすことがあれば、それは若い男女のアベックか、女性同士であることが多い。

鶏足寺《けいそくじ》は、滋賀県木之本町にある行基開創の古刹であるが、現在は堂塔伽藍がすべて滅んで、わずかに十数体の古仏像を収蔵する己高閣《ここうかく》があるだけの、寺とは名ばかりの遺跡にすぎない。しかも木之本は、鈍行が二時間に一本程度しか停車しない交通不便な僻地にある。

先日、湖北の十一面観音めぐりを思いたって、私は、渡岸《どうがん》寺《じ》から、石道寺《しゃくどうじ》、そして鶏足寺へと足をむけた。古橋という部落で車を降り、熊川という家を訪ねたら、先客を連れて、いま己高閣に行っているという。収蔵庫は部落で管理しているので、区長の許可が必要なのである。

こんな僻地で先客とは、と不審と興味を抱いて収蔵庫に上った。先客は若い男女のアベックだった。

折しも、管理人が十一面観音の解説を得々としていたが、ちらっとこちらをみて、

「そちらは解説がいりますか」

と、尋ねる。

「いや、結構です」

と答えると、それから、アベック相手に十二神将の解説が長々と続いた。手なれた、しかし誇張を含む仏像講話を聞いている若い二人は神妙であった。三〇分も経っていただろう。話が終って、いかにも満足したという顔付きで、二人は、

「今日は本当に勉強させていただきました」

と礼を述べた。女性が、やがて、

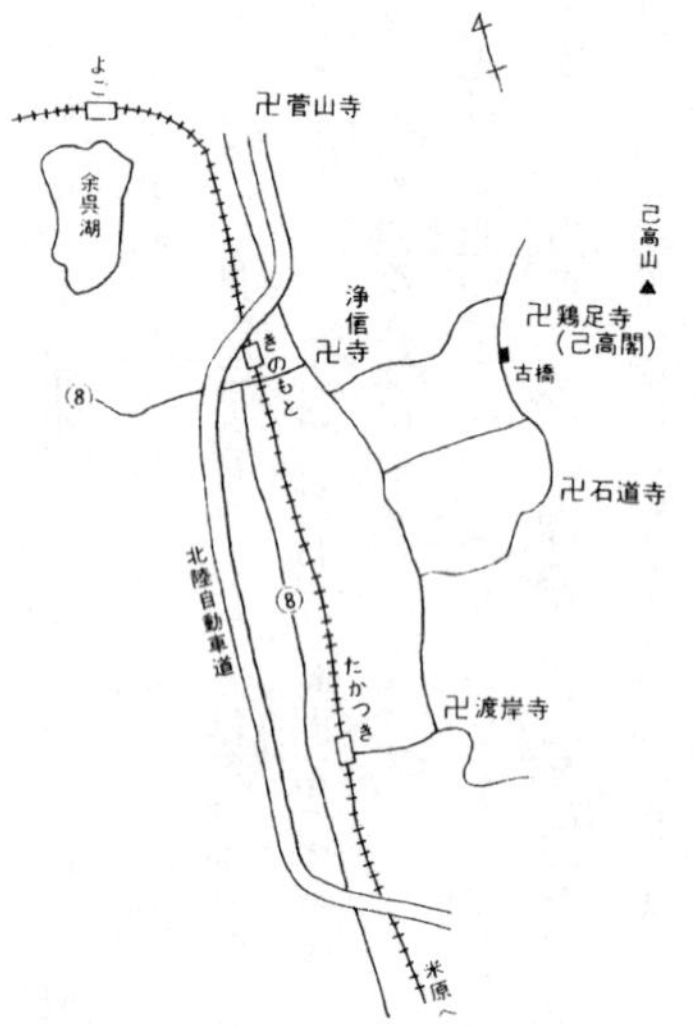

「来てよかったわねえ」
と、男に話しかけたが、いかにも実感のこもった口ぶりであった。そして、得意そうな管理人の顔が、その隣りにあった。

　こんな情景は、私が出あった類似の例の一つにすぎない。

　古寺巡礼に、古仏像巡拝に、若者をかりたてるものは、いったい何なのだろう。仏心を抱いてでないことははっきりしている。そうかといって、かつてのような物見遊山的な社寺参詣とも異なる。信仰の動機より遊びの動機の方が強いことは確かだが、それも歴史的ロマンの探求という恰好よさがあるということか。それはそれなりに、能動的な精神活動が前提となっていると考えてよいのだろう。

　今日、もし先人の文化について知りたいのなら、相応の知識がえられる解説書や写真もある。しかし、それだけでは味わえない現地そのものを、肌で感じとりたいという欲求が、若者を古寺巡礼へと駆りたてるのであろう。そうだとすれば、古寺巡礼で、若者とのあいだに交されたコミュニケーションこそ、遊びの本領であるはずだ。

　日本全国で、寺院の数は七万八千にものぼるといわれる。これらの寺のことごとくが、その造立にあたって何らかの縁起に由来しないものはない。国家鎮護の官寺、貴族・大名の氏寺、町人・百姓の供養寺、そしてまた因縁寺も、それぞれが寺院造立の機縁をもち、そしてそれは複雑で種々雑多である。そこには、仏ならぬ人間を浮彫りにした数多くの物語がある。

　古寺巡礼は、そうしたさまざまな人間の物語との出会いから始まるといえる。そして、そこに人生の縮図があり指針があることに想いいたれば、万巻の教訓書にも優ることとなろう。これぞ遊びの真骨頂である。

　さて、寺院を訪れ、仏像と対面すれば、今度はそこに仏との縁が生ずる。つまり結縁《けちえん》である。仏道と縁を結ぶのである。

仏の心は信仰の有無を問い資すことはないから、若者がいくら遊びの動機を唱えようと、それは全く意味がない。

ところで、仏の本字は佛である。佛の字について、中村直勝氏は、かつてつぎのように説いていた。つまり、佛は人と弗（あらず）の合字であるから、人にあらざるものである。鳥にあらず、花にあらず、ではなくて、人にあらずであるから、人が仏に一番近い存在である、と。筆者は、それを「人にして人にあらず」と考えたいのである。

渡岸寺

人間との出会いから始まる古寺巡礼は、こうして、人にして人にあらざる仏との結縁で頂点に達する。あとは、人たるが故に巡礼者と合一すれば、そこに信仰の本領があるといえよう。これぞ「一切衆生・悉有仏性」である。

多くの文化財を有する大寺院はいわずもがな、こんな寺院がと思われる小さな、しかし古刹が、近年は公開にふみきったところが多い。檀家のお布施だけではやりくりがつかないという事情もあろうが、拝観を結縁の契機ととらえて公開したというのが、正当な見方というものである。ここから、もし、葬式仏教といわれた、これまでの寺院のあり方の転機が見出せれば、それは仏教そのものにとっても望ましい。

古寺巡礼の若者が、そこから多くの人生を学びとり、お寺も拝観料で潤う。滅びた堂塔が再建されるどころか、仏教の転機まで見出せたとなれば、古寺巡礼ブーム万々歳である。

（「立教」七八号・一九七六年七月）

石道寺

観世音の世界

——楊貴妃観音（京都）

それにしても暑い。まだ五月だというのにまるで夏だ。舗装されたコンクリートの道からたちのぼるムンムンした熱気が、ワイシャツ一枚の肌をすっかり包みこんでしまう。泉涌寺道で市電をおりて、歩きだしてからまだ五分もたっていない。

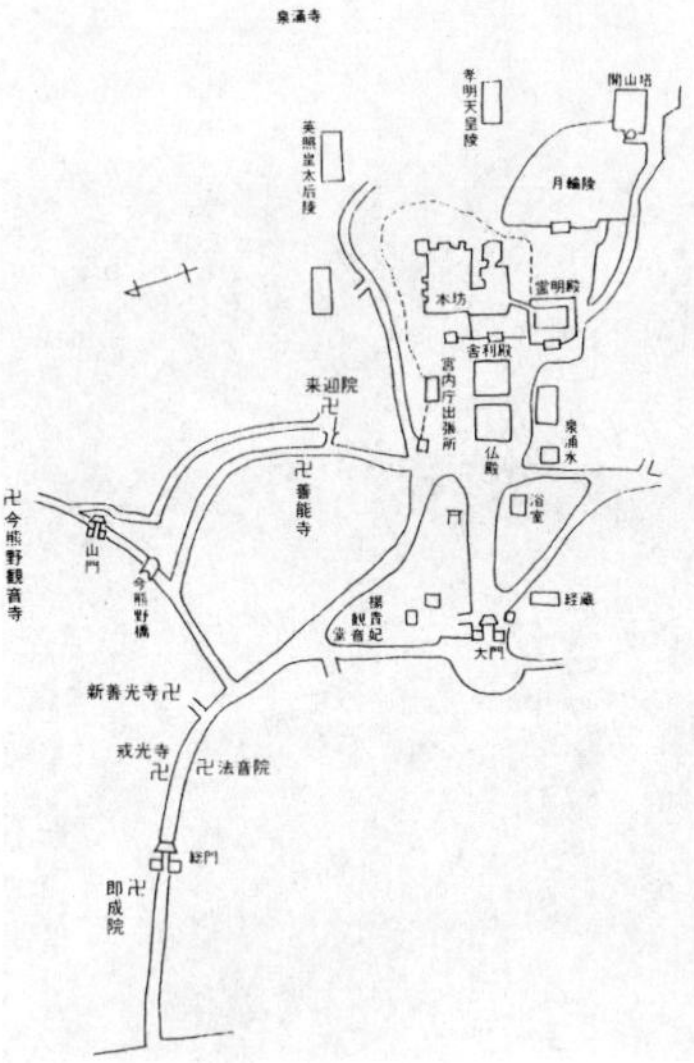

総門をくぐると、いよいよ泉涌寺《せんにゅうじ》。京《まち》の人のいう「せんにょじさん」である。ゆるやかな上り勾配の参道が長くつづいており、「みてら」の通称どおり、いかにもその規模の大きいことが察せられる。

一汗かいたころ、法音院の前にでた。京都の町なかでは、どこにでもみられるありふれた寺である。しかし、門のたたずまいが、なぜか、私の写興をそそった。門前の樹木の配置、板碑と竹の囲い、生垣のかもしだす調和が、画になっている。向い側は戒光寺。「身代り丈六」の名で知られる釈迦如来があるが、こちらの風情は、お世辞にもほめかねる。

「国宝丈六釈迦如来」の石文に心を残しながら、さらに新善光寺を通りすぎると、右側に、「西国三十三所第十五番札所いまくまの」の石柱が目に入ってきた。参道からは外れるが、私はなんとなく石柱にひきずられて、たらたら坂道をおりていった。

今熊野観音寺

赤い欄干の「鳥居橋」を渡ると、身内がゾクゾクして、汗が一ぺんにひっこんだ。左側は竹垣が観音寺の門まで続いて、遠近感が強調されている。川のせせらぎの音は、右側の崖の下から聞こえてくるようだ。このあと展開される情趣に、なんとなく心がおどるのである。

門の手前、右に折れる渓流ぞいの道が私を誘うことしきりであったが、ともかく門をくぐることにした。今熊野観音寺、法輪寺のあとともいわれ、また空海が自刻の観世音菩薩像を安置したところともいわれるが、本尊の十一面観音は広く信仰を集めている仏である。

鐘楼の横から裏山に上る道筋には、三十三のお堂が立ちならんでいる。三十三箇所巡礼をここですまそうという、生活の知慧であろうか。この辺り一帯、昔からほととぎすの名所として知られているが、裏山からの眺めがすばらしい。

門の前から折れる渓流ぞいの道は、幽谷のほとりを歩く趣だ。深い木立に日射しは遮られているが、風がないのでやはり暑い。二、三分あるいたら門前にでた。これが含翠軒《がんすいけん》のある来迎院である。来迎院には空海が作ったと伝えられる独鈷水《とっこすい》という湧泉がある。

大石良雄は赤穂を退いてから、外戚の来迎院長老卓品《たくがん》興宗

含 翠 軒

師を頼み、寺請証文をうけて山科に蟄居したが、独鈷水の湧出にひかれて、ここに茶席を建立した。それが含翠軒である。勝軍大地蔵尊を念持仏としたが、これは別のお堂に安置されている。彼はここで大願成就を念じながら、京阪の同士としばしば密議をこらしたのであろう。

京都の市中から一キロほどしか離れていないのだが、実に静かだ。軒先に腰をかけていると、暑い昼下りでも、空気がひんやりとして心地よい。

「心字池」は濁っていたが、「伽藍の蹲踞《つくばい》」の水はすんでいた。筧からおちる水の音だけが、さわやかにひびいていた。ここにもやがて観光客がおしよせることになるのだろう。寺番の話しによると、ぼつぼつ客の数もふえてきているということである。

門前の橋をわたり、坂道をのぼると、突然に視界が開ける。泉涌寺である。ここは皇室の菩提所。このあたり、東山三十六峰の一嶺、月輪《つきのわ》山麓である。開基は空海、法輪寺から仙遊寺と改称され、一二一八年に月輪大師が新しい清泉の湧出に因んで、泉涌寺と改めたという。

正面に仏殿があった。その後が舎利殿。そして霊明殿。全体のたたずまいは尊厳である。品格がある。仏殿は重層入母

仏殿・舎利殿

屋造本瓦葺で、中央に釈迦・弥陀・弥勒《みろく》の三仏を安置する。運慶作と伝えられるが、此岸仏の釈迦、彼岸仏の弥陀と未来仏の弥勒は、いわば三世にわたって人間の幸福をねがう人達の祈りを現したものであろうか。天井に探幽の筆になる竜、裏堂に白衣観音があった。白衣観音は張絵の大壁画であるが、これも探幽の筆になると知った。

霊明殿から舎利殿にかけての構図がすばらしい。左は丸味をおびた石垣の線、右は真白な漆喰塀が一直線にのびて、左右の不均衡が微妙なコントラストを見せている。私は夢中でシャッターを切っていた。

しかし、有名なのは、観音堂内の楊貴妃観音かも知れない。楊貴妃の顔に似せたところから、この聖観音像には楊貴妃観音の別名がある。観音堂は大門のすぐ左手、萩や桜の前庭を控えてたっている。建立は織田信長であるが、像は淡海がもちきたったものだという。安禄山が誅せられると、先帝玄宗は、討たれた楊貴妃の冥福を祈るために、その等身坐像をかたどった聖観世音菩提像を彫らせたのである。

堂内は薄暗くて定かではないが、宝冠は唐草の透かし彫で、皇后の冠を模したものであろう。その下に観世音の冠が重なっているのが珍しい。宝相華《ほうぞうげ》を如意型にたてて手にもち、端然と坐しているのである。それにしても朱や碧を用いた色あざやかな観音像で、それが蝋燭の灯りのなかに、ぼんやり浮んでいるのが、私には尊いというより、あでやかな感じがした。しかし、美しい。美貌の仏像である。私は浄瑠璃寺の吉祥天と法華寺の十一面観音を思いだしたが、像型の違いからか、吉祥天の方に生身の人間臭さが漂っており、やはり同じ観音像として、法華寺の十一面観音に似た豊艶さがあると思った。

　それはそれとして、双方の観世音が豊艶な面貌をもつのは、お互い女人に似せてつくられたためであろうか。だとすれば、女人に似せてつくられる仏像として、観音像がしばしば引き合いにだされるのはなぜであろう。

　如来は遠い彼岸の仏であるが、観世音は人間に近い仏である。何よりも、宝冠をいただいたり、首飾りや腕輪をつけているのが、いかにも女性臭いし、また如来の端厳な顔にくらべ、こちらは慈悲に満ちた温顔である。そこに観音が女性に似せられる理由があるのであろう。

楊貴妃観音堂

　観世音が説かれている経典は、法華経の観世音菩薩普門品《ふもんぼん》である。この経典の成立が、二〜三世紀ごろだったということを考えると、観世音菩薩は菩薩のうちでも最も早くに現れた仏だということになる。アクシャヤマティ（無尽意菩薩）が世尊に「観世音菩薩はどのようにしてこの娑婆世界に遊行し、どのようにして生ける者たちに教えを説かれるのか」と尋ねたのに対し、観世音菩薩は相手に応じて三十三に化身して教えを説くのだ、と答えている。あらゆる功徳の完成者として、あらゆる種類の人間の救済者としての観音像がここにえがかれているが、それゆえに、これは菩薩のうちでも最高に頼もしい仏として考えられたに違いない。大衆の信仰心を一手に引きうけて、観音信仰は非常に早くから成立していたのである。

わが国の仏像礼拝の歴史からいうと、初めに釈迦信仰、ついで飛鳥時代から弥勒信仰が始まり、それがやがて観音信仰にとってかわられるのであるが、弥勒信仰から観音信仰にかわる理由は、これらの仏の性格を考えると納得がゆくような気がする。つまり、弥勒は兜率天《とそってん》で修行する未来仏であって、それゆえ理論の仏でもある。末法思想との関係で、弥勒信仰がひととき盛えたにしても、理論的な背景をもつため、それが、なかなか大衆の心に浸透しにくかった事情が理解できる。これに対し、観世音は、その完成された功徳とともに、阿弥陀如来の脇侍として、阿弥陀の功徳の一端をもうけもつという性格のため、大衆のなかに幅広い信仰を獲得するにいたったのである。

観音信仰が徐々に盛大になってゆくにつれて、観音の多彩な性格が、その姿にさまざまな変化をもたらした。陀羅尼《だらに》雑集十二巻のなかでは、白衣を着る観音がえがかれ、請《しょう》観世音授記経には楊枝浄水をもった観音が説かれている。これらはいずれも一面二臂のものであるが、多面多臂のものも含めると、観音の形相の種類はさまざまである。聖観音から十一面観音、千手観音、不空羂索《ふくうけんじゃく》観音、如意輪観音、准胝《じゅんてい》観音、あるいは魚藍《ぎょらん》観音、白衣観音、楊柳観音などなど、三十三観音ともいわれる。変わったところでは馬頭観音という男性忿怒の形のものまである。ただし白衣観音は、観音母だという説もある。

私はこの観音の世界に、相対的な世界を感知する。観音の種々相は、場所に応じ、時に応じて、さまざまな救済の方法を表現するもので、いわゆる融通無凝《むげ》を現わす。つまり、真実にはただ一つの法に帰するが（一仏乗）、そこに導くための方便として、さまざまなものが存在することを示すのである。認識の世界では一つと観念せられる人間の幸福について、それを実現してゆく方便の多元的な方法を容認する世界、いわば多元的な政治的価値観に、このことを対比してみるがよい。仏教には多分に相対的なものの考え方を察知することができるが、観音の世界に強く、それを感得せざるをえない。観音信仰の普及が多数念仏の思想と合致すると、そこに三十三所巡礼が生まれる。すなわち観音の霊場を多数巡拝することによって、観音の主宰する補陀落《ほだらく》浄土に往生せんと望むのである。そのさい、観音に関係の深い三十三の数字が選ばれた。「西国」とは、おそらく「東国」の「お伊勢参り」に対してつけられたものであろう。那智山青岸渡寺《せいがんとじ》を一番に、紀三井寺、粉河寺とつづき、今熊野が十五番目。

　昔よりちっともしらぬ今熊野　仏の誓あらたなりけり

が、その御詠歌である。

　今熊野から泉涌寺あたり。静かで奥ゆかしいし、また明るく楽しい。その味はすてがたい。道は狭いから車も入れないだろう。いつまでも残しておきたいところである。

　大門をでて西の方を眺めると、東寺の塔、大文字山、鴨川などがみえた。息づいている京都の町が、何故か私をほっとさせたのは、此岸の世界に還ったことを見届けたからであろうか。

（「書斎の窓」一八〇号　一九六九年一〇月）

――「巡礼」とのであい（小豆島）

白衣に手甲・脚絆をつけ、菅笠をかぶって金剛杖をついた姿。巡礼のこの姿は、現在ではドラマチックにさえみえる。

　小豆島の寒霞渓《かんかけい》、石門堂から猪文谷におりる裏八景の山道で、私は巡礼の老夫婦にであった。三、四年前のことである。

　この年、関西での学会の帰り、私は足をのばして岡山港から小豆島にわたった。瀬戸内海の夕焼けをフェリーの上から眺めながら一時間あまり、土庄《とのしょう》の港についたときは、日もすっかり落ちていた。「二十四の瞳」のブームにのって観光化に成功した小豆島。表玄関の土庄で下船すると、グラビアなどで見ていた教師と学童たちの銅像がすぐ目に入る。それから小一時間、宿舎までの海岸通りをバスで揺られているあいだ、私は小豆島の広さにほんとにびっくりした。

　小豆島は、しばしば「瀬戸内海に浮ぶ箱庭」といわれるが、土庄・池田・内海の三町、一五五平方粁のなかに、さまざまな風物が、罐詰のようにつめこまれている。奇峰に高原、滝あり渓流あり、海岸線は出入りが多く、それに温暖寡雨の天候のもとで馴化されたオリーブや熱帯植物が、南国情緒をかもしだしている。

　観光のメインルートは、樹齢千数百年の柏の老樹がある宝

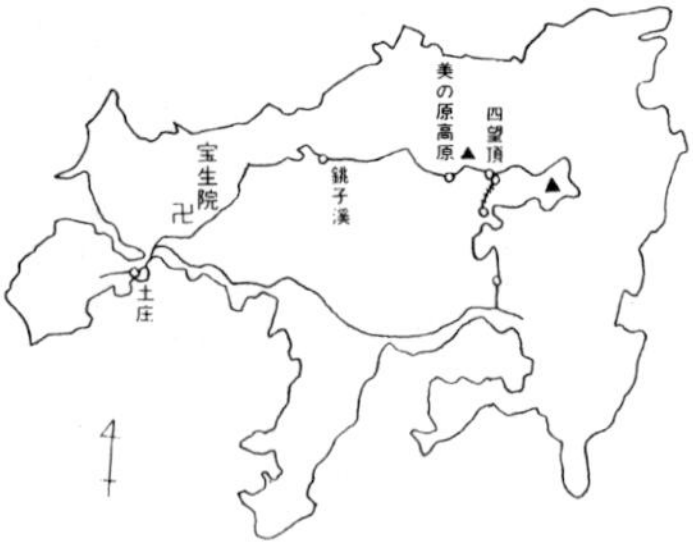

生院から銚子渓に上り、美しの原をへて四望頂にいたるコースである。早朝に宿をでた私は、清水部落のひなびたさまを記憶にたたきこんで、紅雲亭ゆきのバスにのった。逆のコースである。

寒霞渓の紅葉の素晴らしさは広く知られているが、紅葉にはまだ早い。それでもロープウェイからみた、変化の多い、全く絵画的な美しさには目をみはった。一度頂上にでたものの、上からの景趣に魅せられて、どうしても寒霞渓を歩いてみたくなった。

表一二景、裏八景。その裏八景には石門堂がある。小豆島には四国八八ケ所霊場を模した小豆島八八ケ所があって、島四国ともいわれているが、石門堂はその一八番目の札所である。裏八景の第四景、巨大なアーチ型の石門と洞窟内の薄暗い奥院のたたずまい、それらの写真に引かれた私は、躊躇なく裏八景を選んだ。

裏八景はきつかった。急勾配二粁弱の下り山道である。宿をでる時に、お遍路にあうかもという軽い期待はあった。島にやってくる旅行者の一割近くが巡拝者だといわれ、お遍路宿も五〇軒近い。石門堂にもそれがある。しかし、下りの山道のきつさに音をあげて、奥院の階段に腰をかけ一服していたときも、涼風を満喫した気持ちだけが心地よく、そのことはすっかり忘れていた。

下り山道を大分下りて、急勾配が緩やかになったころ、顔をひょっと正面にあげたとき、遠く、しかしはっきりと、視野に入ってきたのが巡礼であった。それはやはり、突然のであいであった。

宗教的情念が心をよぎった。亡き子の弔いの巡拝だろうか。おそらく四国巡礼の帰り、小豆島の霊場にたちよったものであろう。白衣とずた袋の汚れが旅の長さを物語っている。

ちらっと交わした眼の奥の澄みきった光にとらえられ、私は思わず

寒霞渓

「写真をとりましょうか」

と、声をかけていた。

老人の左手から紐でさげられた小型カメラ、白衣とのとりあわせの奇妙さに気がついたからである。

細い流れの上にかけられた石橋の上に並んだ二人を、ファインダーからのぞいたときの感慨は、今も消えずに脳裡にやきついている。

同行の友人が、しばらくたってから、

「いいですね」

といった。私は

「うん、すごくいい」

と、おおむがえしにいった。

突然のであいに対して、老夫婦には何の構えもなかった。人ッ子一人みえない山道で、二人はわれわれに何の警戒心も示してはいない。生涯の仕事をやりおえて、いま「同行二人」、信仰のなかに自然と融合する姿にはやすらぎがあった。憑かれたように、その後姿を、私はいつまでも見送っていた。

これが私の、巡礼との最初のであいである。旅先での感傷ばかりではあるまい。それ以来、「巡礼」が私の関心をとらえて離さなかった。

石　門　堂

三三、三四、あるいは八八、多くの霊場を巡拝することには、今日でもいろいろな困難がともなう。乗物を利用しても、西国で九日、秩父で三、四日、四国のごときは一〇日余はかかる。しかし、一本の、長さ一・二メートルの金剛杖は弘法大師の分身だという。いつも「同行《どうぎょう》二人」。そして観世音菩薩が旅の道連れである。

自然の風物にふれ、静かだが、ときにはきびしい霊場の雰囲気にひたっていれば、得られるものはすばらしく大きいに違いない。一ケ所一ケ所巡拝するにつれて、

迷うが故に三界は城なり　語るが故に十方は空なり

本来東西なく　何処南北有り

という菅笠の文字が肌身にしみとおるであろう。安心と希望と畏敬と感謝の境地、世の音を観る観世音の、それがプレゼントである。

インドでは、すでに二世紀前後のころにその功徳が説かれ、仏教の諸菩薩のなかでも、観世音菩薩に対する信仰が最も早い。法華経の観世音普門品によれば、人間のあらゆる災難にあたって、信者の前に出現しこれを救済するという。観世音菩薩像の分布をみると、仏教がひろまったすべての地域にそれをみることができるし、その数もまたおびただしい。わが

国の場合も例外ではない。その愛は普遍広大であり、すべてのものに対して平等である。巡礼のあのような制服も、身分の上下をとわず巡礼者はいっさい平等であることを示すためのものであるという。

近年、古い仏像や建物を鑑賞するために、寺院を訪ねることが流行し、古寺巡礼といって世にもてはやされている。しかし、巡礼は、本来、教祖に関係のある遺蹟を巡拝することにある。キリスト教徒はイエルサレムに巡礼し、回教徒も聖地メッカを訪ねることを願う。わが国でも、昨今は仏蹟巡拝のため、団体をくんでインドにでかけるようである。古来、巡礼は、宗教のあるところ、必ず行なわれてきた行事だといってよい。

しかし、古い時代において、わが国の人々がインドの仏蹟を訪ねるということはとうてい考えられなかったであろう。わずかに奈良時代に、留学僧が、しかも中国大陸に渡って諸寺院を巡ったという事例はあるが、専門家としての特殊な場合にすぎない。そこで、やむなく仏蹟ではなくて、わが国の仏教信仰の中心地を巡拝するということが、それにかわって行なわれた。

現在、そのようなものとして、西国札所三三ケ所（番外三ケ所）、板東三三ケ所、秩父三四ケ所、四国八八ケ所（番外一九ケ所）などがよくしられている。

巡礼という言葉は、記録の上では、平安時代前期に入唐した慈覚大師円仁が『入唐求法巡礼行記』という日記に残しているのが最初である。そして一説によれば、奈良時代（七一八年）に、長谷寺の徳道上人が病のために仮死状態にあったさい、夢のなかで、閻魔大王から三三ケ所の霊験あらたかな観音堂を人びとに知らせるようにといわれたことに始まる、という。だがよく考えてみると、西国の札所寺院には平安時代につくられたものもあるから、札所巡礼の話としてはやはり伝説にすぎないのではなかろうか。

それから二七〇年後、こんどは花山法皇が、徳道上人が中山寺に埋めた三三の宝印をほりだし、仏眼上人のすすめで、西国札所三三ケ所を巡礼されたという。この話はかなり有名で真実性も高い。

しかし、わが国の仏教の歴史を考えてみると、天台・真言の高僧たちが、諸地方に修行の場所を求めて遍歴することが多かったから、巡礼そのものの始まりはやはりもっと古いと考えてもよいだろう。つまり、花山法皇は、西国札所の創始者であって、そこから、花山法皇は巡礼中興の祖と世に称さ

通天窓

れているのである。

いったん猪文谷まで下った私は、ふたたび紅雲亭までバスにのった。日はまだかなり高かった。かなり疲れてはいたが、こうなると表一二景も歩いてみたいという欲望が、疲れを忘れさせた。

表一二景の勾配はかなり緩やかに始まった。第一景の通天《つうてん》窓《そう》から始まる一二景は、何れも、凝灰岩や安山岩が節理と浸食で奇形をなす南画風の風景である。裏八景も同様だが、表のほうが変化に富んでいる。これで歩き甲斐もあるというもの。灰色がかった岩肌の色合いが特異で、紅葉が深まれば、その対照は異様な美しさだろうと思った。

それにしても人が少ない。途中ですれちがったのは二、三のグループにすぎなかった。現代の旅行は、交通機関をうまく利用して、短時間の間に多くの場所を訪れることを本意とするからか。

「ロープウェイがあるんだから、歩こうなんていう馬鹿はわれわれだけでしょう」

と、友人がいった。

私は納得がいったが、またそういう馬鹿なことに、ひそかに満足もしていた。

一粁強の道のり、半分ほどすぎたころから、道が急になってきた。二人とも口数が少なくなっていたが、私自身、疲れはいつのまにか消えていた。この岩と林の静寂のなかに、からだ全体で、生の充実感を味わっていたからである。

鎖をつたって岩場をようようよじのぼり、頂上にでたときは、いつのまにか太陽も沈みかかっていた。最終のバスが、有難いことに、停留所までの途中でわれわれを拾ってくれた。

日のかげり始めた美しの原高原は寒かった。が、夕陽がきれいだった。展望台にたって、星ケ城や四方指が播磨灘におとす深い影を、私はどこまでも追っていた。

（「書斎の窓」一九五号　一九七一年二月）

切符「制作中」——「海のある奈良」——（福井）

二〇分前に申し込んだが、切符はまだできない。列車の到着まで、あと四、五分。多分遅れてくるのだろうが、それにしてもイライラさせる。若狭高浜までが普通で、その先が急行、米原からは新幹線という乗車券では、運賃の計算は、たしかに厄介である。どうも、駅員は新前らしい。

小浜線の松尾寺駅。敦賀にむかって東舞鶴の一つ先である。だいぶ離れた丹後街道に面して、二、三軒の民家が目に入るだけの、急行も止まらない田舎の小駅舎である。

いま、そこに、出札係と改札係、待合室には出札をまつ私一人しかいない。助役のほか、三、四名いた駅員は、ホームに上っているらしい。駅舎から階段を三〇段ほど上ったすぐ上がホームだが、ここからはよく見えない。ただ、連絡電話で通話をしている駅員の声だけが、遠くから聞えてくる。改札係は、一カ所に目をすえたまま、けだるそうにたっている。乗客は私だけのようだ。

空は、どこまでも晴れ上っている。真夏の太陽の下で、すべての生き物がうだっている。

昨日一日中降りつづいた、あの土砂降りの雨の痕跡はどこにもない。駅舎前の広場で、真白に渇いた砂が、思いだしたように軽く舞い上る。同時に、広場に立っている大きな看板と、丹後街道を通る自動車の屋根がきらっと光った。看板は、松尾寺に参詣する客を目当てにたてられた、連絡先と料金を教えるタクシー会社の広告である。

松尾寺は、西国巡礼第二九番の札所。ヴィシュヌ神の化身である馬頭をいただく観世音が本尊という、西国巡礼では唯一の札所。これは、唐僧威光上人が中国の馬耳山に似た、ここ青葉山を靈峰と信じて読経を始めたところ、その手に馬頭観音像が渡されたという縁起に基づくという。かっては六五の末寺と四千石を領した名刹であった。

今朝小浜を発って参拝をすまし、いま、東京への帰り途で

松尾寺

ある。

今度の旅行の目的は、いわゆる「海のある奈良」の国宝めぐりであったが、出発当初は、小浜からの帰路、若干の余裕があれば、高月から渡岸寺《どうがんじ》に行くつもりであった。しかし、昨夜、札所のなかで、成相寺《なりあいじ》とともに、丹後にポツンと存在する松尾寺を思いだして、立ち寄ったのである。成相寺は京都から便はよいし、また来る機会はあるが、松尾寺が西国札所のなかで残ってしまうな、というのが私の思惑であった。

＊　＊　＊

小浜に行ってみたいと思ったのは、二、三年前。国の指定文化財が三〇を下らないという、仏教文化の宝庫であることを知ったからである。

小浜は若狭の国府所在地であったから、古くから盛えた都邑である。しかし、どうしてこんなに多くの文化財が存在しえたのか、「海のある奈良」といわれる、そのいわれを、私は長い間知らなかった。

市内を流れる北川《ほっかわ》に沿って上中から熊川を通り、琵琶湖畔今津に出れば、湖に沿って京都まで、総行程一〇〇キロ。途中、近江の朽木谷を抜けて八瀬大原への山路を辿れば、わずか七二キロである。日本海を渡って都に入る場合、そこは都

松尾寺本堂

に最も近い港であり、町であった。

そもそも、若狭というのは、朝鮮語ワカソ（往き来）が訛って宛字された地名であり、大陸から多くの人間がここに上陸し、往き来したに違いない。そのなかで、仏師や建築家、細工師が、ここに住みついたのだろうということは、容易に推測できる。若狭瑪瑙細工の創始は享保年間と伝えられるが、遠敷《おにふ》に住む高山某が開祖と聞けば、研磨・彫刻の技法は、古くからの血のなせるものと考えてもよいのではないか。

ともかく、彼等が、ここに中世以降、京都とは違った若狭文化圏を築きあげたのである。

都との関係については、また、東大寺二月堂で三月一二日に行なわれる御水取りの行事の話がある。御水取りに用いられる若狭井《わかさい》の水、その水源地は、遠敷川（北川の支流）の上流、鵜の瀬だという。嘘かまことか、遠敷川は、御水取りの間、流れをたち、そのため、別名音無川ともいう。それはともかく、遠敷川畔の神宮寺の開山赤磨公が大和に伴った白石の長者の幼児こそ、良弁僧正だというし、彼に助力し東大寺完成に力のあった実忠和尚も、神宮寺に足跡をのこしているから、東大寺との関係が密であったことは疑いない。鵜の瀬では、神宮寺からでむいた神官と僧侶によって、毎年三月二

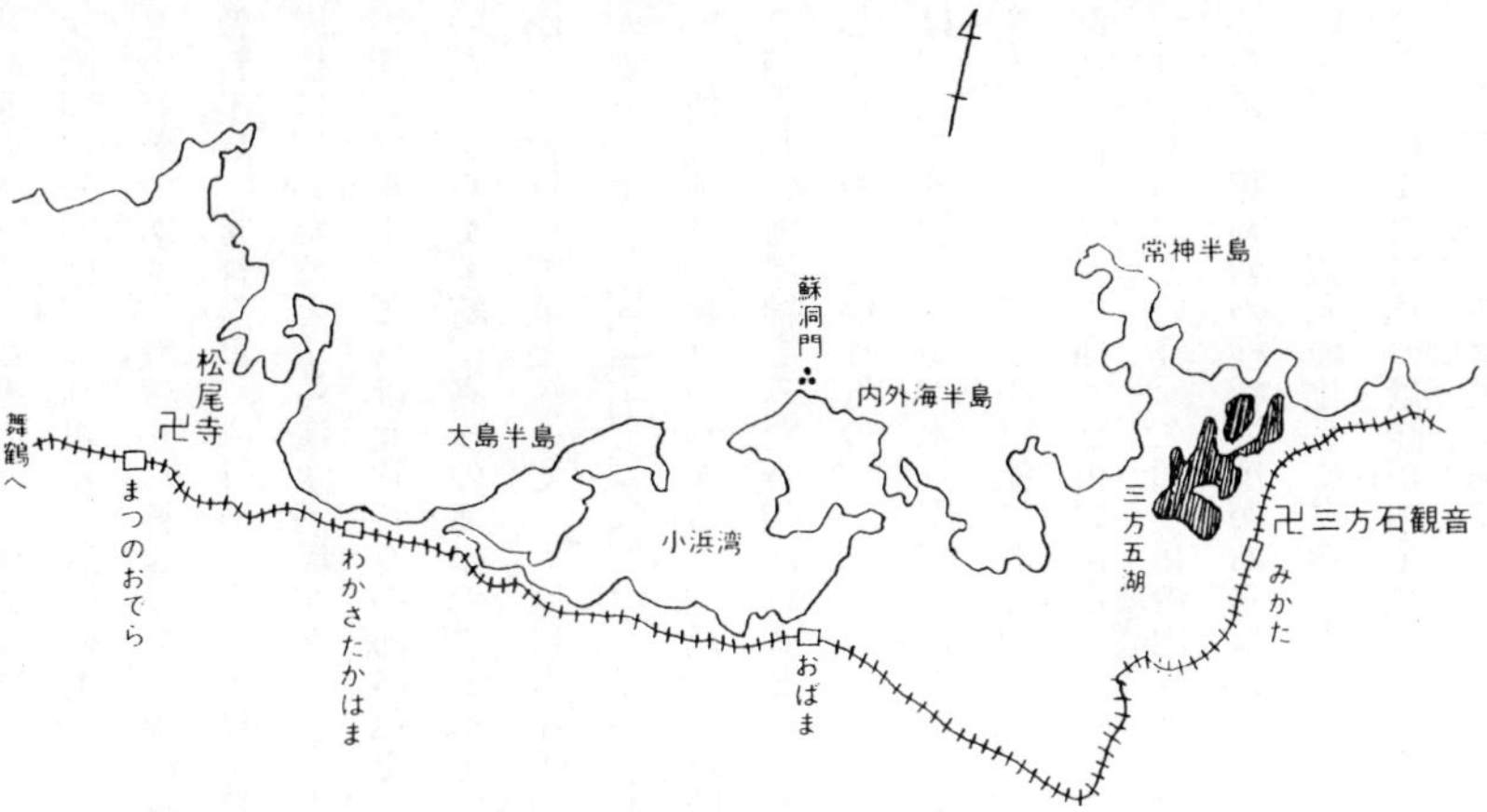

日に、御水送りの神事が行なわれている。

私がでかけたのは七月も末の日曜日、暑い日であった。「こだま」は満員、自由席の間にはかなりの人が立っていた。しかし、三島をすぎるころには空席がめだつようになっていた。

米原で「ゆのくに2号」に乗り換えた。敦賀までの五〇分、この沿線にも古寺名刹は多い。長浜の別院大通寺、小堀遠州の菩提寺孤篷庵《こほうあん》、高月の渡岸寺、木の本の浄信寺や鶏足寺《けいそくじ》など、由緒ある寺院が散らばっている。この辺りは急行も止まらないし、「観光バスも行かない寺」として、そこには静かな雰囲気が残っているであろう。

ただ、たびたび戦火の洗礼をうけているので、往時の盛況を偲ぶことは難しいに違いない。現に、平安時代に大いに盛え、当時、七堂伽藍を有していた鶏足寺は、いまわずかに堂跡を遺すのみである。それにひきかえ、小浜は、内国的には交通の要路から外れ、軍馬のひずめに蹴散らされることがなかった。それが、いま多くの文化財を残しているゆえんでもある。

柳ケ瀬トンネルをでると、やがて敦賀である。小浜線の快速電車に乗りかえる。これがまた混んでいた。

若狭湾国定公園は、入り組んだ海岸の美しさと水のきれいなことで有名であり、敦賀から舞鶴まで、海岸線に変化を与える敦賀半島、常神《つねがみ》半島、内外海《うちとみ》半島、大島半島、音海半島の両岸には、いたるところ海水浴場がある。

その深いブルー、これは北陸特有の海の色だ。私は幼い頃に泳いだ、金石《かないわ》や粟崎《あわがさき》、高松の海岸のことを思い出していた。

しかし、敦賀、美浜と続いて、大飯《おおい》にも原子力発電所建設の話があり、町と関西電力との間にとり交された協約をめぐって、住民運動が起りつつあると、最近の新聞が報じている。この美しい海岸線をみたら、部外者といえど住民運動に加担したくなろうというもの。

私は、三方《みかた》五湖の一つ、水月《すいげつ》湖畔に宿をとっていたが、蘇洞門をみることにして、小浜駅におりた。

蘇洞門《そとも》。古くは「外面」と書いたが、安政年間に大睾《たいこう》和尚が名づけたものだという。久須夜岳《くすよがたけ》の山脚が、外海に洗われるところに、花崗岩の柱状節理がある。東尋坊の方が規模は大きいが、すでに観光地化して自然の大芸術も見る影はないが、ここにはまだ自然の景観が趣を残している。雄大と喧伝されているが、むしろ優美である。点在する奇岩怪石が、箱庭的な風景を形造っている。

小浜港から海上七キロ、途中でパラパラ小雨が降ってきた。船で一時間、早々に小浜駅にとびこんだ頃には、雨も本降りである。

虹岳島《こがしま》荘についたら土砂降りになった。

三方から乗ったタクシーの運転手が
「変った宿屋ですよ」

という。

レインボーラインから夕日の沈むのをみるというのが、車中のスケジュールであったが、これは無理というもの。旅館に直行してもらったら、なるほど風雅な造りであった。

民家調というべきか。萱葺の古い家屋を五、六軒ならべて、廊下でつないである。インテリアは民芸調、紺がすりの木綿の座布団が旅情をかきたてた。

経営は銀座の「スエヒロ」と聞いたが、その心だくみがにくい。しかし、現代人は、こんなものまで失ってしまったのだろうか。

夜に入って、雨は、ますます激しくなっていた。九州から山陰、北陸に停滞する梅雨前線のなせるわざだという。

小浜の古社寺は、市内を流れる北川の上流を挾み、東西両側に点在し、その数は、優に一〇指に余る。夏の観光バスは、妙樂寺・神宮寺・明通寺《みょうつうじ》と廻るようだ。私はそれらを中心に、万徳寺・多田寺・円照寺を加えた。いずれも西岸にある。それに若干距離はあるが、東岸の羽賀寺《はがじ》には、どうしても行きたかった。ここの本尊は、私にも見覚えのある十一面観音である。

切符「制作中」——「海のある奈良」——

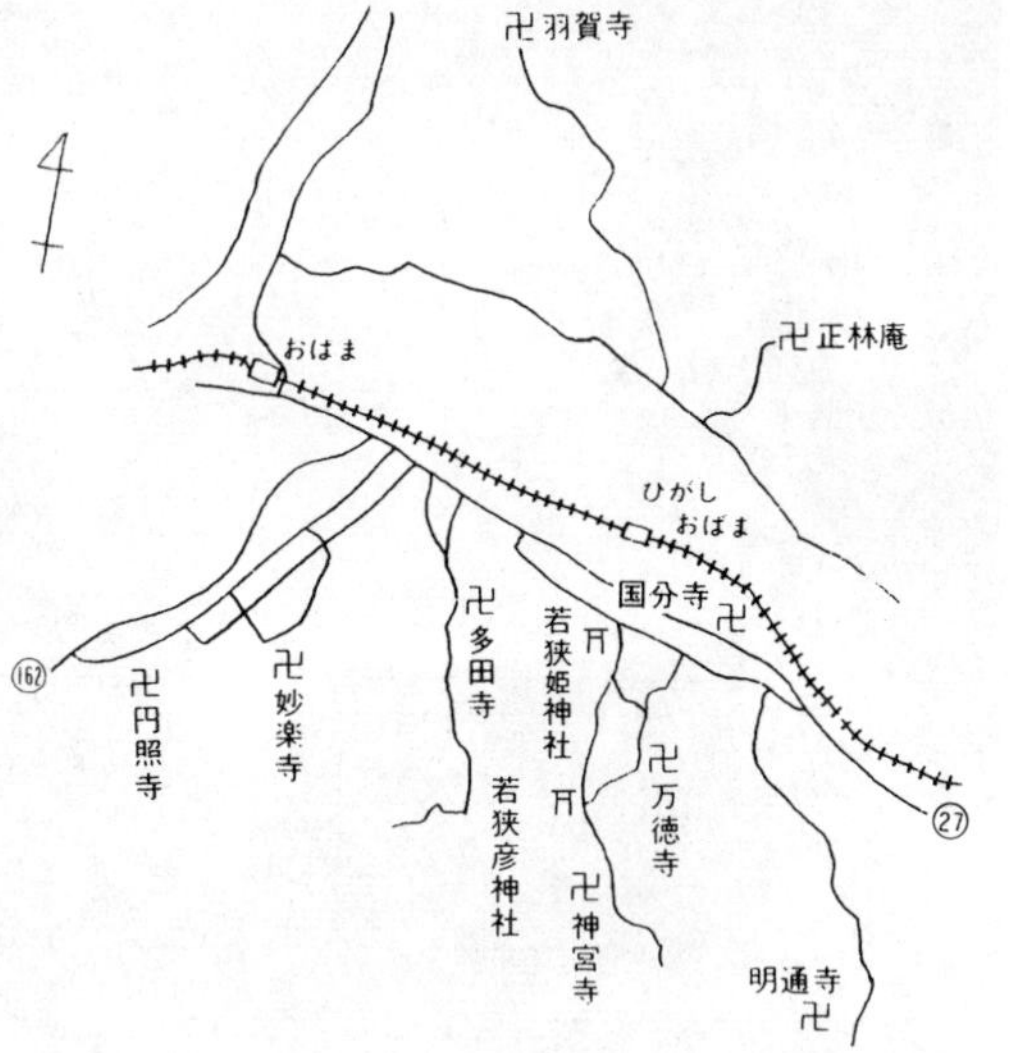

宿をでるとき、雨は、やや小降りになっていた。

運転手は気乗薄だったが、三方石観音に寄ってもらう。国道二七号線から東に一キロほど入ったところに、弘法大師一夜造りといわれる観音像がある。

弘法大師が諸国遍歴の途中、三方湖畔の風光に心をひかれて、杖をとめた。そのとき、夢のなかで観音像を刻んだが、一夜のうちでは完成しなかった。そのため、右手首から先が未完成である。俗に、片手観音ともいわれるが、そのために、古くから手足の不自由な人々の信仰が厚い。

大へんに霊験があらたかのようで、手足の病気が治った人々が、お礼まいりに納めた木製の手形や松葉杖が、御手足堂に、山と積まれていた。

境内は森々としており、ショボ降る雨のなかで、薄暗い堂に手形が重なっているさまは、むしろ不気味であった。しかし、その雰囲気のなかから、手足に障害のある人々の心を強く支えてきた信仰の重みを、私はズッシリと感じていた。

観音像の材質は花崗岩で、それが石観音といわれる所以である。

三方からゆくと、明通寺が最初の順番になる。

西岸の寺社は、北川の支流に沿って点在するが、あいだに山があって近道がなく、一度国道にでなければならない。また、国鉄バスは走っているが、回数が少ないし、いくらうまく接続を考えても、一日で廻ることはほとんど不可能だろう。むしろ、自転車をかりて、田園を走る方が、若狭文化の情緒にもひたれよう。

明通寺三重塔

うっそうとして、しっとりとした趣きのある寺は、明通寺が一番である。

本堂と三重塔は、いずれも国宝事典にのる鎌倉時代の名作だ。とくに三重塔は、裏日本随一といわれており、石段を上って、正面にそれを見上げたとき、やはり、私は一瞬息をのみ、やがてほれぼれと見とれてしまった。

浄瑠璃寺の三重塔にほれぼれとした記憶をひきだしてみたが、それとはむしろ正反対の美しさである。浄瑠璃寺の方は平安時代後期の作で、優美ななかに華やかさを感じたが、こちらは端正であり、質実である。時代は下るが、むしろ岩船《がんせん》寺《じ》の三重塔に近い感銘をうけたのである。しかし、岩船寺の場合は、これほどの端正さはなかったように思う。

これが若狭文化の真髄であろうか。端的にいえば、都にはない美しさということになろうが、それを単にローカル・カラーといって片づけてしまうと、評価はずれもはなはだしい。

人は、寺院建築といえば、かならず、京都や奈良の寺々を

明通堂本堂

思い浮べる。たしかに、これらの寺院にみられる建築物は、日本における仏教建築のバックボーンである。大伽藍のかもしだす壮大な威容、その雰囲気は、たしかにわれわれを魅了する。

しかし、長い歴史のなかで育まれたわが国の仏教美術の系譜は、奈良・京都の中心地以外にも存在するはずである。そして、そこでは、その土地に根をおろし、その土壌に育った美術が、中央寺院の時代や流れの様式とはまた違った作品として、残されていたとしても不思議ではない。そんな感慨を抱きながら、私はこの塔をみつめていたのである。

本堂に入ると、若い学生らしい先客があった。もとより、仏教美術にひかれてのことではないようである。この雨の中をやってくる観光客の出現を喜んでいいのか、考えなければならないのか。

現在、密教ブームといわれる。如来・菩薩・天部の区別もわからぬ観光団が、ただなんとなく訪れるのである。この寺の若い僧も、レジャーのための観光客がにわかにふえたといった。しかし、楽しそうに、若い女性に、その区別を説明していた光景を思いだす。

本尊は薬師如来である。

だが、脇侍が変わっている。降三世明王（右）と深沙大将（左）である。いずれも素材は檷の木。それが山号、檷山の由来となっている。三尊は建立時のものであるから、何かいわれがあるのだろうが、確めることができなかった。しかし、これも中央風でないのが面白い。しかも、深沙大将の場合、わが国での作例は極めて少ない。ほかに、岐阜の横蔵寺、舞鶴の金剛院、東大寺などにあると聞いている。

東京在住者にとっては、深大寺の名の由来として有名だが、見るのは初めてである。左手に蛇をまきつけ、頭上に髑髏を頂き、腹部に小児の顔をつける。一面二臂だが、護法神として、確かに迫力がある。脇侍はいずれも二メートル半ほどの巨大なものであるが、その前に一メートルほどの十二神将像があった。これがばかに小さく見えた。

明通寺をひきあげるころ、また本降りとなった。石段を雨水が滴れおち、庫裡の前は水浸しである。後髪をひかれる思いで、もう一度ふり返ってみたが、本堂の屋根の一部が目に入っただけで、三重塔は見えなかった。

万徳寺に向う。

途中、国道二七号線から北へ五〇メートルほど入ったところに若狭国分寺がある、というので寄ってみた。

若狭の国府は、ここからさらに西よりであるが、遠敷に一の宮の若狭彦神社があり、そのため古社寺を中心として都邑が発達したようで、かつては相当に栄えていたらしい。しかし、いまは農家が数軒みえるだけの鄙びたところだ。国分寺も、礎石と、江戸時代にたてられた釈迦堂を残すのみである。長い年月のなかで寺の生命を滅失し、仏の安置所でしかない釈迦堂が、農家と見粉うばかりであるのは、いかにも痛々しい。

扉が開けっぱなしであった。こわごわのぞいたら、丈六の釈迦如来が安置されていた。堂のなかに、ふりしきる雨のしぶきが吹きこんで、仏自らが、寺の耐えてきた厳しい年月を感じているようである。薬師堂があって、そこに薬師如来が安置されていると知ったのはあとのことであるが、その薬師堂にも気づかないほど、私は死んでしまった寺院の姿に茫然としていたようである。

国分寺から南へ一・五キロ。万徳寺にある埋石式庭園は指定名勝とされている。

日本庭園にはいずれも思想があり、とくに寺院庭園は仏教

万徳寺庭園

の思想を表現するが、ここのものは蓬莱式枯山水《ほうらいしきかれさんすい》で、金剛界《こんごうかい》曼陀羅《まんだら》を現わしている。

曼陀羅は、密教美術特有の仏教思想に関する表現形式で、衆生に明らかなように、難解なそれを絵解きしたものといわれる。本来の意味は、ものの本質・中心ということで、完全にすべてをそなえていることを意味するが、そこから、仏のすべてを集めてそれを壇の上に並べたものをいうようになった。したがって、曼陀羅は壇上に描かれるが、これは現在、敷曼陀羅として東寺に残されているにすぎず、いまは、そのほとんどが掛幅として堂内にかけられている。ふつうわれわれが、頭にうかべる仏画としてのあれである。

密教では、大日如来の徳は、宇宙の森羅万象に開眼するといわれ、金剛頂経・大日経によって、その智は金剛界に、その理は胎蔵界《たいぞうかい》において表現される。そのため大日如来も、金剛界においては智拳印《ちけんいん》を結び、阿閦《あしゅく》・宝生《ほうしょう》・弥陀・不空成就《ふくうじょうじゅ》の四仏を配するのに対して、胎蔵界においては法界定印《ほうかいじょういん》を結び、宝幢《ほうとう》・開敷華王《かいふけおう》・無量寿《むりょうじゅ》・天鼓雷音《てんくらいおん》の四仏を配するのである。

金剛界曼陀羅の中心は成身会《じょうじんえ》である。ここに五仏を中心にして、三二菩薩が配されているが、なるほどよくみると、五

万徳寺阿弥陀三尊

〇〇坪ほどの庭の中央、背面よりに主護石がある。これが大日如来であろう。そうすると両側の四個の石が四仏か。その前面・斜面の小石組みは諸菩薩に違いない。

しかし、刈込んだつつじ・さつきの群落はなんであろう。

住職は、

「大日如来の五彩を現わしています」

と、いった。

延宝五年（一六七七年）の作庭と説明されたが、私には、近年の作のように思われた。木々の手入れのゆきとどいているせいか。書院との中間に横たわる洋々たる白砂のせいか。その時は、それらが理由のようにも思われた。

雨のなかで、木々が息づき、白砂を前景に緑が濃さをましている。左方高地の斜面に、高さ一六メートル、樹齢五〇〇年以上といわれるヤマモミジの巨木があるが、それがまたいっそう緑をひきしめている。

しかし、庭園背後の山が、痛々しく赤茶けた土肌をみせていた。近年の作と感じたのは、この荒々しい不協和音のためであった。つい数日前、福井を襲った豪雨のために、山崩れが起ったせいだという話である。

豊かな自然風土の懐に抱かれて育った日本人にとって、一茎の笹、一本のつつじに対する愛着は大きい。そのため日本人は庭に強いし、また庭に弱い。日本人ほど庭に心を注ぐ国民は少ないだろう。此岸の庭を「家庭」として表現し、彼岸の庭は観想の対象として、日常生活とは離れた場所においた。そこには、この世とは異なった、別の清い貴い世界がある。遙かに憧れるべき世界がある。それに触れ、また親しまんという態度が、教えに則る道につながるのである。

私は、住職に、心境を問い正したい欲求にかられていた。が、聞くべきことではない、と自制した。代りに、本堂拝観の許しを乞うて、一人で石段を上っていった。

本堂のなかは、戸が閉め切ってあって、よく見えない。

戸をあけて明りをとったとき、大造りな感じの丈六阿弥陀如来が、正面から瞳のなかにとびこんできた。大きな裳懸坐《もかけざ》の台座の上にすわり、大きな手をしてなんとなくゆったりした感じである。素朴で田夫風だ。京極・酒井といった武将の尊崇をうけた、その理由がわかるような気がする。藤原時代の作であるが、どういうわけか、私は、室生寺弥勒堂の釈迦如来を思いだしていた。あれほどリズミカルではないし、それだけに美しいとも思われないが、ただ肥った姿態に密教的な暗さがないという共通性を感じとったのかも知れない。

本堂の前から、しばらく庭を見下していた。やがて眼を上げると、その向うの山々が雨のなかに煙って、水墨画をみるような美しさであった。

遠敷川を渡って、上流に向う途中に若狭彦神社がある。若狭一の宮は上社（若狭彦神社）と下社（若狭姫神社）にわかれ、それぞれ、若狭の豪族和氏の祖神である彦火々出見尊とその妻豊玉姫命（または玉依姫命）をまつる。両社とも杉の巨木に囲まれた境内に、三間社流造、茅葺（下社は檜皮葺）の本殿があり、おごそかな雰囲気がただよう古社である。

若狭彦神社をすぎて、さらに五〇〇メートル、別当寺の神宮寺がある。

立派な仁王門だなと、一瞬思ったときには、車はすうーと通りすぎてしまった。

本堂がまた大きい。間口八間、奥行九間というから、この辺り随一の大きさであろう。敷きつめた芝生の前庭から、反りの強い屋根を眺めたときは、威風堂々という言葉がピッタリあてはまる感じであった。

神仏混淆で、堂内、内陣左側に仏像一八体を祀り、右側が神棚という珍しい様式である。

若狭彦神社

右側は扉が閉ざされていたが、左側の諸仏について、住職が、学生に得々と説明をしていた。

「本尊は何というか知ってるかな……薬壺をもっているね……薬師如来というのがこれだ……両脇は……脇侍仏はきまっていて、薬師の場合は、日光菩薩・月光菩薩というんだ……奈良の薬師寺を知ってるかね、あれと同じだよ……武将が沢山いるだろう、これを十二神将というんだよ……」

それにしても、あとの千手観音、不動明王、多聞天という取り合わせはどういうことだろう。おそらく、廃寺から移された仏であるにちがいない。

本堂にたって眺める前庭の広々とした明るさは、北国にいることを忘れさせるほどのもので、その明るい空間のなかに、黒々と焼き付けたように残っているのが、大きな椎の木であった。

若狭姫神社から多田寺に向うころ、腹時計が空腹を告げだした。「多田のお薬師」の道標のところで、一瞬迷ったが、運転手に、

「お薬師さんに行ってもらおう。それから昼飯だ」

といった。

運転手がびっくりして、

神宮寺

「お客さん熱心ですね。たいていの人は、初めはみんな回ってくれというんですが、この辺から、いくつみても同じだから、もういいやというんですがね」

と、いう。

昼飯にしたいのか、熱心にほだされて行ってしまおうというのか、よくわからないような返事をした。

庫裡の前で車を停めた運転手が、突然、

「住職さん、いるかい」

と、大声で呼んだ。

そして

「お客さんだよ」

といった。

住職に案内されて、本堂への石段を上るあいだ、私は、観光的なそれとはちがった、信仰的なゆとりの心をもった古寺巡礼の味をかみしめていた。

多田寺は、出雲の一畑薬師、奈良の薬師寺とともに、日本三大薬師の一つとして有名で、古来、眼病治癒に霊験あらたかであるといわれる。また酒呑童子退治の源頼光の父満仲が、この地に長くとどまり、そのため、多田満仲と称するにいたったといわれており、現に、この寺に満仲の墓もある。

多　田　寺

本尊の記憶は定かでなくなったが、日光菩薩が十一面で珍しく感じたこと、両脇侍の面相が異なって、日光が温和な感じであったのにくらべ、月光が厳粛な面持をしていたことが瞼の裏に残っている。脇侍は、胸のはり、胴のくりの少ない、ややずんどうの感じであったが、それが野暮というより鷹揚というふうに思われたのは、仏のもつ気品のためであったろう。

腹時計にせっつかれて、対面時間は長かったようでもあり、短かかったようでもあって、これもどうもはっきりしない。

一仕事おえたのに似たような気持ちの軽さを覚えて、ひとまず、小浜の町なかにとって返した。

小浜随一の味は、小鯛のささ漬である。越前がにも有名だが、いまはやや時期外れ。

「小鯛をくいたい」

といったら、運転手は

「『すし政』の『すずめずし』がいいでしょう」

という。

小鯛を三枚におろし、上身を昆布で巻いたのを押しずしにしたものである。日本海の荒波に育った小鯛のひきしまった身は、私にも懐かしい。故郷の味である。

北川の橋を渡ったとき、太良荘《たらんしょう》の正林庵にいってみたいと思ったが、無住のため、前日までに申込みをしておかないと拝観できない、と聞いてあきらめた。

羽賀口のバス・ストップのところで左折する。羽賀寺への道である。

ここも観光客はいなかった。庫裡で話しをする住職の声が、石垣の外までひびいてきた。運転手は
「住職さん、いるな」

といって、車からでていった。

やがて、住職が傘を二本もってでてきた。その心づかいが、無性にうれしかった。

本堂までは長い石段があった。黙々として上った。私が小浜に来た目的は、明通寺のほか、この羽賀寺にあったから、仏に対面するための気持を整えるのに、この長い石段は恰好のものであった。

羽賀寺

本堂に入る。左右に毘沙門天像と千手観音像がある。しかし、正面の扉は閉められていた。本尊十一面観音像である。

この像は、長い間秘仏として守られ、世にでたのは比較的近年のこと。その後、数ある若狭の仏像彫刻のなかでも逸品として広く知られ、心あるファンを多くもつ仏である。

羽賀寺本堂

住職のおっとりとした口調、私は、静かな心気にひたっていた。頼朝が寄進した三重塔が兵火に遭った話、一二〇〇年の歴史のなかで廃屋となった堂坊の数が三〇を下らないこと、しかも最近山門が村の火災で類焼したことなど、住職の話をききながら、羽賀寺が辿った生涯に想いをはせていたが、藤島亥治郎氏の『心の寺々』に話題が移ったとき、住職が、

「開扉しましょう」

と、いった。

私は、喜びの気持を抑えるのにせいいっぱいで、ただ、

「ありがとうございます」

としか、いいようがなかった。

この本尊は、紛れもなく貞観仏である。特有の神秘的な、しかしまた官能的な匂いが、怪しい魅力をたたえている。右手を真下におろし、左手は胸高に水瓶《すいびょう》をもっているが、一木造りのせいか、両腕が体に密着した姿勢になっている。目は切長で大きく、眉も長い。ややきびしい豊頬で、上半身はふくよかな感じだが、長身で手が長く、全体はスマートである。

腹部から腰にかけての中央部に条帛《じょうはく》、天衣《てんね》、裳の折り返し部が集まって、賑やかな襞になっているし、翻波式《ほんばしき》の衣紋の彫りが厚くてみごとな出来である。

妙楽寺

しかし、この像をいっそうあでやかにしているのは、全身の彩色である。肉身は肌色、衣に朱丹緑青を用いて鮮やかである。これが当初の彩色だと聞いて驚いたが、長い間秘仏として守られてきたことが、今にその鮮かさを残したゆえんであろう。

元正天皇がモデルといわれており、当時における信仰と美への強い憧れが、この像に込められているように思われた。

小半刻もたったであろうか。ふうーと我にかえって、意味もなく、

「雨が降っているな」

と、思った。

さすがに疲れた。時計は三時に近かった。住職に礼をいって別れたが、その時、渡されたパンフレットが、石版刷りの古いもので、小浜線が敦賀鉄道となっているのを発見したときは楽しかった。

時間にまだ余裕があるということで、車は妙楽寺に向ったが、疲れたせいか、内心、しんどいなあという気になっていた。

本堂は平安末期の建立で、若狭で現存する一番古い建造物

であるが、第一印象がはっきりしない。本尊の千手観音の姿が、頭上に三段二一面をいただく二四面千手という類例のない作であったということが脳裡におさめられているだけである。ただ、こんもり繁る長い参道を通り、朱塗りの橋を渡って、やや身うちがひきしまったとき、山門の向う側から犬がとびだして、どこまでもついてきたこと、鐘楼・地蔵堂・薬師本堂・本堂と多くの建造物が立ち並んでいたことは覚えているし、本堂の縁に腰かけながら、犬にパンをやったら、それを口にくわえたまま一気に走り去るのをみて、運転手が、

「子犬にやるためにくわえていくんですよ」

といった言葉が、妙に頭にこびりついている。

円照寺が近かったが、いいだしそびれていた。小浜の宿に入ったのは、四時を少し過ぎていただろうか。

＊　＊　＊

遠くから列車の近づく音が聞えてきた。一四時一四分、定時である。

私は、出札掛をせかせた。すると、突然、彼はホームにむかって、

「助役さーん、いま切符制作中だから、列車を停めておいてよ、このお客さんが乗るんだ」

と、どなった。

私は、一瞬なんのことをいっているのかわからなかった。つぎに、そんなことができるのかと思った。

切符を渡された。

「早く、早く」

とせかされて、階段をかけあがりながら、私はしだいに、おかしくなってきた。そして、ホームに列車が停っているのをみたときに、「『田舎のバス』だな」と思ったら、とたんに吹きだしてしまったのである。

（「書斎の窓」二〇三・二〇六号・一九七一年一一月・一九七二年二月）

五障の雲（和歌山）

和歌山駅で、王寺行きの列車にのり、座席にすわったとき、私は「オヤ！」と思った。向い側の座席にいる先客をみて、あの娘ではないかと、気づいたからである。

あのときは、顔まではっきりと見たわけではなかったが、ブルーのワンピースに見覚えがある。膝の上においた納経帖、まさしく紀三井寺で遭ったあの娘に違いない。とすれば、これから粉河寺に行くのであろうか。

「同行二人！」とは観音さまも粋なことをしてくださる。若い女の子の札所巡拝ということに好奇心がひかれて、そのことに思いをやりながら、私は、何となく、その娘を眺めていた。

＊　＊　＊

初夏の一両日、私は、関西での学会の帰途に、和歌山に遊んだ。

西国札所は、那智の青岸渡寺《せいがんとじ》に始まるので、勝浦まで行きたかったが、それだけの時間的余裕がなかった。白浜に泊まることにし、先には行かず、和歌山市の方に戻ることにした。

それにしても、第一番と第二番紀三井寺の間の距離は遠い。白浜と紀三井寺のちょうど中ほどに、安珍清姫の恋物語で有名な道成寺があるが、札所のなかに数えられていない。寺の歴史も古く、巡礼の道筋にありながら、札所に数えられていないのが不思議であるが、きっと、庶民信仰の対象にならな

道成寺仁王門

かったのであろう。建立の発願者、宮子姫は藤原不比等の養女であるから、藤原一族の寺として盛えたというようなことが原因と考えられる。しかし現在は、謡曲や歌舞伎で広く知られており、昭和になって選定された新西国霊場の一つとして、五番霊場に指定されている。

私は、まず、道成寺に寄ることにした。御坊《ごぼう》で下車する。道は田んぼのなかを一直線である。左折し踏切を渡ると、食堂やら土産物屋やらが、ごたごたと並んでいる。バスが着くたびに、客引きの声がいっそう賑やかになる。饅頭も煎餅もみんな釣鐘である。鐘（金）を食うなんて縁起でもない、と思う。

正面が石段であった。

「とんとんお寺の道成寺
六二段のきざはしを
上りつめたら仁王さん……」

わらべ歌にうたわれた石段は、昇りやすかった。前をゆく女性のロング・スカートの裾がひるがえって、足どりは、たしかに軽い。「乱拍子」のもとはこれだと考えていると、ハイ・ヒールの音が小鼓に聞えてきた。曰くつきの石段を昇る私の心は、昇り切った瞬間に目に映る境域の映像に期待して、わくわくしていた。

しかし、仁王門をくぐって境内の全域が目に入ったとき、意外に狭いなあ、と思った。右手の壁に「愛の歓びのうしろには「いつも執念の蛇がいる」と書かれた大きな掲示がある。なんとも俗っぽい。

観光寺院だけに人が多い。それも、アベックか女性団体客かである。アベックは白浜からの新婚客であろうが、女の執念を男に思い知らせようという新妻の知恵であれば、何とも愉快だ。そう思いだすと、連れの男がすくんでみえた。

仁王門（山門）の正面が入母屋造の大きな本堂で、左手に

道成寺三重塔

閻魔堂、右手に三重の塔がみえる。

三重の塔の高さ十二間、二〇〇年前の建築で、層の高さが低く安定感がある。その前に安珍塚。安珍と焼けた鐘とを葬ったところといわれるが、清姫塚がない。土地の人に尋ねると、境内の外、右手の田んぼの中にある、という。なるほど二〇〇米ほど先の雑木林の一隅に、それらしきものがみえるが、雑草が生いしげって畦道が塞がれ、ふつうの服装では、行くのがちょっと大変である。それにしても供養の塚まで離れればなれとは、清姫さまも浮かばれないことだろう。

駒込の吉祥寺では、最近、お七吉三の比翼塚が建立された。碑前で甘茶の三々九度の盃がかわされ、両人の冥福が祈られたという。お七吉三は、晴れて夫婦の契りを結んだのであるから、安珍清姫も添わせてあげることはできないものだろうか。

ここの住職の語る『道成寺縁

道成寺本堂

起』の絵解きは、ユーモアたっぷりの評判もの、といわれている。私は早速、本堂でその話を拝聴することにした。

「磐城の国の白河近在、茉根村に若い修験者の安珍というものが住んでいた。安珍は毎年、熊野権現に修行に行くのを例としていたが、そのたびに熊野真砂村の庄屋の家を宿に定めていた。そこに清姫という娘がおり……」

一日に何回となく語る住職の口調には、全く淀みがない。

「いくら待っても安珍は戻ってこない。思い余った清姫が、駅路にでて旅人に尋ねると、その人とは半刻ほど前に出遭ったというのです。欺されたと気付いた清姫は、安珍の後を追いかけます。……終まいには見えも外聞もあらばこそ、裾も露わに……裸足になって……形相ものすごく……」

物語はクライマックスである。絵巻の模写をひろげながらの解説で、真面目に聞けば迫力があるということなのだろうが、私は、また意地悪く、

「まるで無声映画の弁士だなあ」

と、独りごとしていた。すると

「いまどき、こんな情熱のある女性がいるでしょうか」

と、余談が入る。

「そんなに情熱を傾ける価値のある男性は、いまどきいませ

んよね」

　聴衆との掛け合いも巧みである。

「安珍は、ほうほうの態で道成寺に逃げこんだ。折りから鐘供養のため庭さきに集まっていた僧侶に、安珍はかくかくしかじかと、事の次第を伝えます。それを聞いた僧侶たちは、安珍に大いに同情しました。お寺の名前が道成寺だから……」

　ここで、聴衆がどっと笑う。住職の面白い教養講話（！）をきいた観光客は、いかにも満足気な顔付きをして、そそくさと堂外に姿を消した。

　この本堂は単層入母屋造、本瓦葺、十二間四面、その構造が変わっていて、南北両正面、裏面なしである。そのため両面に厨子をもうけ、二体の本尊を安置してある。北面があるのは、宮子姫が聖武天皇の生母であり、北方の都奈良に対する向拝のためである、という。その本尊は、三三年目に開扉される秘仏であって、みるよしもないが、南面の本尊、千手観音立像は実に堂々とした貞観仏である。脇侍が、日光・月光両菩薩という珍しい三尊形式で、いずれも像高三・五メートルという素晴らしいものだ。ほかに、十一面観音、毘沙門天、兜跋《とばつ》毘沙門天、四天王などなど。このお堂には立派な仏像が多い。

　しかし、来る客も来る客も、仏像には見向きもしない。経台の前の粗末な椅子に腰をおろして、住職の絵解きが始まるのを神妙に待っている。私は、千手観音や興福寺のそれに似た仏頭にみほれて、しばし堂内に立ちすくんでいた。

　すると、また、絵解きが始まった。声が違うところをみると講師が代ったのであろう。だが、情熱の女のことも、同情する道成寺のことも、話は同じ内容、同じ調子である。

　私の気持は、次第に白らけてきた。眼の前の、あの千手観音すら道化てみえてくるのである。ふざけたお寺だ。そういえば「参観の栞」にも迷文句があった。こうである。

「さすがは道成寺！　明るく愉快な面白いお寺！　抹香臭くないお寺！　お墓のない寺！　カネのない寺！」

　道成寺に無いもの三つ、といわれる。鐘なし、墓なし、檀家なし、である。カネは鐘と思いたいが、嫌味な文句だ。清姫の情炎で鐘を焼失したため、鐘を鋳造しないというのであるが、後日物語として語られる謡曲「道成寺」の主題は、鐘の再興の話である。釣りあげられてなかから蛇体がでてきたあの鐘は、どこにいったのであろうか。もっとも、崇りのある鐘は、ないに越したことはない。

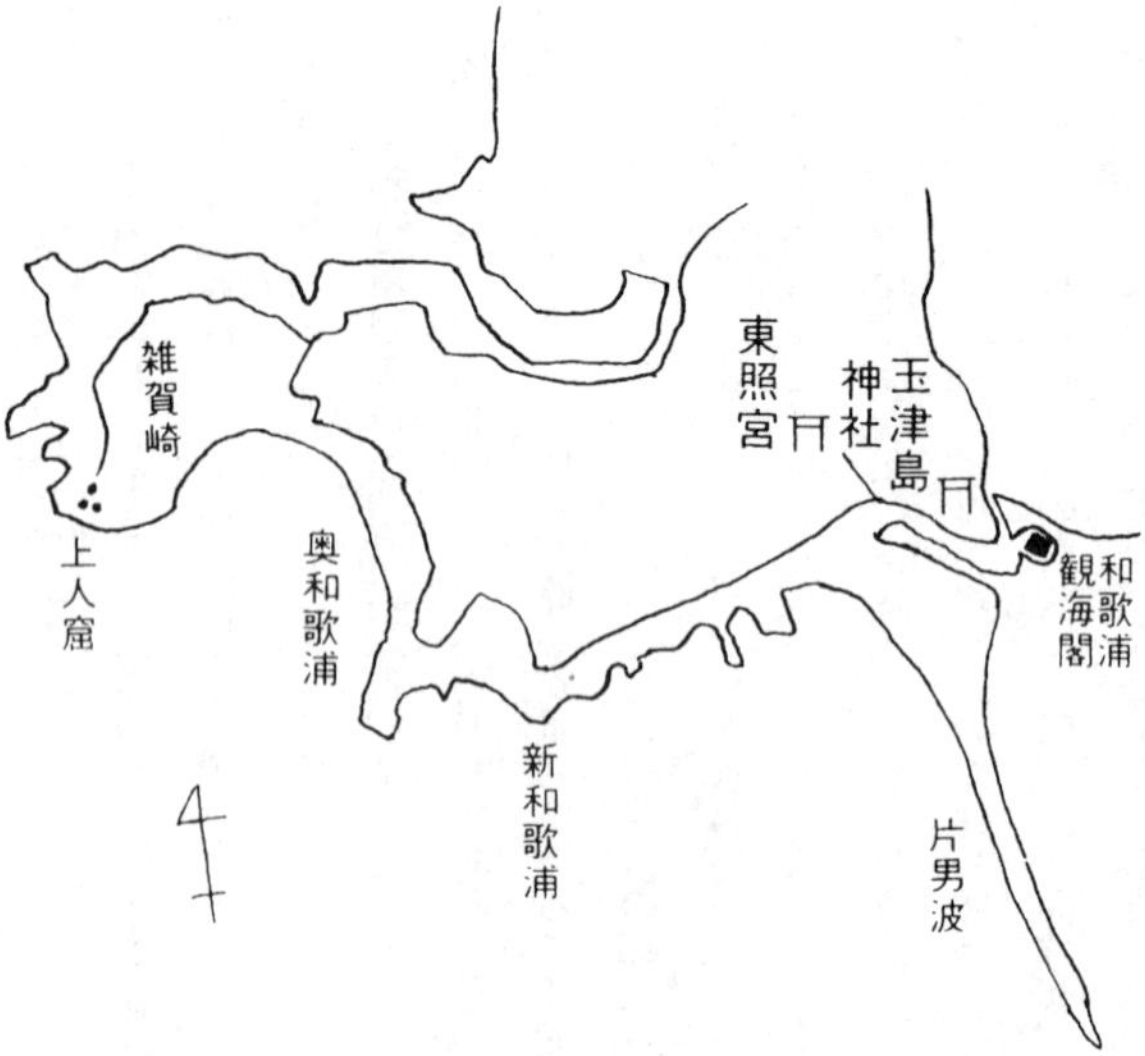

　謡曲『道成寺』は、のちに芝居の所作事につくりかえられ、いわゆる「道成寺物」とよばれるいくたの名作を生んだ。長唄だけを数えても、「傾城道成寺」「百千鳥道成寺」という古いものから、「双面道成寺」「奴道成寺」「二人道成寺」「紀州道成寺」などの新しいものまである。なかでも「京鹿子娘道成寺」は、その絢爛たる舞台のゆえに、古くから今にいたるまで人気があって、初代中村富十郎の江戸初演のときには、四ケ月も打ち通す評判をとった。学生時代に、私は、六代目菊五郎のそれを、新橋演舞場の立見席から観覧した記憶があるし、歌右衛門の舞台にすっかり魅せられたこともある。長唄が名曲である上、踊りも引き抜きその他の技巧で、女方の美しさが最大限に発揮されるように振り付けられている。

「鐘に恨みは数々ござる
初夜の鐘をつく時は、諸行無常と響くなり
後夜の鐘をつく時は、是生滅法と響くなり
晨鐘の響きは生滅々已
入相は寂滅為楽と響くなり
聞いて驚く人もなし
我も五障の雲晴れて
真如の月を眺め明かさん」

鐘のない寺で、冗談を二度聞いた私が、五障の雲にとらわれたのである。

　道成寺の帰途、興国寺に寄りたかった。虚無僧の本山である。タクシーの運転手に所要時間を聞いたら、紀伊由良まで片道二〇分ほどという。指定の列車に乗るには、ちょっと時間が足りない。私はあきらめた。その代り、和歌の浦に着いてから、上人窟にまわることにした。

上人窟は鷹の巣洞にある。ここは織田信長が石山本願寺を攻めて焼いたさい、教如上人（東本願寺始祖）が和歌山におちのび、かくれて難をのがれた洞窟である。雑賀崎灯台から石段を下ること二百。風が強く、鉄製の吊橋が、歩を運ぶたびに、ぎしぎしと鳴った。洞窟は何の変哲もない、奥行一五メートルぐらいのほら穴であるが、下から上を見上げると、さすがに高い。古生代の緑色片岩が大きく露出して六〇メートル余り。グリーンの断崖は、偉観であった。

ちょうど日暮れどきで、紀伊海峡にまさに日が落ちようとしており、双子島が、黒々と海面に影をおとしているのが印象的であった。

紀三井寺山門

宿につくかつかないうちに、雨が降ってきた。やがて、土砂降りである。風をまじえて雨が窓に叩きつける。ごうごうという海鳴りとともに、高い波がしらが崩れて白く砕け散るのを、部屋から眺めたとき、颱風の真只中で孤舟に漂うような気分になった。怖いという感情が消えて、体内に生命の躍動を感じていたのは、旅先での感傷であったのだろうか。

＊　＊　＊

あの娘に、最初にであったのは、

紀三井寺

つぎの日に廻った紀三井寺である。

朝になったが、雨はひとしきり降っていた。このまま大阪に戻ろうかと、ちょっと思案したが、小雨になるのを待つことにした。その代り、東照宮に立寄るのは取止め、昼ごろには傘をさして、雨の滴りおちる紀三井寺の長い石段をのぼっていた。

紀三井寺は俗称で、山内に、吉祥水、楊柳水、清浄水という三つの井戸があるため、三井寺といわれ、近江の三井寺に対して紀三井寺とよばれたのである。正しくは、金剛宝寺護国院という。

二三〇余の石段を登り、本堂に入ってほっとしたとき、場所が場所だけに納経所にいる若い娘に気がついたが、その時はそれだけだった。

昼すぎ、雨があがった。上人窟でみたあの緑色片岩の石垣が、青々と美しい。その上の一段と高いところにある多宝塔の前にたった。ここからは、和歌の浦が一望のはずである。その眺めは、本来、文人墨客の詩歌文学の題材となっている。

山部赤人の

和歌の浦に潮満ちくれば潟を無み
葦辺をさして田鶴なき渡る

という歌は余りにも有名だが、『行人』の一節にも、本堂からの眺めが謳われている。

『好い景色ですね』

眼の下には遙の海が鰯の腹のやうに輝いた。其処へ名残の太陽が一面に射して、眩ゆさが赤く頬を染める如くに感じた。沢らしい不規則な水の形も亦海より近くに、平たい面を鏡のやうに展べてゐた。

雨あがりのこととて、遠望はきかなかったが、片男波の砂嘴がかすんでみえた。」

さわやかな気持で、紀三井寺を辞し、石段をおりる私の傍を、風が吹き抜けるように、急ぎ足でおりていった娘に気をとられたとき、納経所では、さして気にもとめなかったはずのあの娘だと気づき、こんどは思わず、その後姿を目が追っていた。

粉河寺中門

粉河寺は第三番札所である。道成寺で気落ちしたことで、それが尾をひき、着くまでは、この寺への想いがふくらむということもなかった。しかし、大門をくぐって、長い参道がゆるやかに右折し、その果てに中門が豪快な姿を見せているのを眺めたとき、一瞬、身内に感動がよぎった。私は、大切なものの存在を一つ一つ確めるような気持で、左側にたち並ぶ諸堂をつぶさに拾っていった。

手前から、不動堂、羅漢堂、本坊、童男堂、念仏堂、太子堂という順序である。人も少ないが、参道の石畳が塵一つなく、実にきれいに掃き清められている。レンズを通してのぞくと、建物がごちゃごちゃ不規則に並んで、ややわずらわしい感じがしないでもないが、寺運の盛んな、こりゃ大へんな寺だなあ、と思った。

野荒しの虎、という左甚五郎作があった。輻輪相をあらわす仏足石があった。建立の縁起となった童男太子のこと、大和絵の名手冷泉為恭の隠棲のことなど、つぎからつぎへと史蹟が続き、私は、もう悲鳴をあげていた。

粉河寺本堂

それから逃げるように、中門をくぐると、突然、崖地に作庭された築山が目に入った。枯山水であろうが、先例のない庭園様式である。多くの巨石を自由に使いこなした造形に、最初は豪快さを感じた。でも、欲ばりすぎてるなあと、つぎに思った。

だんだん眺めているうちに、無欲の築山を思いだした。石山寺のそれである。あれは、天然の硅灰石を巧みに利用して自然美を強調しているのに対し、これは人工的でありすぎるからだろうか。

右手の方に、地蔵堂、丈六堂、六角堂と続く。地蔵堂の前に、芭蕉の句碑がある。

ひとつぬぎて

うしろにおひぬ　ころもがへ

正面の一段高いところが本堂である。堂内への人の出入りが頻りで、活気がある。観光寺院でなく、信仰の寺院である。江戸時代から、この寺は、紀州徳川家とともに、庶民の信仰もあつかったという。大小二〇余の堂塔は、その遺産であるが、現在も広く深く信仰されていることが、堂内の雰囲気からもうかがわれる。

本尊は千手観音である。本尊に因んだ縁起物語が、道成寺のそれと同じように、絵巻としてここにもある。国宝に指定されている『粉河寺縁起』がそれであるが、物語のムードは、双方全く異なる。観光寺院と信仰寺院という現代相の違いは、案外この辺に根ざしているのかも知れない。

『粉河寺縁起』には、二つの話が収められている。一つは、大伴孔子古《くじこ》と観音の化身童男行者にまつわる、粉河寺始まりの物語であり、二つは、塩川左太夫長者の娘にかかわる千手観音の霊験の物語である。後者の話に粉河の由来が記されているので、それを紹介しよう。

河内の国に、塩川左太夫という長者がいた。その娘が重病にかかり手の尽しようもなく嘆き悲しんでいた折もおり、旅の行者が尋ねてきて、平癒の祈祷をすると、娘の病はたちどころに直った。

行者の去りぎわに、謝礼にと贈りものをしたところ、行者は、娘の緋の袴と箸箱をとり、紀伊国那賀郡粉河の里の者と告げて、たち去った。

翌年の春、長者一家がお礼に出かけたが、粉河の里を知る人もなく、疲れはてて谷川のほとりで休んでいると、米の粉をといて流したような白い水が流れてきたので、「粉河の里」と思い当り、谷に沿い山にわけ入ると、ささやかなお堂があった。

お堂で休んでいるうちに、ついうとうとし、夜中ふと眼を覚すと、緋の袴と箸箱をもった千手観音が灯明のあかりに浮び上ったのである。行者こそ娘を救ってくれた観音であったかと気づき、そこに七間四面のお堂を建立して、孔子古とともに粉河寺の興隆に尽した、という

当時の観音信仰の実相が、よく推し量れる物語ではないか。童男行者に化身した本尊、千手観音は一二月一八日の童男会にだけ開帳されるとのことで、その姿を拝することはできなかった。

粉河寺の帰り道、すっかり堪能しながらも、まだ未練を残

根来寺大門

して、長い参道の石畳を数えるような早さで、ふり返りふり返り歩いていたら、一陣の薫風が吹き去ったのである。その色はブルーであった。五障の雲はなかなか晴れそうにない。そう気づきながら、私は根来寺に向う急ぎの車のなかで、その薫りを確かめていた。

四時をちょっと過ぎていた。お寺は五時に閉まるから急がねばならない。

「お客さん、大丈夫ですよ。帰りは紀伊につけますから、紀伊から天王寺にいらっしゃい。和歌山にでるよりよっぽど近いですよ」

と、運転手がいう。

車は、大門の横を通りぬけ、楼門の下まで乗り入れた。なるべく本坊に近くという運転手の配慮からであったが、途中のムードに浸る間もない。

楼門をくぐる。

これこそ真義真言の雰囲気であろうか。なぜか、厳しくも怪しいのである。しかし、光明殿から本坊のあたり、桜の若葉がきれいで、大へんに明るい。このあたりは「紀仙郷」として県立公園に指定されているが、四季の変化が見事であろう。松がある。楓がある。大谷川の細流を右にみながら、私は、大伝法堂と根本大塔を探していた。

大伝法堂は本堂である。真言宗中興の祖、覚ばん上人（興教大師）が、伝法会の旧儀を復活して大成した大伝法院流の本堂の意味であろう。上人が根来山に移ったのは、金剛峯寺との争い（一一四〇年）を契機にしてであるが、この騒動のさい、上人にまつわる説話に、西行法師が書いた有名な「錐もみ不動」の話がある。

根来寺大伝法堂

「近きころ高野の御山にかくばん上人とて、やんごとなき聖者おわしけれ……本寺の僧、入定の所にみだれ入て見るに、不動の尊二体おわしましけり、一体はかくばんの日ごろの本尊の不動にておわします、今一体は聖の化したると覚ゆ、但しいづれとも見わきがたし」

そこで、矢の鏃で膝をもんだところ、不動明王の膝から血が流れでたという言い伝えである。不動三昧に入った上人の法験が、当時の人によく知られていたことを示す話といえよう。

根本大塔は、高野山のそれにならって一五四七年に完成したもので、現在、国宝に指定されている。多宝塔として現存するもののなかでは、わが国最大の規模を誇っている。塔身は円形で、そのまわりに方五間の裳階《もこし》をめぐらせてある。この形式の大塔は、またわが国唯一のものであろう。

大伝法堂と根本大塔、それに大師堂の廻りに、金網の高い囲いがめぐらせてあった。どこから入るのかなあ、と入口を探しながら奥の院の方に行きかけると、向うから人がやってきた。

「大塔にはどこから入るのでしょうか」

「私の係ですが、もう参拝者がこないので、いま入口を閉めてきたところです。また明日きて下さい」

　時計をみると、まだ五時前である。私は、遠くから来たこと、今晩東京に帰ることなど、事情を話しだすと、その全部を言い終らないうち、

「奇特な方ですね。また開けますから、ゆっくりご覧下さい」

という。

　今朝からの雨で、参拝客はほとんどみえなかったと、時間前に閉門した言い訳をしながら、しかし丁重に案内してくれたのである。

　大師堂は、根本大塔と同年代の建物で、同じく国宝に指定されている。名前の通り弘法大師が安置されている。

根来寺根本大塔

　大塔の裳階、柱の部分に、天正年間、秀吉紀州攻めのさいの、鉄砲の弾痕が歴然と残っていたのには驚いた。直径二センチぐらい、かなり大きな穴が数ケ所ある。当寺の僧兵大将、杉の坊算長は、種ケ島に渡って、鉄砲と火薬製法を伝えた人として有名であるが、それが逆に、秀吉の鉄砲攻めにあったとは。そして、この三つのお堂を残して、その時全山すべて焼失してしまったのである。

　大伝法堂には、中央大日如来、左脇金剛薩埵《こんごうさった》、右脇尊勝仏《そんしょうぶつ》

頂尊《ちょうそん》が安置されていた。

少しさがって、三堂を一望に入れると、その偉容はすさまじい。とりわけ、中にたつ大塔は、威風堂々として、わが国最大の名に恥じない。高さも四〇メートル以上はあろう。手前にある天然記念物、臥竜の松がなんと小さくみえることか。私は、守衛を待たせていることも忘れて、四半刻も、じっと立ち尽くしていたようだ。本坊にある指定名勝の庭園のことも忘れていた。人っ子一人みえない広い天地のなかで、建物との対話を味わっていた。

が、突如、対話を破って、重い鐘の響きが聞えてきた。それが五臓を突きぬけて、彼方に消えたとき、正しく五障の雲が霧散したと感じた。

紀伊の駅で、天王寺行きの電車を待つあいだ、それでも私は、薫風の残り香を、ずっとかぎ求めていた。

（「書斎の窓」二三八・二三九号一九七五年一月・二月）

白隠・円空との再会（岐阜・静岡）

名古屋から高山に廻ってみようと考えたときは、それほど特別の目的をもっているわけではなかった。近代化の波に洗われて、多くの古い町がその特色を失ってゆくなかで、今だに古きよき文化を残し、また城下町でありながら、碁盤の目のような町並のイメージから、文字通りの小京都を連想させることに、淡い郷愁を感じていたという程度であった。

人気のある観光地にもパターンがあって、NHKの大河テレビ・ドラマで一時的に爆発的人気を博するようなところもあれば、継続的で根強い人気を保つところもある。さしづめ京都や奈良は後者の横綱格であり、たとえば、旅行雑誌が企画に困ったとき、「京の〇〇」「〇〇の京都」というような特集記事を組めば、急場をしのげるとさえいわれる。

高山もこの系譜に属し、金沢や木曾などとともに、とりわけ若い女性のあこがれの観光地である。金沢・高山は古い城下町、木曾は昔の街道部落という違いはあるが、大都市の喧騒を逃れて無目的に遊歩し、荒んだ心を癒してくれる日本人のふるさとというような環境があるという点で、両者には共通するものがある。それが、継続的で根強い人気を保つ所以でもあろう。

私に、もし彼女達と違った期待があったとすれば、それは、あの円空仏にお目にかかれるかも知れないということぐらいであった。

「のりくら3号」はほとんど満席であった。秋という観光シーズンだが、今日は月曜日。飛騨が観光地として脚光をあびていることの証拠である。高山の宿泊施設がいつも満杯という話も肯かれる。

高山駅についたのはほぼ二時であった。なるほど、駅前の旅館案内所、観光案内所はかなりの混雑である。それを横目でみながら、さてどこに行こうかと、一思案した。

駅から一番近いのは、飛騨国分寺である。駅前通りをしば

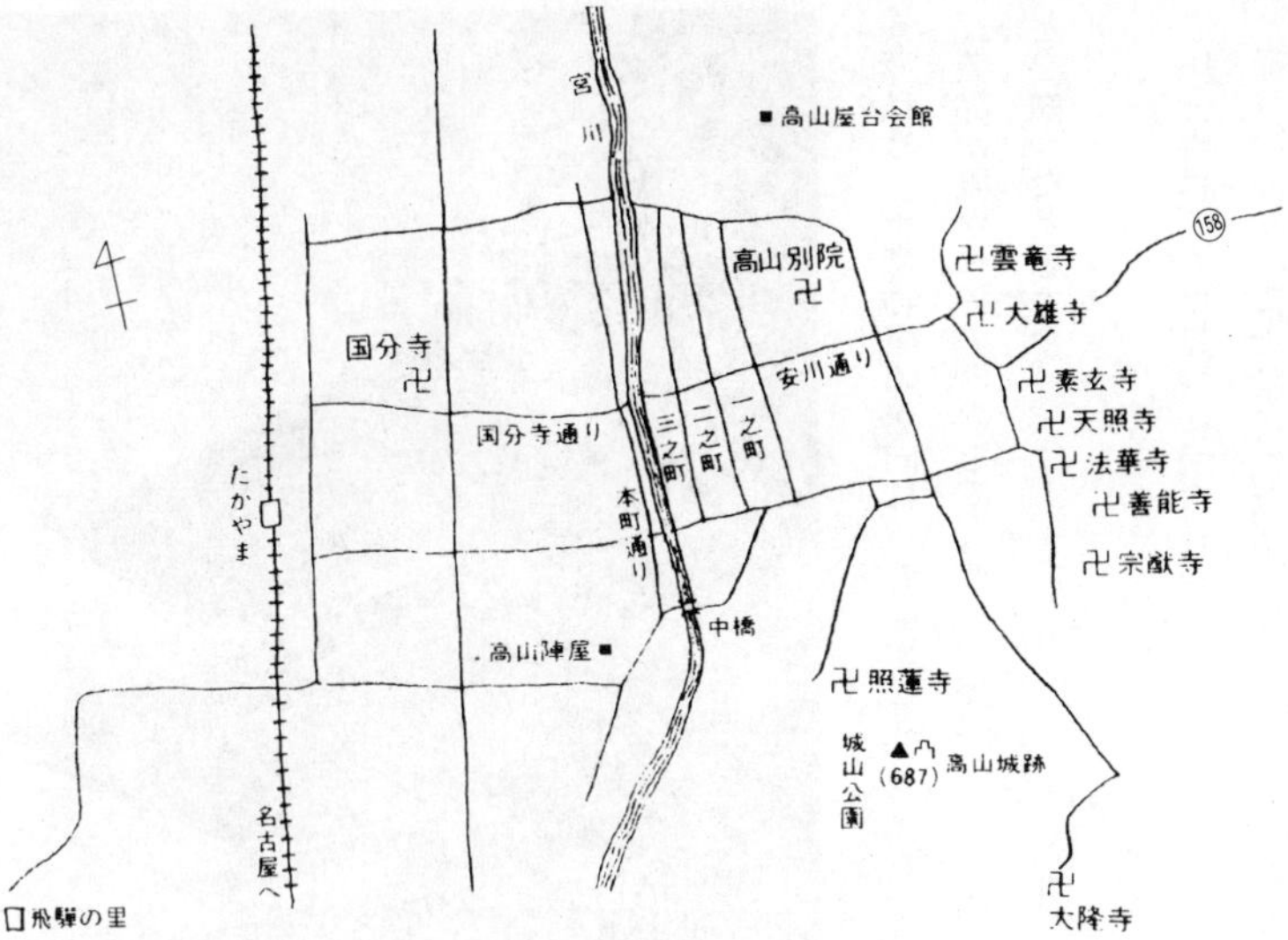

らく北へ、国分寺通りへ右折する。古い街並みはどこでも特色があるが、たしかにここにもそれがある。高山の特異性はいったい何だろう。国分寺通りをぶらぶら歩きながら、考えた。

高山を早くから支配して、文化の流入を計ったのは金森家である。初代長近は、利久に茶を習うくらい茶道に熱心であったし、孫の重近は、京都からはるばる漆職人成田三右衛門を招いて、春慶塗を始めさせている。そればかりか、重近は茶道一筋に生き、宗和流の祖ともなっている。このような茶人の家風が、京都を意識的に模倣させようとしたのであろう。彼らは城下町の都市計画にあたって、京都の町に似せた。そしてその文化を移植しようとしたのである。

ここの特色は、そのような京都に通ずる雅び性であろう。しかし、京都とはどこか違う。それよりも、ずっと素朴である。いや、むしろ土俗的でさえある。

高山は飛騨の終点。そのような山深い処に位置する高山が土俗的であるのは当然のような気もする。そしてこの土俗性こそ飛騨の常民の持味でもあろう。つまり、歴代の金森家がつくり上げた京の雅びに、飛騨の常民に特有な土俗的な持味が渾然となっているところに、高山の特異性があるのであろう。私は、土産物屋の店内に、春慶塗と並んで、さまざまな民芸品が置かれているのをみたとき、実感をもって、このことを知ったと思った。

国分寺はすぐに見つかった。

通りに面し、「聖武天皇勅願所国分寺」と書かれた大きな石文がたっている。その左すぐに山門がある。今しもガイドに引率された団体が、ぞろぞろと山門を入る。境内にも人が多い。が、放心したように何となくそこにいるという感じか、ただ無心で記念撮影に熱中するといった烏合の手合いである。

国分寺三重塔

山門を入ってすぐ重層の鐘楼門があり、右手に三重塔、突き当りが本堂である。これだけの人がいるのに、本堂の扉は閉じたまま、庫裡の方も人の気はない。寺院は観光客を寄せつけず、客にも参拝の気配はない。両者の間には、截然とした越えがたい溝がある。信仰寺院、観光寺院のほかに、ただそこに人がいる寺院というジャンルのあることを、更めて知ったのである。

本堂は、金森氏が三六〇年前、室町時代に山田村の薬師堂を移したもので、重要文化財となっている。桁行五間、梁間四間、単層入母屋造の落ちついた建物であった。これが一番古い。三重の塔は新しく、一七〇年前のもので、高さが二三

国分寺薬師堂

メートル、飛騨の匠水間相模の作と記されてあった。天平の昔には、七重の塔が建てられていたというから、高山盆地にそそりたつ七重の塔は、アルプスを背に朝日夕日を受けて、さてこそ美々しいことであったろうと想われる。

私は、薬師堂の本尊と、聖観音を拝観したいと考えていた。寺院と観光客を隔てる壁を意識して、拝観申込をしばらくためらっていたが、勇を鼓して、ベルを押した。

「観光客がみだりに入りこんで寺が荒れるものですから、鍵をかけておくんです。お詣りしたいという人はほとんどおりません。……それは遠くからよくいらっしゃいました。奇特なことです」

私の無礼な突然の拝観申込みの言訳に対して、住職の丁寧な答えが返ってきた。

私は嬉しくなって、つい数日前、高野山――国分寺は真言宗――に参詣にでかけたことを、くどくどと話した。住職も、数年前に高野山大学に学んだこと、そして、それがどんな様子であったかなどについて語りながら、薬師堂の方へ案内して下さったのである。

正面に薬師如来、東脇間に聖観世音、何れも国の重要文化財、西脇間に阿弥陀如来（県重文）が安置されていた。

薬師如来は一メートル半の一木造。お顔、胸、腹部、すべて豊満な藤原時代の秀作である。全体から受ける感じが興福寺の薬師如来と似ているが、こちらのお顔がいっそう福々しいし、螺髪も完全である。

聖観世音立像は二メートルの堂々たる、これも一木造。薬師如来と聖観世音という取り合わせは奇妙であるが、こちらはもともと旧国分尼寺の本尊とのこと、春日仏師の作と伝えられている。宝髪が大きく、全体にふっくらとした感じで重量感があり、お顔も丸くやや童顔の趣があった。口の辺り、かすかに朱を残していて、当初は彩色が鮮やかであったことが想像され、更めてその優美な姿に感じいった。

二つの仏の前で、私は、すっかりなごやかな気分になっていた。そして平安朝の時代のなかで時を忘れ、自分がどこにいるのかも忘れていた。ただ頭のすみのどこかで、住職に申訳ないと気になっていた。

以心伝心である。住職はいつのまにか薬師堂から消えていた。

どのくらい経ったろうか。充分に満足して、聖観音像の東脇に目をやったとき、私は思わず身をのりだした。そこに、白隠がいた。白隠の墨跡があったのである。

「愛宕山大権現」
「秋葉山大権現」
「金毘羅大権現」
の三幅対である。

高山で真先に、しかも国分寺で、白隠に遭おうとは思わなかった。

もっとも、晩年の白隠は、遠江、尾張、美濃から飛騨にまで足をのばして旅をつづけている。しかも、高山の宗猷寺《そういうじ》では、碧巌録を講じ、集まった僧尼は宗派を越えて三〇〇人といわれており、また飛騨一円に広く観音講をおこしてもいる。飛騨と白隠との結びつきは決して浅くないから、どこでどう遭うかは判らないはずであったが。

しかし、これは望外の喜びであった。望まずしてえられた旧知との再会である。

これより二カ月ほど前、私は原の松蔭寺を訪ねていたからである。

＊　＊　＊

駿河には過ぎたるものが二つあり
富士のお山に　原の白隠

富士に比せられて詠われた白隠。臨済禅中興の祖、都の大

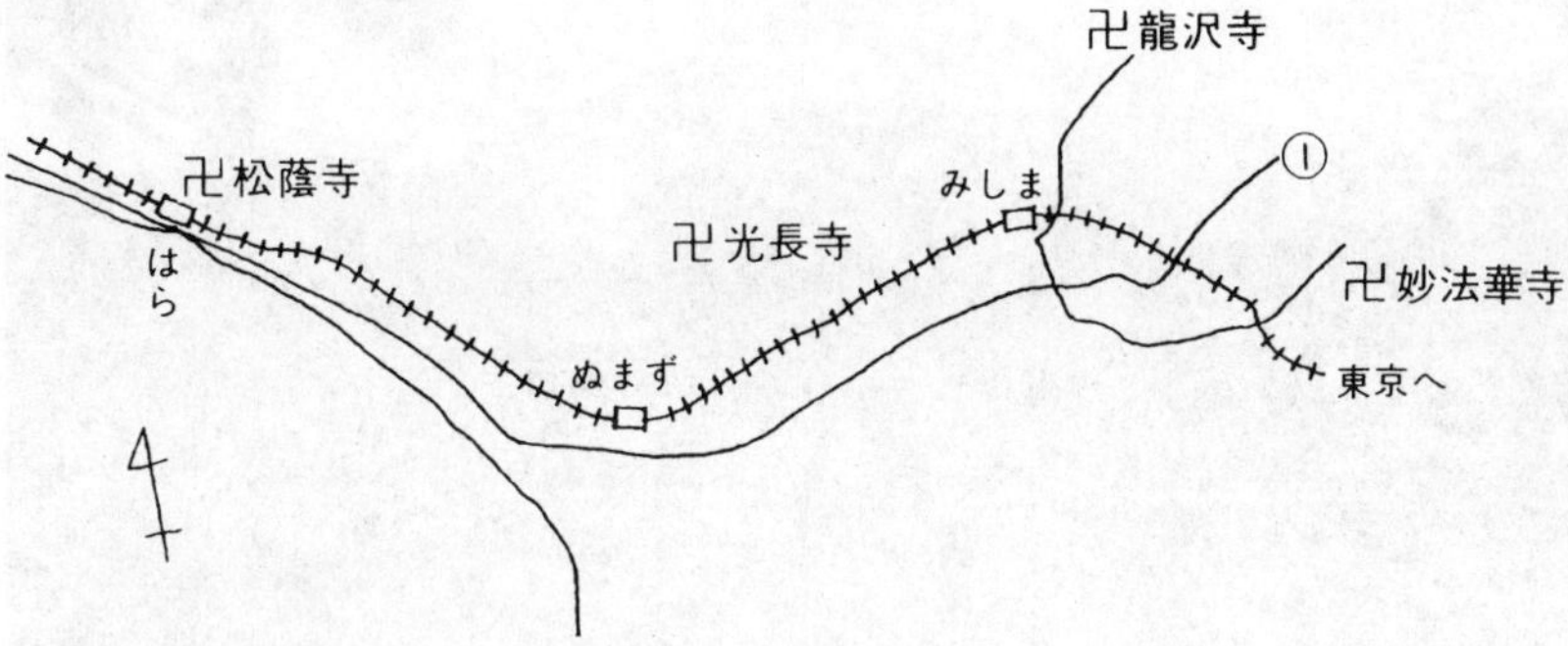

寺をきらって原の片田舎に住み、生涯を旅と仏典祖録の講話に送った孤高の僧、白隠。その名は、彼の描いた達磨の画とともに、私の脳裏に長い間焼きついていた。

九月も末であった。新幹線で三島に下りたときを利して、原まで足をのばすことにした。沼津から旧東海道を西へ一本道、つぎの宿場が原である。

松蔭寺は街道に面していた。通りから三、四〇メートル奥に小さい山門がみえる。思ったより小さな寺である。講話に集まる善男善女が無慮数百ときいて、大きな庫裡宿坊を備えた寺院を想像して来たが、これは意外であった。しかし、名利を却けて、僧俗の教化に一生を捧げた白隠にふさわしい、とも思った。

寺の境内はほぼ一ヘクタール、半分は墓地であるから、敷地はほんとに狭い。

山門の両脇に続く塀に隣接して民家が密集し、洗濯ものがかかり、布団が干されている。正に民衆の中の寺院である。白隠のころ、どうであったかは知らないが、民衆とともに生きて、その教化に努めた白隠には、この方がやはり似つかわしい。講話の折りに集まった人々も周辺の民家に宿泊したと聞いて、いっそうその感を強くした。

松陰寺本堂

山門の東、二〇メートルほどの所に巨木の老松がある。この松は摺鉢松といわれ、その昔、備前の池田侯が、参覲の折り白隠に謁せられ、その質素な暮しぶりに、不自由なものを問うたところ、「何もないが、今朝がた、一つしかない摺鉢を割ったのが不自由」といわれ、のちに届けられたものを、松の折れた枝にかぶせられたという。目をこらしたが、枝の先に摺鉢があるかどうかはわからなかった。この話は、あの虎のような眼の奥に、心細やかな配慮を忍ばせた、白隠の心情をよく物語っている。

さまざまな想いのなかで、私はなんとかして、闊達自在な白隠の書画に遭いたいという望みにかられていた。

応対にでた中年の僧に、おそるおそる来意を告げた。そして、方丈の厳粛な雰囲気に気押されて、こりゃ出直さなければならないかなとも考えていた。しかし、快い返事が返ってきたときには、思わず相好を崩す自分に気がついたほどであった。

宝蔵の扉が開かれる。正面に阿弥陀如来像があった。右に視線を移すと達磨の画像があった。墨跡があった。

達磨の炯炯たる団栗眼は、白隠の自画像のそれと同じである。白隠が達磨か、達磨が白隠か。射すくめられ見ぬかれて、悚然とする眼光である。身心一如の禅味をみごとに描ききっている。

書は自由で、気宇壮大である。押し迫る気魄がある。峻厳さにおいて一休の書に匹敵するが、あれほどの野性味はない。むしろ量感に溢れているのは禅風の違いであろうか。

白隠の高弟、東嶺は、師を「虎視牛行」と評したが、牛歩の如く落ちついた挙措だったのだろう。そのような落ち着きと、どっしりした重みが、書に激しく表現されているが、あとから拝見した自画像には、さらに洒脱が加わって、坐禅三昧の境地が、観る者の心に強く響く。

えもいわれる強靱さに圧倒されて、しかし重厚な落ち着きのなかに、私の心はのめりこんで、我を失っていた。

白隠（正宗国師）塔

誰かが呼んだような気がした。茫然としていたが、ふっと我に返った。飛騨国分寺の白隠の墨跡に、松蔭寺のそれが重なりあって、タイム・マシンのなかで自失していたおのれを、ようやく取り戻したようである。

私は、旅の奇縁と秘奥さを、しみじみと感じ、また教えられた。そしてその時、白隠が、高足東嶺に与えたという三島の龍沢寺に行かねばならないと固く決めたのである。

＊　＊　＊

国分寺を辞したとき、まだ日は

照蓮寺本堂

高かった。ひとまず宿に荷物をおいて出かけても、遅くはあるまい。

足で歩ける観光地として、高山は手頃の大きさである。ぶらぶら歩いて、北から南までほぼ二〇分ほど。まさに、京都のミニチュアである。鴨川に当るのが宮川、河原町通りはさしずめ本町通りであろう。

人口五万というが、人がべらぼうに多い。商店が多いが、どの店にも人が群れているし、通りもぞろぞろという感じであるから、そのほとんどが観光客であろう。若い人が多い。女性が多い。マキシ、パンタロン、ジーパンと色鮮やかな服装がぞろぞろというのは、一種独特な景観である。それが本町通りを練り歩く。

宿に入ったとき、玄関で大太鼓をドーンと鳴らされたのにも驚いた。早々に荷物をおいて、高山陣屋にまわった。

高山の城下町をつくった金森氏は、六代一〇七年続いたあと、出羽上山に国替えとなり、文禄五年に飛騨は幕府の天領となった。その知行所が高山陣屋で、代官一二代、郡代一三代が一七七年間支配した。郡代陣屋としての旧態を止めているのは、ここ高山陣屋だけであり、時代劇のセットそっくりの建物のなかは人が多かった。

照蓮寺に向う。

途中、宮川の中橋を渡る。大きな鯉や鱒、うぐいがゆうゆうと泳いでいるのが橋の上から見下ろせる。私は、郷里、金沢の犀川を思いだしながらみていたら、

「ここは禁漁区ですから」

と、土地の人が教えてくれた。しばらく話しこんでいると、町を大切にしていることが、実感をもってこちらによく伝わってくる。金沢もそうだが、多くの都市で失われた「人間」の生活がここには残っている。それを維持してきたのは町の文化である。町には品格があった。そして温いのである。そういう情調が多くの人を魅了するのであろう。

照蓮寺は、高山に現在二つある。これはもともと親鸞の弟子、善俊が鳩ケ谷に開いた真宗寺院であるが、一つは、その後、金森長近が飛騨を治めるにあたり、真宗の力を利用することを考えて高山に移したもの、現在の高山別院がこれである。もう一つは、長い間中野にあって中野御坊と呼ばれていたが、御母衣ダムの建設により水没することになったので、昭和二七年に高山城のあった城山公園の二の丸跡に移築されたものである。

高山別院は安川通りの繁華街にあって、現在コンクリートの寺となっている。他方二の丸跡の方は、本堂が室町時代の永正元年、不明門（勅使門）が安土桃山時代の天

照蓮寺庭園

大隆寺弁天堂

正二年の建立である。

城山公園のだらだら坂を登りつめると、ゆるい勾配の本堂の屋根がみえてくる。塀にそって左にまわると、不明門があった。小さい門だが、どっしりした感じである。蟇股《かえるまた》の構造がなかなかいい。

が、しかしここは観光寺院であった。先客は女性の同伴しかいなかったが、尼僧の説明は立板に水、また細かく行届いている。寺院としては珍しい住宅建築の書院造・寝殿造の名残りをとどめていること、柱、桁、鴨居はすべて一本の杉でできていること、珍奇な舞良戸《まいらど》の構造などなど。最後に照蓮寺はこちらが本物といわれたのには恐れ入った。

少々オーバーなと思ったが、観光寺院も、時として悪くはない。粗雑なこちらの鑑識眼を補ってくれるし、寺の性格が判るという付録もつく。ともかく、解説による粉飾は別にしても、簡潔だが、たしかに品格のある建築の感じに、しばしみとれていたことは確かである。

外にでると日はだいぶ落ちていた。日中は暖かないい陽気であったが、夕方はやはり寒い。坂を下るとき、町並みの外れ、山端にかかる夕陽がきれいだった。こごえながら、それを私はじっと見ていた。

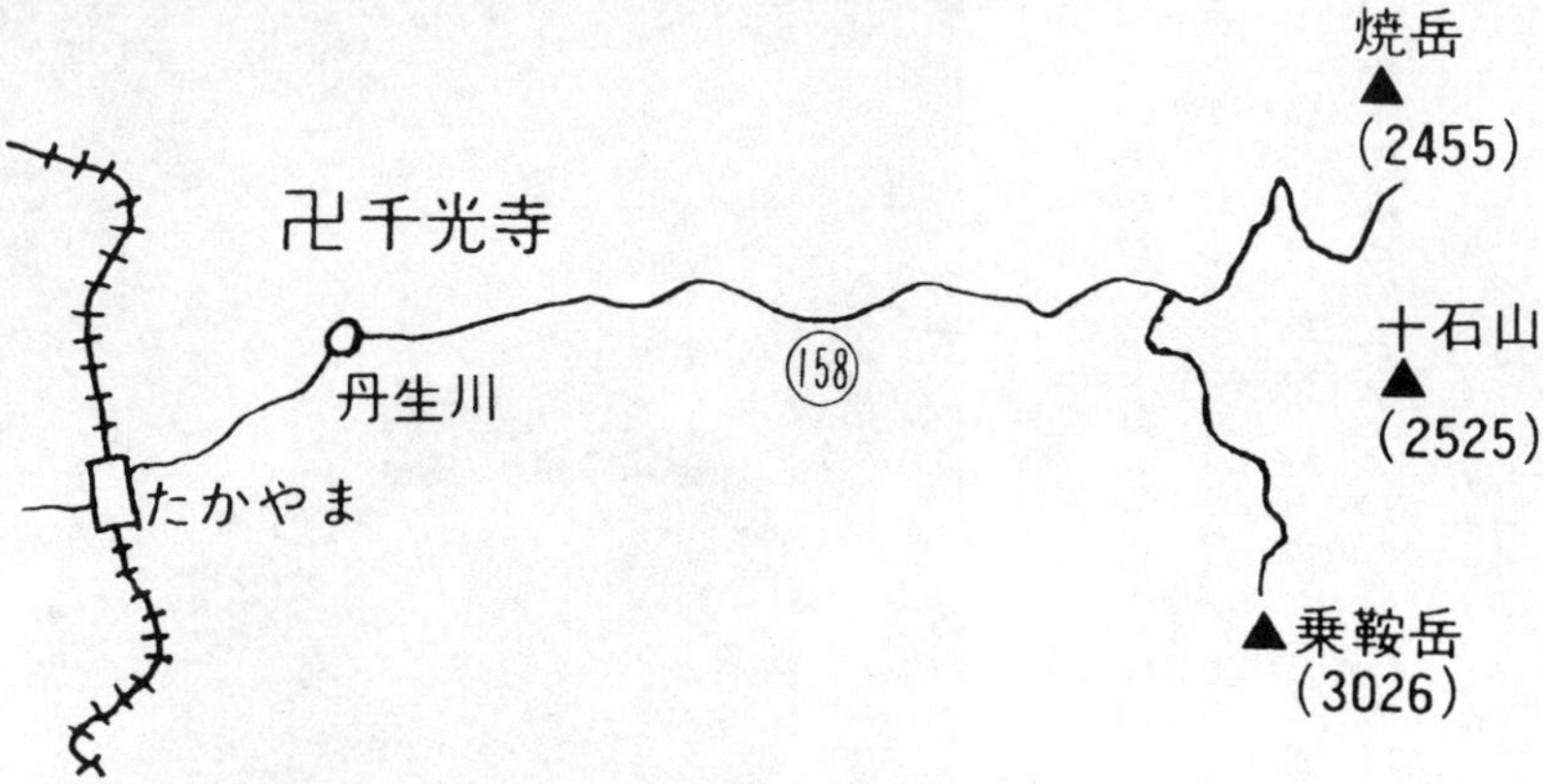

翌日は、まず丹生川《にふがわ》村の千光寺に行こうか、東山の寺町界隈を歩こうかと迷った。丹生川村まで行けば、飛騨の里を諦めることになりそうだからだが、迷ったまま、とりあえず大隆寺に行くことにした。

　大隆寺は、城山公園の東南方の麓、杉・檜の木立に包まれたホトトギスの名所。俳人、歌人、画人に親しまれた寺と聞いて、一見にしかずと考えたのである。建物には何の特徴があるわけでもない。しかし境内の下段に池があり、池中に弁天堂がある。この辺りの景観が素晴らしいのである。叢の上に寝そべって、青空をじっと見上げたい気分にしきりに誘われる。

が、心が急いだ。やはり千光寺に向かおうという気になっていた。

　袈裟山千光寺は、市内から車で二〇分ほどのところにある。町を出て国道を東に突っ走る。すみ切った青空である。正面、右手に乗鞍、左手に穂高連峰がよくみえる。

「お客さん、ついてますよ。こんなに穂高がよくみえることは少ないですよ。たいてい霧がかかってましてね」

と、運転手がいう。

　峰の頂上はうっすらと白く、初雪のあったことを教えている。

私は、この道がどこまでもどこまでも続けばいいと思った。山々が見えかくれし、一〇分ほどたったころ、左折して村道に入ると一気に登りである。寺も近いと感ずる。

入口の仁王門は何の変哲もない。通りすぎて石段を昇り、仁王門のバックを写そうと振りむいたとき、ハッとした。「国宝立木仁王」という大きな板が、仁王門の裏側、羽目板にうちつけてあるのが目についた。

立木仁王

立木仁王とは珍重である。石段を飛び降りるようにして近づいた。ちょうど目の高さ位のところに直径三〇センチほどの穴があいて、そこに仁王が顔を出しているではないか。

こんどはアッと驚いた。これは正しく円空仏である。

丸い大きな眼に丸い大きな鼻、牙をむいた口、すべてが大づくりで怪異である。そして何よりも荒々しい。この奇異な容貌の作者は、円空以外の何ものでも、あるはずがない。しかし、彼との再会が、こんなに早く、こんな形でやってこようとは。

これは予期せぬ喜びであった。

あとの大きな期待に、胸をわくわくさせて石段を上る。境内には村の小学校の児童が写生にきていた。わいわい騒ぐ声が、やや場違いな感じがしたが、私はようよう千光寺にやってきたという感懐に、その声もたいして気にならなかった。

千光寺本堂

千光寺は二〇になんなんとする塔頭・子院を擁する真言宗の道場で、平城天皇の勅願所として栄えた大寺である。しかしここまで来た私の目的は、あの円空仏、両面宿儺《りょうめんすくな》との再会にあった。何よりもあれにお目にかからないことには。

円空の生涯は曖昧模糊としているらしい。しかし、彼の変わった行動と奇抜な彫像が、後世、伝記を生み、またその作品の見聞記を残すことになった。たとえば、円空没後四、五〇年の編集になる、長谷川忠崇『飛州志』の「釈円空の説」のなかに、

本土ニ於テ高嶽ノ巌窟、或ハ山中ノ寺社等ニ多クノ木仏アリ、円空ト云僧ノ作ル処也。按ズルニ其彫刻スル所ノ仏像、今州内ニ多シト云ヘドモ、全備成就セシモノヲ未見。俗ノ荒削ト云フ其面相ノミ在ツテ、其余相等分明ナラズ。ニヒトシ。然レドモ空其業未熟ニシテ、斯ク造リ出スニハ非ザルカ。元来妙手タルベキモノト見エタリ。

とあり、かなり詳しく作品を批評している。そして、

姓氏或ハ何国ノ産、何レノ宗派ト云フコトヲ不知。疑フラクハ是台密ノ徒タルカ。

と述べている。

しかし、没九〇余年後の、伴蒿蹊『近世畸人伝』には、

「僧円空は美濃国竹ケ鼻という所の人也。稚きより出家し某の寺にありしが、廿三にて遁れ出、

千光寺鐘楼

　富士山に籠り、又加賀白山にこもる」

とあり、その彫刻について、

「円空持てるものは鉈一丁のみ。常にこれをもて仏像を刻むを所作とす。袈裟山にも立ちながらの枯木をもて作れる仁王あり。今是を見るに仏作のごとしとかや」

という伝承をのせている。袈裟山の立木仁王とは、私が出鼻に遭遇した、あの仁王門の丸窓にのぞいた奇怪な容貌そのものであった。

　円空が来飛したのは延宝の終りごろで、一〇年ほど飛騨にとどまっており、貞享年間に千光寺に来たらしい。彼の足跡は、北海道から佐渡、東北、関東、信州、関西にまでまたがり、まさに東日本を股にかけたとの感があるが、とりわけ美濃と飛騨を愛していた。そして、飛騨に残る円空仏は一〇〇〇体に近く、このうち千光寺には四八体が保存されている。

　私は、昭和四八年の夏の暑い一日を、「円空・木喰展」にすごしたことがある。その印象は強烈であった。

　それはフォルムの芸術ではない。また感能の芸術でもない。精神の芸術であり、信仰の芸術である。無心無我の美である。そして、恐怖の美であった。

　五来重氏は、円空仏のもつ不思議な魅力について、次のように述べている。

「山岳修行と窟ごもりの苦行できたえられた精神力の所産として、はじめて理解できる。その孤高にしてきびしく知的に冴えた刀痕、清潔にしてしかも火のようにはげしい意志的な造型は、夜の岩屋にただ一人、自我と対決し、神や仏と交流する精神だけが可能な芸術である」

云いえて妙である。そして、いま私の眼の前に、その円空仏がある。予定された再会とはいうものの、その土地での対面に、感激は一入であった。

あの両面宿儺の像がある。弁財天がいる。自刻像がある。そして沢山の木のかけらが雑然とたっていた。

さすがに、両面宿儺が傑作である。逆巻く雲形の光背を負って、正面、二つの顔をもつ飛騨に伝わる怪人の像である。

円空の創造心の極致が、ここにある。恐怖の美の頂点が、ここにある。

それは、放浪僧による庶民宗教の象徴的な表現である。それは、正統とか異端とかを超えたところで、自然のなかに捉えられた美の本質である。それが、観る者を圧倒せずにはおかないのであろう。

百貨店の華やかな展覧会場とは違った、鄙の寺院の質朴な宿儺堂にみる四〇体余の円空仏は、やはり違った意味で圧観であった。宣伝臭のない心の籠った大黒さんの説明が心地よかった。私は、心から辞去の一礼をしつつ、未練をふり切ったのである。

飛騨民俗村は、江戸時代の町並みを今に残す三之町筋や、高山陣屋とともに、高山の見どころの一つであろう。

飛騨民俗村とは、飛騨民俗館、飛騨の里、山岳資料館を合わせた名称で、そのエッセンスは飛騨の里にある。時間に余裕があったので、運転手にいわれるまま、その飛騨の里に車を走らせた。

飛騨の里は、ダム建設による水没や過疎による村落の崩壊から消滅の運命にあった特色ある民家と付属建物を移築して、昔のままの農山村を再現した、いわば野外博物館である。

高山駅の西方、約二キロ。松倉城跡の五阿弥池を中心に三万坪の広大な地に、山林・水田を配して、二十数戸の民家が散在している。そのほとんどが江戸初期から中期に建てられた生活文化財で、太い柱、どっしりした梁に、先人の残した生活の歴史が刻まれ、それが我々の肩に重くのしかかってくるのである。

生活文化の保存と伝承は現場で行われるのが理想的である

飛騨の里

が、激変する現代社会のなかでは、それにも限度があろう。いきおい博物館のような施設によらねばならないことになるが、飛騨の里の場合は成功している一例であろう。

昼もだいぶ過ぎており、汽車の時間まであと三時間しかない。高山市内に、急ぎとって返し、昼食も早々に、東山に向かった。

東山という呼称は、いかにも小京都らしい。『高山市史』に再録されている古文書によれば、

「諸宗の寺院は東山に透間もなく恰も平安の彿あり」

とある。ここに、北から雲龍寺、大雄寺、素玄寺、天照寺、法華寺、善応寺、宗猷寺などと南に向かって、九山寺、末寺七つの寺院が、それこそ、透き間なく並ぶのである。それは恰も京都でいえば、青蓮院、知恩院、高台寺、清水寺、妙法院、智積院と並ぶ東山諸寺院に相い適う趣がある。もっとも「小」京都であるから、寺の規模は何れも小さいし、全体の道のりもほぼ一キロほどにすぎない。

安川通りの突き当りに、重層の大きな山門がみえるのは大雄寺。それを右に見ながら、狭い石段を昇りつめると雲龍寺がある。入口の鐘楼門は、櫓門の様式を残す珍しいもので、

雲龍寺鐘楼門

市の指定文化財である。境内に入ると、それほど広くはないが、塵一つ落ちていないほどきれいに掃き清められている。禅寺の雰囲気に思わず厳粛な気持ちになったが、反って好奇心にかられることになり、相手の迷惑も省みず、案内を乞うた。

住職の話は慇懃であった。私は身を縮めて恐れ入っていた。

「どうぞ庭を御覧下さい」

といわれて、ホッとした。新しい作庭であろうが、裏山を取り入れた庭園は、なるほどみごとである。

隣りの大雄寺は、東山寺院中では大伽藍といえるであろう。高い石垣の上に、六角堂、重層の仁王門と並び、更に、庫裡、鐘堂、本堂と建ち並ぶ。仁王門と鐘堂が市文化財に指定されているが、本堂は近年焼失し再建されたものである。私は、独り本堂に上り、室町時代のものといわれる阿弥陀如来に、静かに手を合わせた。

素玄寺は、大雄寺の塔頭、洞雲院を隔て国道を渡ったところ、これも高い石垣に長い坂の参道が続いた果てに建っている。本堂が寺院建築と異なる感じを与えるのは、高山城の評定所を移し改造したもので、書院造の形をとどめているからであろう。境内を被う白砂が美しく、本堂の景観とよく調和

大雄寺仁王門

を保っている。

坂道を下りながら、高山の諸寺院と金森家との因縁の深さに感心していた。大隆寺は金森四代頼直の菩提寺であり、雲龍寺は長近の長子、長則の菩提寺である。そして大雄寺は長近が開基、素玄寺は二代可重が父長近の菩提をとむらうために、長近の号、素玄からとったものである。一〇〇年余の治政からいって、その因縁の深さに不思議はないが、他方、金森の歴代藩主が、いかに文化、宗教の振興に心をつくしたかをよく物語っている。

くどいようだが、法華寺本堂は三代重頼が建立し、宗猷寺は重頼、重勝の兄弟が開基である。

天照寺は、庫裡がユースホステルとして解放されている。がさがさした感じに驚いて、急ぎ通り抜けた。

法華寺はしっとりとして落ちついた寺である。飛騨に日蓮宗寺院のないことを遺憾に思った越後本成寺の日扇上人が、永禄年間に、弟子の日嚢上人を送って創始せしめたもの。境内は広く、大きな本堂と多くの小堂、鐘楼を構えた東山の大寺院である。

私は、どこまでも続く寺院群に食傷して、無為に通り過ぎようとしたが、正面、庫裡の玄関が開け放たれ、部屋の向う

素玄寺本堂

側に、みごとな庭園が顔をのぞかせているのをみたときは、思わず拝観の誘惑を抑えることができなくなっていた。

ここでしばし、熱し切った頭脳と、凝縮した神経を休めることにした。

ここの本堂は、九州から配流され、ここでなくなった加藤清正の孫、光正のため、金森重頼が城内の建物を移築したもので、やはり書院造の趣向が強調されている（市重要文化財）。

善応寺は素玄寺の塔頭として再興されたものだが、多くの松を抱える境内に建った風格のある寺であった。

東山廻りも、とうとう最後の大詰に来た。高山で唯一の臨済宗寺院、宗猷寺である。

山門をくぐると、高山城の石垣を移して積みあげた巨石の石垣の上に、重層のすばらしい本堂がそびえている。文政七年に竣工した、おそらく高山での最大の木造建築物であろう。これは京都の寺院にも劣らない規模である。

ずっと東山廻りをして、一つ一つの寺院が京都のミニチュア版との感を深くしたことは確かである。しかし、何よりも踵を切して次から次へと出現する寺院群には圧倒されよう。寺の一つ一つは各宗派にまたがって、それぞれ特色を有しながら、そこに何か融然としたまとまりがある。恐らく、町づ

法華寺本堂

くりと寺院づくりに執心した金森治政の賜ものであろうが、それがまた、京都とは異なった環境をつくりだしているのである。

そういう渾然とした寺院環境のなかで、宗猷寺の本堂は、一きわ高く聳えたっている。大詰にふさわしい建物である。フィナーレを飾るに値する大伽藍である。

その偉観を記憶に深くとどめようと、全容が見渡せる境内の中央にたって、私はじっと凝視していた。

やがて、気がついたが、右手前に大きな一位の木があった。一刀彫の素材はこれだなと思い、こんどは近づいてしげしげと眺めた。

ふり返ると、山岡鉄舟の碑がある。当寺と白隠との関係については前述したが、鉄舟とも深い関係をもっていたことを、それにより知ったのである。つまり、鉄舟の父、小野朝右衛門高福は、鉄舟一〇歳のとき、第二一代飛騨郡代として高山に赴任し、鉄舟一七歳のときに逝去している。この七年間を鉄舟はこの地で教育され、とくに禅学を宗猷寺の文恭和尚に学んでいる。そういえば、鉄舟が再興した駿河の鉄舟寺も当寺と同じ臨済宗妙心寺派であることを思いだした。

ちょうど、庫裡から若い婦人が子供を連れて出て来た。私

宗猷寺本堂

は許しを乞うて本堂に入り、本尊釈迦如来にじっと手を合わせた。そして飛騨高山に、最後の別れを告げたのである。

＊　＊　＊

私が白隠に興味をもったのは、巨刹に坐ったり管長選に立候補したりせず、最後まで、東海道の宿場の、小さな寺の和尚として、天下の高僧を批判し、山を越え谷を越えて、僧俗衆庶に説きまわった、そのことにある。

碧巌録を提唱した高山、高山の高台を辞してから、私は三島の龍沢寺に行く機会を狙っていた。

円通山龍沢禅寺は、白隠が開山、東嶺が開基である。

松蔭寺は、白隠の後継ぎのなり手が多く、紛糾があって、後継者がなかなか決まらなかった。白隠は東嶺に継がせたいと考えたが、東嶺は遂翁をおし、紛争から身を引いて京都に去ったのである。

白隠は残念に思い、東嶺をどうしても側近くに呼び寄せたいと考えて、愛宕山下にある廃寺同様の龍沢寺の株と地所を買いとり、現在の地に新しく龍沢寺を創建した。そして開基に東嶺をあてたのである。

このときも東嶺は再三辞退し、気の進まないままに承諾しているが、東嶺は白隠を開山に迎え、礼に答えている。

龍沢寺鐘堂

しかし、白隠はこの地を臨終の場所とせず、結局、松蔭寺に帰り、そこを死所とした。

龍沢寺は山を背にした幽邃の地にある。白隠の考えは、このような山紫水明の地を永住の場所とすることを拒否したのであろう。

私が龍沢寺を訪れたのは、一二月も初旬の、曇った、ある日曜日だった。韮山の願成就院にある運慶作の諸像をみんものと、中伊豆に出かけた折りのことである。今度は出版社の友人が同行していた。

三島についたのは二時すぎ。バスの便はあるが、時間が悪い。車を拾って、ほぼ一〇分である。

バス停の前から参道が始まる。車を降りて、参道の続く坂道をみあげたとき、気も早く、

「いいお寺ですね」

と、友人に、思わず声をかけていた。

山の懐が深そうで、参道がさぞ素晴らしいだろうと想像したからである。

石段と石畳の坂道が続く。両側が低い灌木の狭い細い道である。剪定したばかりの木々の小枝が道を塞いでいたが、手入れのよさを感じていた。ところどころに紅葉した真紅の楓が混じる。

「伊豆の紅葉は遅いんですねえ。どうも一番いい時季に来合わせたようです」

と、友人がいう。

「曇り空の紅葉もなかなかいいですね」

と、これは私の返答である。

やがて、空が急に開け、広い砂利道にでると周囲は一変し、静寂な林の道が続く。如意輪観音を頂いた墓石が、つぎつぎと現れては消える。

五分ばかり歩くと、庫裡がみえてきた。その辺り一帯は、梅と桜の林である。苔をつけた梅の古木が何十本と立ち並ぶ。

山門入口に「点心中につき境内に入ることを御遠慮下さい」とある。禅道場の厳しさを目のあたりにみせられて、内心忸怩たるものがあった。

しばらく待ったが、人の出てくる気配はない。二人は沈思黙考を旨とすることにし、無遠慮に、闖入することにきめた。

正面に本堂、右手が禅堂、左手に庫裡がある。本堂の手前に重層の六角堂がある。近づいてみたら、鐘堂であった。

龍沢寺石仏

物音一つしない。人の気配はあるが、静寂そのものである。こちらは精一杯緊張して、恐る恐る歩く始末。それが脳の心地よい刺戟となって、私は白隠の行状に、勝手な想いを馳せていた。

禅堂から、本堂裏手の築山に上る。ここの景観が、また素晴らしかった。みごとな紅葉である。真紅が濃緑の点景となって映え、道場の雰囲気をいっそう盛りたてるのである。

　羅漢の石仏があった。その数、二十数体か。これは、いわば清浄嶺である。

　この境内の造型、造園のみごとさ。それは天の心、地の情である。そこに一層の禅味を感じたのは、歴史の女神が、白隠を引き合わせたからであったろうか。

　私は思わず、声を出していた。

「白隠との再々会だ」と。


（「書斎の窓」二五二・二五三・二五四号・一九七六年四月・六月・七月）

信夫の里（福島）

源融、のちの河原左大臣は、その時、陸奥按察使の職にあった。今から千百年前、貞観年中のことである。

松島見物を思いたって、融は、信夫の里までやってきた。薄暮である。道もよくわからなかったが、今夜の宿が何より気がかりである。

やがて、使いにだした供の者が帰ってきた。その彼が珍重な話をするのである。この地が「しのぶもぢずり絹」の産地であるという。

しのぶもぢずりは、綾形の石紋をもつ自然石の上に絹地をおき、その上にもみじやしのぶ草などを置いて、染料を叩き、綾形の紋様のなかに、草木の柄を浮き出させる風雅な柄模様である。これらの絹地は、天智天皇のころより、忍国の名物として朝廷に献上されていたが、その多くは狩衣としてつくられて、平安貴族に広く愛用されていた。

綾形石の話をきいた融は、この地に宿を求めることとし、案内をうけるまま、土地の長者の家に一夜の宿をとった。

これが、融と、長者の娘、虎女との出会いであった。長者の娘が都の貴公子に思いを寄せたことは容易に想像できるが、融が虎女を見初めたのにはどんなわけがあったのだろう。醇朴な田舎娘にたまたま心が引かれたとするのが真相だろうが、恋物語の筋としては面白くない。鄙には稀な美人という言葉があるから、虎女も、そうしたよほどの美女であったに違いない。

一夜が二夜となり、三夜と重なって、旅寝の仮の宿のつもりが、月余の滞留ともなってしまった。供の者の心配はいわずもがな、やがて都からも使いがとどく。

融は弘仁一三年の生まれだから、この時は三〇をすぎていたはずである。おそらく、すぐに理性を取り戻して、都に帰ることになったろう。たまらないのは虎女の方である。泣きふし縋りついて、身もやせる思いであった。やむをえず

文知摺石（綾形石）

（?）融は再会を約して京都に帰った。

再会を待ちわびる虎女は、願いも届けと、文知摺観音に願かけ参りを始めた。九十九日を過ぎたが、霊験はなかった。

百日目、失望した虎女が仏前から離れ、文知摺石に縋って泣き伏した。涙がとめどなくこぼれ、それが石の表面に拡がったとき、鏡に映しだされるかのように、そこに融の顔が映った。虎女はひしと抱きついた。が、みるみるうちに渇いて、融の顔は消えた。喜びもつかの間、再び失意の底に沈む虎女に、悶々の日が続いた。

ちょうどそのころ、都にいる融から便りが届いた。あけると、なかに一篇の和歌がしたためてあった。

みちのくの忍ぶもぢずり誰ゆえに
乱れそめにし我ならなくに

わが慕わしき君も同じ思いかと、虎女はその文をひしと抱きしめたことであろう。しかし、すっかりやつれ切った虎女にとって、それも効なく、彼女はまもなく短い生涯をとじたのである。

吶々とではあるが、語りなれた口調で話される源融と虎女の恋物語を、私は文知摺観音の小さな宝物殿のなかで、ようやく紅葉づいてきた外の樹々を、ぼやーとみながら聞いていた。

信夫の里

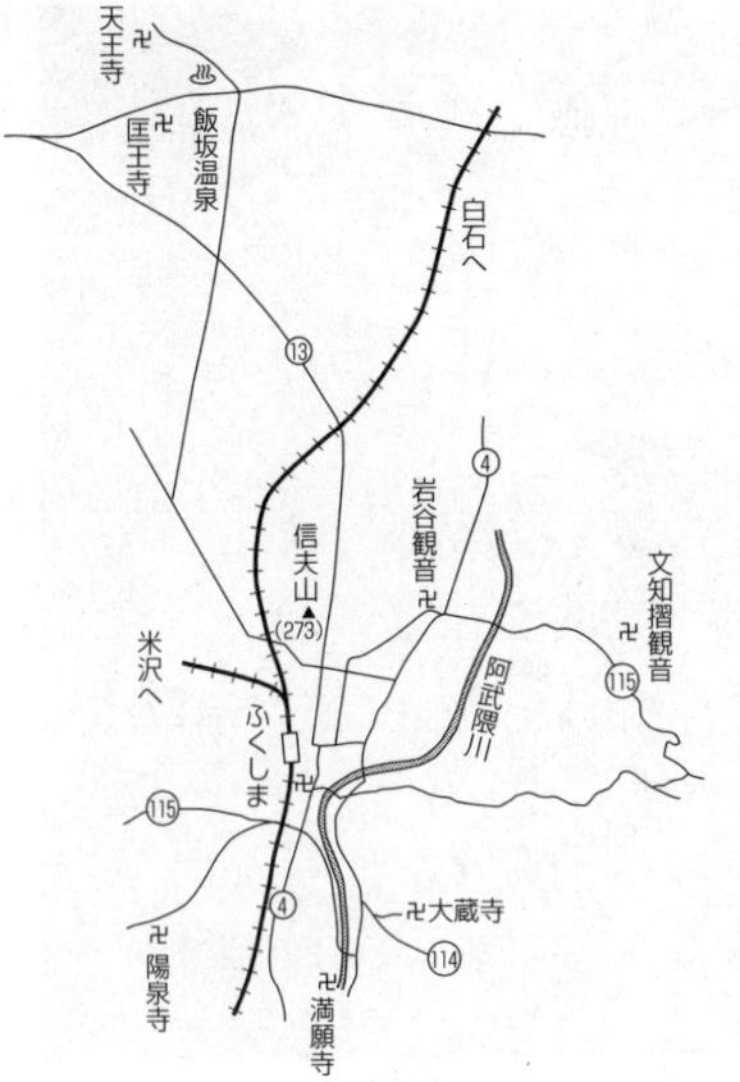

ここ文知摺観音は、福島駅の北東六キロにある、文人墨客にはよく知られたみちのくの史跡。寺の名を安洞禅院といい、曹洞宗である。

島津忠夫訳注『百人一首』によれば「陸奥のしのぶもぢずり」は「みだれ」にかかる序で、歌は「女から疑いを受け、それに答えて詠んだものと思われる」という。

しかし、虎女の話をきいた今では、私は「陸奥のしのぶもぢずり」はそこにおられる貴女という意味で、地名を指したものと考えたいし、また「女から疑いを受け……」というのも、もしそうなら、虎女は再会にみえぬ融を非難する文を京に送ったことになるが、虎女の心情を察すると、ここは、女の心根を思い、それに答えて詠んだものと思いたいのである。

この安洞禅院の入口をはいって、すぐ右に「虎女石塔」と「虎清水」がある。

信夫の里は、古代に忍の国府がおかれた地である。そして佐藤継信・忠信の旧跡、山椒太夫物語の発端、安寿・厨子王旅立ちの古跡、奥の細道に芭蕉が描いた文知摺観音など、深い由緒がこの土地に眠っている。

＊　＊　＊

十月の末、私は紅葉を尋ねて、信夫の里に来ていた。福島駅についたのは一時半過ぎであったが、すでに雨になっていた。駅の待合室で、外をみながら、このまま宿に直行するか、それとも文知摺観音に回ろうかと、しばしとまどっていた。しかし、宿は飯坂温泉にとっており、途中に、医王寺があることを思いだした。もう躇うこともなく、

「医王寺を回って、飯坂へ」

と、私は運転手に言った。

信夫山トンネルを出ると、街並みがとぎれる。一五分も走ったであろうか。「医王寺前」と書かれた停留所がちらっと目に入ったが、すぐ左折すると、医王寺の前にでた。

ちょうど観光バスが一台停まって、団体客がぞろぞろと下

医王寺薬師堂

りてくる。こんな寺になんで、と考えていたら、運転手が、

「飯坂温泉に行く団体客をつれて、バス会社が、せめて継信忠信の遺跡でもとサービスしてるんですよ。この辺にはこれ位しか名所がありませんからね」

という。

山門をくぐると、真白い築地塀が、右側に長く長く続く。本堂は築地塀の内側、右に見えているが、団体客は塀の外を真直ぐに、薬師堂の方に向かう。

「継信・忠信の墓碑だけ見にゆくんでしょう。なにしろ義経が建てたといわれているものですから」

と、運転手がいう。

ともかく、本堂にお詣りをして、私も薬師堂の方に行ってみた。団体客は、もういなかった。砂地の道が、一直線に延びている。その突き当たりに、耳石で知られる鯖野の薬師堂があった。

耳石というのは平たい石に穴をあけたもので、それに紐を通し、薬師堂の欄干に沢山吊されている。耳の病に霊験あらたかとかで、耳病に悩む人々の信仰が絶えない、と聞いた。

継信・忠信の墓碑は、薬師堂の手前、右側にあった。

この瑠璃光山医王寺は、信夫の荘司、佐藤氏の菩提寺であり、継信・忠信の父、元治は、本堂を改築し新伽藍を建立するなど、菩提寺の中興に大きくかかわった人物である。その彼が、平泉にいた義経が鎌倉に馳せ参ずるにさいし、自分の代りにと、二人の子息を義経の軍陣に遣わしたことは有名である。そして継信は、屋島の合戦に義経の身代わりとなって能登守教経の矢をうけて戦死し、忠信もまた吉野で義経の身代わりとして戦い、のち京都六条堀河の館で自刃した。

継信・忠信の墓碑

この継信・忠信の戦いざまは、古くより物語や謡曲によって語りつがれている。

能登守教経、「舟軍は様ある物ぞ」とて、鎧直垂は着給はず、唐巻染の小袖に唐綾威の鎧着て、いか物づくりの大太刀はき、廿四さいたるたかうすべうの矢負い、滋藤の弓をもち給えり。王城一の強弓、精兵にておはせしかば、矢さきにまはる者、射とほされずといふ事なし。なかにも九郎判官を射おとさむとねらはれけれども、源氏の方にも心得て、奥州の佐藤三郎兵衛嗣信、同四郎兵衛忠信、伊勢三郎義盛、源八広綱、江田源三、熊井太郎、武蔵房弁慶なんどいう一人当千の兵ども、われもわれもと馬の頭をたてならべて、大将軍の矢面にふさがりければ、力およびたまはず、「矢おもての雑人原、そこのき候へ」とて、さしつめひきつめさんぐ〵に射給へば、やにはに鎧武者十余騎ばかり射

医王寺本堂

おとさる。なかにもまツさきにすすんだる奥州の佐藤三郎兵衛が、弓手の肩を馬手の脇へつツと射ぬかれて、しばしもたまらず、馬よりさかさまにどうとおつ。……

判官は佐藤三郎兵衛を陣のうしろへかきいれさせ、馬より下り、手をとらへて、「三郎兵衛、いかがおぼゆる」と宣えば、息のしたに申しけるは、「いまはかうと存じ候」。「思いおく事はなきか」と宣へば、「何事をか思いおき候べき。君の御世にわたらせ給はんを見参らせで、死に候はん事こそ口惜しう覚え候へ。さ候はでは、弓矢とる者の、かたきの矢にあたって死なん事、もとより期する処で候なり。就中に、『源平の御合戦に、奥州の佐藤三郎兵衛嗣信といひける者、讃岐国八島のいそにて、主の御命にかはり奉ってうたれにけり』と、末代の物語に申されむ事こそ、弓矢とる身は今生の面目、冥途の思出にて候へ」と申しもあへず、ただよわりによわりければ、判官涙をはらはらとながし……

と、これは、継信の最後を語った『平家物語』の見事な一節である。

謡曲『空腹』には、義経が吉野を逃れるとき、忠信が防矢を射、のち空腹を切って敵を欺いた話がある。

判官「いかに忠信。攸も当山の者共心変り仕り、今夜夜討ちをうつ可き事、一定の様に申し候。我は夜に入り、此山をひらく可し、さりながら防ぎ矢一つも射ずして落ちん事、余りに口惜しう候へば、汝一人とどまり防矢射、其後命を全うして、路次にてやがて追ひ付き候へ。……

忠信「あらはかゞ〱しや。忝なくも我君に思いかからんとや。よし先づ軍の試みに、此矢一筋うけて見よと、

地謡「高やぐらに走りあがり、〱、中ざし取って打ちつがひ、よつ引いて放つ矢に、真先かけたる武者二人、一矢にどうと転べば、目を驚かし、肝を消して、大勢はばっと引いて、一度にどっとぞほめたりけり。

忠信「刀を抜き持ちて、

地謡「刀を抜き持ちて、弓手の脇より馬手の脇へ、一文字に切るとぞ見えしが、そら腹切って、櫓より後の谷にぞころびける。……

頼朝の手を逃れて奥州に下る義経一行が、途中、医王寺に参籠し、薬師堂の後丘に、兄弟の遺髪を埋めて法要を営み、二基の石碑を建立した。その碑も今は幾つかに割れ、鉄骨に支えられて、周囲の木立ちのなかに、ぽっかりあいた雨空のわずかな明りをうけながら、たっていた。

兄弟の母、乙和が、亡き子のために山伏の接待をしているところに、義経主従が訪れ、二人の最後の様子を聞く話は、謡曲『摂待』のなかにも語られている。

サシ（拍子に合わせず節をつける）「……是は故佐藤庄司が後家、継信忠信が母にて候。実にや親子恩愛の別れの余りには、包むべき人目をも知らず、又は憂き身の耻をも、顕はすにては候へども、さりながら此摂待と申すに、現世の祈りの為めにも非ず、後生善所とも思はず。嫡子継信は八島にて討たれ、弟忠信は都にて失せけるとばかりにて、委しき事をも知らずして、ひとり悲しむ身を知る雨の、晴れぬ心や慰むと、此摂待を始めて候。札を立て、より以来、一日に五人三人、乃至一人二人、絶ゆる事はましまさねども、十二人は是が始めにて候。いずれか我君ぞ。何れか其にてましますぞ。夜も更けたり、人の知るべき事にもあらず、此姥が耳にそと御教へ候はゞ、この摂待の利生にて、

地謡「空しくなりし兄弟を、再び見ると思ふべし。親子よりも主従は、深き契りの中なれば、さこそ我君も、哀れと思し召すらめ。殊更御為めに、命を捨てし郎等の、ひとりは母ひとりは子なり。などや弔らひの、御言葉をも出されぬ。かほど数ならぬ、身には思ひのなかれかし。あら

恨めしの憂き世や、〳〵。……

と、これは、乙和が、義経主従の山伏、一二人にまみえるくだりである。

この話には、まだ哀しい後日談があって、わが子二人を失った乙和の悲しみを癒さんものと、兄弟の妻、若桜と楓が一計を案じ、甲冑を身につけて、二人の武将に扮し、凱旋をよそおって、姑を元気づけたというのである。いま、この武将に扮した二人の若妻の人形が、本堂に安置されている。

また、元治と乙和の墓の左手、薬師堂のちょうど裏側に、樹齢数百年の椿の木があり、開花期が来ても蕾のまま落ちてしまい、さこそ、兄弟を追悼する母の悲しみが通じたのであろうといわれ、乙和の椿、咲かずの椿と、今に称されている。

医王寺には、一篇の哀史がある。

芭蕉も『奥の細道』のなかで、述べている。

佐藤庄司が旧跡は、左の山際一里半計りに有り。飯塚の里鯖野と聞きて、尋ね〳〵行くに、丸山と云ふに尋ねあたる。是庄司が旧館也。麓に大手の跡など人の教ゆるにまかせて泪を落し、又かたわらの古寺に一家の石碑を残す。中にも二人の嫁のしるし、先づ哀れ也。女なれども、かひがひしき名の聞えつる物かなと、袂をぬらしぬ。堕涙の石碑も遠きにあらず。寺に入りて茶を乞へば、爰に義経の太刀、弁慶が笈をとどめて什物とす。

笈も太刀も　五月にかざれ紙幟

笈も太刀も宝物館に現存し、苔のはえた芭蕉の句碑が、寺の一隅にあった。

雨はまだ、しとしとと降り続いているが、宿に入る時間としては、早いようだ。思い切って、飯坂の先、天王寺まで行くことにした。

天王寺は、用明天皇が諸国に草創した四天王寺の一つといわれ、久しく真言密教の古刹であったが、いまは臨済宗である。

温泉街を突っ切り、右折して五分ほど、二キロ離れた小高い丘の上に、天王寺があった。

一見、随分みすぼらしいと感じたが、風情があった。刈りとられた水田を全面に、広々とした天地のなかで、小さな山門と本堂、それに続く庫裡のほかは何もないが、細い参道に沿う桜並木と境内の梅が、建物と程良い調和をみせて、周囲の樹々ともども一つの世界を形造っているのである。思わず、

「これが東北だ」

と、唸った。

私はいま、まさしく信夫の里に来ているのである。この情感を大切にしまいこんで、飯坂の宿に入った。

＊　＊　＊

一夜あけると、昨日の雨はすっかりあがっていた。宿からみえる摺上川の向う岸、愛宕山のあたりに雲が残ってはいるが、今日は快晴になるぞと、ほくそ笑む。

天王寺山門

九時半ごろに宿を出た。今日は信達（信夫と伊達）三十三観音のうち、信夫の里の観音めぐりである。

まず岩谷観音に向う。雨あがりの秋の日差しがなんともいえず、すがすがしい。再びトンネルをぬけ、信夫山公園を左にみながら大きく左折する。岩谷観音は信夫山の北のはずれにあった。石の階段が、長く、高く、続く。

東北には珍しい磨崖仏群がここにあるときいて、身内がきゅーとひきしまる。

山門をすぎて本堂の前に出たが、それらしきものが見当らない。案内を乞うと、庫裡の前、畦道を左の方に行くようにという。二〇メートルほどの高さから見下ろす福島の町が、光ってみえた。

ものの四、五〇メートルほどいったところで観音堂がみえた。その手前、左前に露出した大きな岩山がある。それが磨崖仏群であった。

岩谷観音は窟観音でもある。創

建者、伊賀良目氏が、持仏の観音像をこの岩窟に移し、熱心に礼拝したところから、観音供養のための諸仏像が、周辺の岩壁に彫られ、やがて西国三十三観音像が、岩壁いっぱいに彫られるにいたったものだといわれている。その総数、なんと一〇〇になんなんとする。

観音堂の前、「舞台」にたって見上げると、さすがに偉観である。高さ一〇メートルの岩壁が顔面に迫り、幾拾とも知れぬ仏像がわが身を圧倒する。

岩谷観音磨崖仏

立像、座像、半伽像、来迎像、思惟像、さまざまの姿態がわが身を迎える。

大は一メートルを越えるものから、小は三〇センチそこそこのものまで、わが身を招く。

頭部の失われたもの、剥落が激しく判別しがたいもの、完全な像がわが身に語りかける。

如来像が、菩薩像が、そして不動明王がわが身を誘うのである。

これは極楽浄土である。これこそ安身立命の「舞台」である。

しかし、おどろおどろしくもある。そしてそれを抑えるかのように、私は一つ一つの仏像を、丹念にみて廻った。

ほぼ三段の構成で、上段の一〇体、中段に二〇数体、下段には六〇体に近い数が彫られている。三十三観音は、上・中・下段に散らばっているが、下段がなんといっても圧観で、痛みも少ない。彫られた時期は、宝永から宝暦にかけての五〇年間といわれ、三十三観音の場合は、宝永六年前後と推定されている。

　下段からみていく。「廿番山城国吉（善）峰寺」の文字もあざやかな千手観音が雄大である。一八〇センチもあろうか。岩谷の群像のなかでは最大であろう。顔に一部修正のような跡もみえるが、蓮台までも彫り出してくっきりと造形を浮きだたせている。「十五番□□新熊野」と書かれた観音寺の十一面観音は下半身が欠けているが、上半身は極めて量感豊かだ。その右横、「三番紀国小哥和寺」（粉河寺）の千手観音は損傷が最も少なく、朝日のなかにきらきらと光っていた。二四番中山寺の千手観音、十七番六波羅密寺の十一面観音が福ぶくしいお顔をみせている。

　中段にあがる。成相寺の聖観音は破損が目だつが、頭部は逸品である。しかし、何よりも「三十三番美濃国谷汲寺」と刻まれた十一面観音こそ、磨崖仏中の白眉といえるものかも知れない。細い三日月形の眉、切れ長の大きな半眼、それにすっきりと高い鼻と、程よい小さな口、それらが円満な丸顔のなかにきっちりとおさまり、なお威厳を保っているのである。そう、この顔には見覚えがある。臼杵の古園石仏、あの大日如来の仏頭である。しかし、それよりもこれはやや柔和であろうか。頬も豊かである。そして「七番置力寺」（岡寺）の如意輪観

磨崖仏（谷汲寺）

文知摺観音

音が可愛い。

さらに上段にあがると「二十一番丹後国穴穂寺」（穴太寺）の聖観音が愛嬌のある顔で立っていた。

私はこの浄土を立ち去りかねて、見るでもなく見ないでもなく、しばらく放心したようにたちつくしていた。

小一時間もいたらしい。車に戻ると、運転手が、さっそく
「どうでした、お客さん」

と、いう。私は、

「ううーん」

と、いったまま、二の句を、どう継いでいいかわからなかった。

阿武隈川を渡って、つぎに廻ったのが文知摺観音である。

虎女悲恋伝説のことは前述したが、信夫の里で、この寺が唯一の観光寺院かも知れない。観光案内板が整備され、説明もゆきとどいている。文学散歩に向いた寺院である。
入ってすぐ正面、石垣で六角に形どった土饅頭の上に、芭蕉の句碑がある。かなり高い場所に据えられているので、文字は定かではない。説明文によると
早苗とる　手もとや昔　しのぶずり

だという。

元禄二年五月に、芭蕉は曾良とともにここを訪れているが、『奥の細道』によれば

明くれば、忍文字摺りの石を尋ねて、忍ぶの里に行く。遥か山陰の小里に、石半ば土に埋もれてあり。里の童の来たって教へける。「昔は此の山に侍りしを、往来の人の麦草を荒らして此の石を試み侍るをにくみて、此の谷につき落せば、石の面下ざまに伏したり」と云ふ。さもあるべき事にや。

早苗とる手もとや昔しのぶ摺り

とある。

のち、子規が、芭蕉をしのんで、この地を訪れたときに

涼しさの　昔をかたれ　しのぶずり

とも詠んでいる。明治二六年のことである。

文知摺観音多宝塔

土曜日であるが、人は少ない。

老人が一人、

「二、三年前までは、拝観料などとらなかったんですがねえ」

といって、観音堂の方に上っていった。

その上に多宝塔がある。東北地方に数少ない多宝塔の一つである。小形で全体に質朴な造りではあるが、初層の柱頭部や軒下の装飾がことに美しく、彩色もしてある。密教的要素が濃厚である。曹洞宗とあったが、昔は真言宗だったの

大蔵寺本堂

だろう。

融と虎女のことに思いを馳せながら、この寺を辞した。

空は抜けるように青い。上空には雲一つなく、絶好の紅葉日和である。

つぎの目的地は大蔵寺である。運転手が
「大蔵寺！　それどの辺です！」

という。地図をみせると
「ああ、小倉寺観音ですか」

という答が返ってきた。

車は阿武隈川沿いを南下する。道が山の裾にかかる。小倉寺観音の標識がみえた。小倉寺は地名であった。小さな山だが、懐が深い。細い山道を四、五分も上ったであろうか。突然、視界が開けた。駐車場と書かれた広場に若者が数名、ギターをかきならしているのは、この辺がハイキングコースになっているせいらしい。

右の奥の方に、茅葺きの本堂がみえた。梅が多い。しだれ桜がある。南に面した境内がやけに明るい。柿がなっている。銀杏が実をつけていた。農家に迷いこんだという感じであるが、それが東北の寺院であった。

入口に「重要文化財千手観音立像を拝観希望の方は申し込

満願寺虚空蔵堂

んでください」と書いてある。

案内を求めると、婦人が鍵をもって出てきた。境内の奥に入れば、静かな幽邃境。孟宗竹の葉ずれの音だけが聞える。老樹の間に古めかしい観音堂が建ち、その上に白堊銅葺の奥の院があった。方形二層の建物であるが、多宝塔らしい。さらにその上の収蔵庫に案内された。

扉が開いて、驚いた。大きな、大きな、観音立像が私を凝視したからである。四メートルはあろう。高さも高いが、堂々たる太づくりである。面相にも、体貌にも力強い張りがあって、偉容という言葉がふさわしい、立派な千手観音であった。かやの一木造、藤原初期の作である。右膝をややゆるめて立つ姿が、動感を覚えさせる。みあげるというより、私はひれ伏したかった。

婦人が読経する般若心経を、夢うつつに聞いていた。終って、堂内の破損仏二十四躯の説明が始まったが、もう、それはどうでもいい、という気になっていた。私は、何ともいいようのない一撃をくらっていたのである。

ここ大蔵寺は、坂上田村麻呂にゆかりのある東北の古刹、信達三十三観音第一番の札所である。この近く、椿館の跡は、安寿姫、厨子王の父岩城判官政氏の居城があったところ。追

満願寺石仏

われた姉弟は千手観音に詣でて、筑紫に流されている父の無事を祈ったという。

疲れたなと思ったが、満願寺に向うことにした。通称、黒岩の虚空蔵菩薩である。大蔵寺も天台から禅宗に改宗しているが、ここも天台から禅宗に改められている。いずれも改宗は江戸時代であるから、それ以前に行われていた観音巡礼が禅宗寺院となった今も続いているのであろう。満願寺は信夫新西国十三番の札所。たしかに、ここも禅宗寺院というよりは密教寺院である。

山門の石段下、旧参道の六地蔵をちらっとみてから、私は方丈の前を通って、奥の方に入って行った。庫裡の裏側、丘の下に観音堂がある。本尊は、吉良上野介の室、梅嶺院が寄進した、みごとな如意輪観音と聞いてきたので、一生けんめいに中を覗いたが、真暗でよくみえない。写真でみた限りでは、観心寺のそれに似ていると思ったが、違いは定かではなかった。

虚空蔵堂の前に出ると、右側の視界がいっぺんに開ける。それが、阿武隈川であった。堂の裾、急傾斜が、一気に二〇メートルほど落ちこんだところに、それこそ、広い、広い清流がみわたせる。

一瞬、息を呑んだ。左の方から「逆くの字」に蛇行した流れが、堂下の急斜面にぶつかって、それがまた左の方に曲流

陽泉寺

する。対岸の崖地の常緑の灌木に、転々と紅葉が映える。雄大な、一幅の画である。

虚空蔵堂の廻り縁に昇る。信者の層の厚さと広さを示す数数の扁額や絵馬がかけられている。板倉藩主の奉納した絵馬がある。歴代藩公の当寺によせる信心の深さがよくわかるのである。

さらに裏山の清浄嶺に上る。道は不動明王殿の石段に続く。この辺り一帯、美しく生い茂った赤松の美林である。そのなかに石仏の十六羅漢が配されていた。実に美事な造園である。名の如く、清浄でさわやかな丘の上は他界である。羅漢に囲まれ、私は粛然として、しばらくたたずんでいた。

南福島駅に出て、ようやく遅い昼食にありついた。

いよいよ最後の陽泉寺（曹洞宗）に向う。地名を言ったが、運転手には心当りがないらしい。線路をこえて、途中、道を尋ね尋ね、車を走らせた。

ようやく、陽泉寺の案内板をみつけた。田園のなかの静かな一画である。山門からふり返ると、今まで廻ってきた文知摺から小倉寺、黒岩にかけての山なみが、南北に長く長く拡がっている。

婦人の案内で、阿弥陀三尊来迎碑に対面する。それは、境内北の小高い丘の上、小さなお堂のなかに安置されていた。高さ一・八メートル、幅一・二メートルほどの凝灰岩の石面を研磨し、阿弥陀三尊来迎を半肉彫に顕わしたもの、地名をとって、世に下鳥渡供養石塔とよばれている。

婦人の説明にしたがって読みとると、たしかに、

右志者為悲母也平氏女敬白

前↑観世音菩薩

中央↑阿弥陀如来

後↑勢至菩薩

　正嘉二年大歳戌午九月十八日

とある。正嘉二年は一二五八年に当り、鎌倉中期ということになろう。

阿弥陀如来は、施無畏印、与願印にて、上体をわずかに曲げ、地上界をみおろして来迎の形をとっている。腕の線、衣文が流れるように美しい。観音菩薩は両膝を深く曲げ、両手に水瓶らしきものをもっている。勢至菩薩は合掌印であろうか。三尊が雲の上にたって微笑んでいるのが、何よりも印象的であった。このように、破損もなく完全に遺されていたことが、またすばらしいと思った。

「この道に、うつぶせに長く放置されていたので、破損しなかったということですよ」

と、婦人が答えた。

帰り途、

「この細い道が、昔の奥州街道だそうですよ。昔の街道は狭かったんですね」

と、いう。

私は、瞬間、鎌倉の昔、この街道を通る旅人が、この来迎碑に、旅の安全を祈ったであろう姿を想像した。感無量であった。

〝信夫の里〟に来て、よかった、と思った。

重要文化財の釈迦尊像には対面できなかったが、残念だとはもう思わなかった。

私はすっかり満足して、車の背に身をゆだね、スカイラインの方に向かっていた。

（「書斎の窓」二五七・二五八号
一九七六年一〇月・一一月）

美濃の古刹（岐阜）

美濃は水の国である。飛山濃水という。山の国、飛騨に対して、美濃は木曾・長良・揖斐の三川に育まれ、それと極めて対照的である。飛騨を代表する顔が高山なら、美濃の場合は、さしづめ鵜飼いの風物誌に、日本ラインだろうか。そのため、古社寺の多いことは意外に知られていない。

揖斐川の奥、谷汲村に、華厳寺と横蔵寺があることを、それでも私は、かなり前から知っていた。華厳寺は西国札所第三十三番の結願寺であり、横蔵寺は〝美濃の正倉院〟といわれて、多くの重要な美術品（仏像彫刻）を有するからであった。

新幹線が岐阜羽島を通過するとき、訪ねてみたいという誘惑に何度かられたことであろう。しかし、ちょっと降りて立ち寄るにしては、揖斐はいかにも山深く、遠いという感じを否めなかった。そのたびに私は、あらためて出直そうと自分に言い聞かせていた。

その機会がやってきた。かつて、飛騨の千光寺で円空仏に再会したとき、私は円空の生れ故郷、竹ケ鼻をいつかは訪ねたいと考えていた。しかし、竹ケ鼻がどこかは、そのときはよく知らなかったのである。

たまたま、竹ケ鼻が、現在の羽島市中地区であると知ったとき、岐阜羽島で下車する理由を発見した。ここで降りる機会をつかめるなら、揖斐は遠くても、私にとってはついでである。ついでがあるなら、なおついでに美濃の古刹めぐりも悪くない。まして岐阜羽島が途中下車の処女駅だとさとってみれば、自分への言い訳はいくらでもたとうというものである。

八月も初めの夏の盛りであったが、その日はたまたま雨模様の涼しい日だった。颱風の影響とかで、天候が気になったが、思いたったが吉日である。

途中、何度か雨滴が、車窓をおたまじゃくしのように走っ

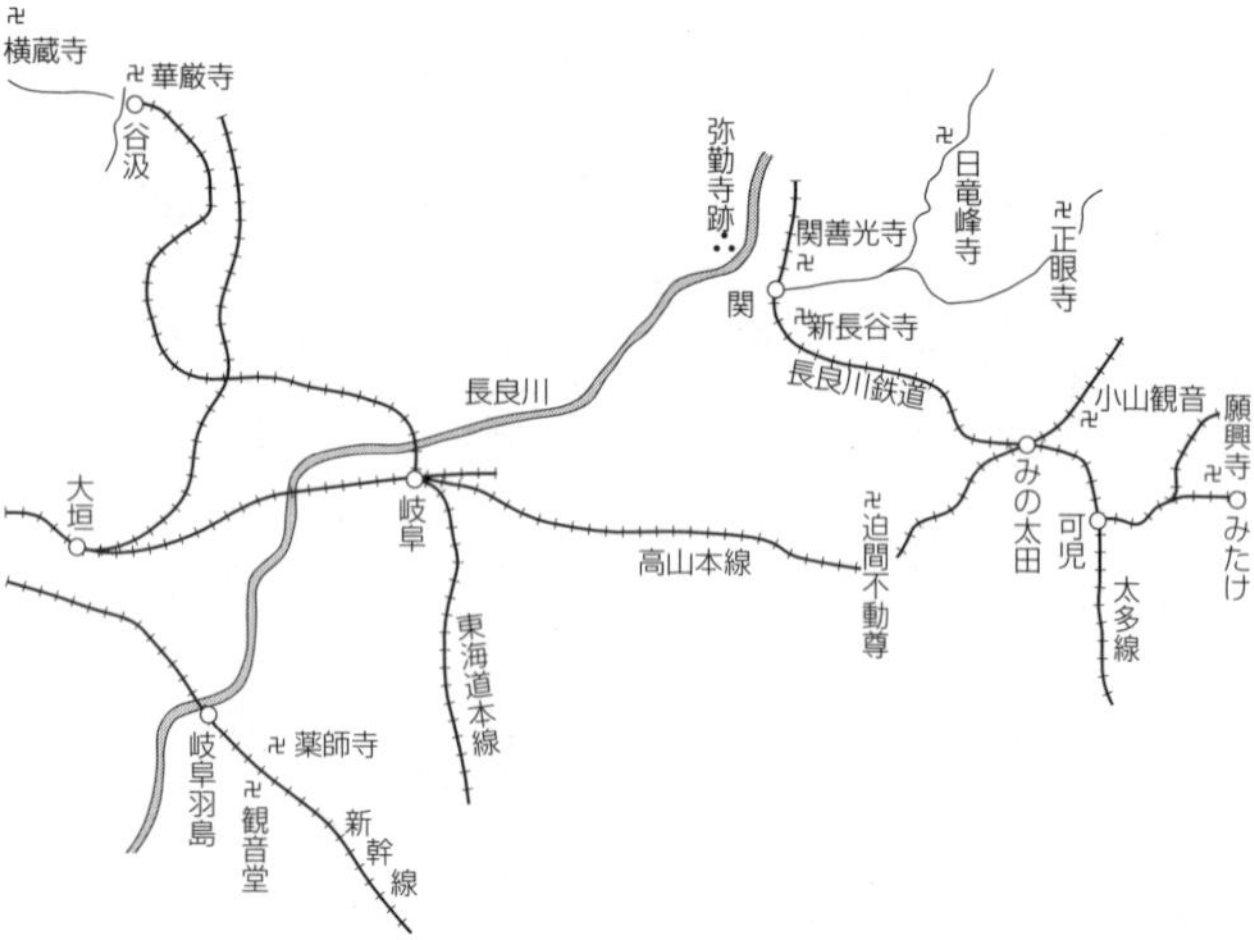

た。里帰りの親子連れが、火の玉だといってはしゃいでいた。
二時半、岐阜羽島着。車窓からうかがう羽島駅が、いつも閑散としていたことから想像していた私は、構内に下りて意外と活気があることに驚いた。タクシーも多い。岐阜市は繊

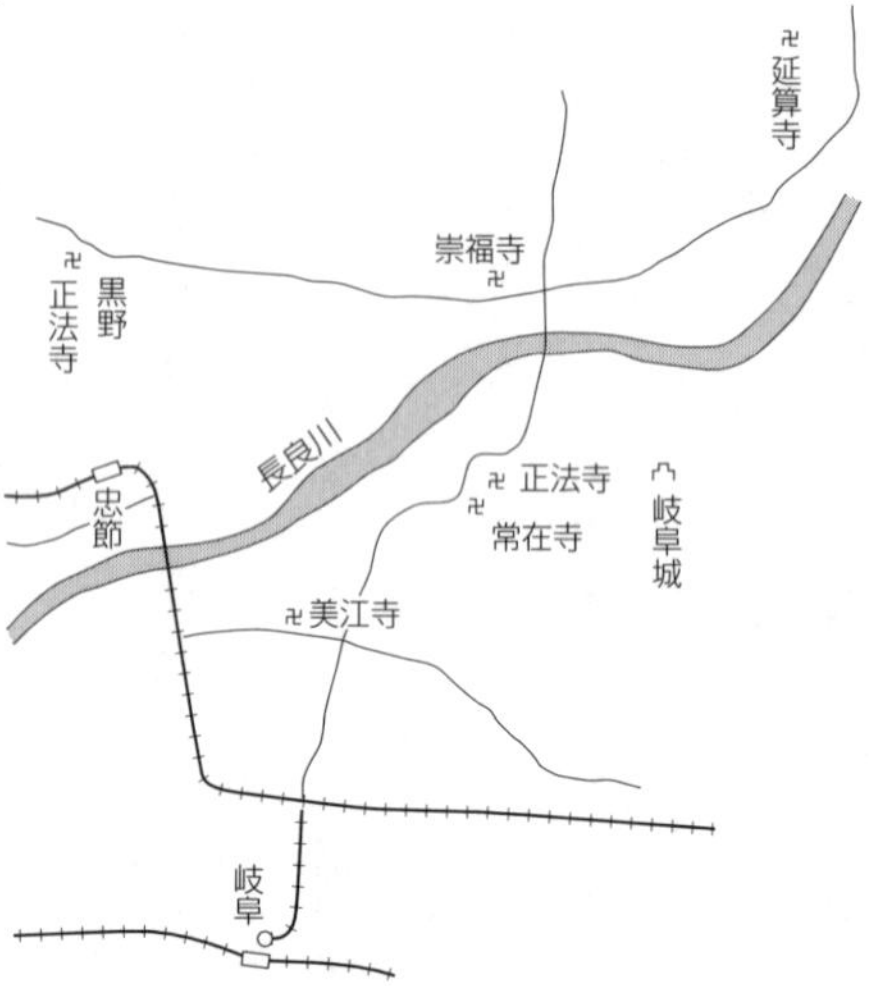

維の町、既成服の集散地であるから、そのための活況か。
意外性は旅の楽しみの根元である。思った通りというなら、わざわざでかけたことに臍をかむに違いない。これは幸先がよい、と思った。
外は、小降りである。
円空出生の地は、駅から車で一〇分ほどのところ、そこに観音堂が建てられ、二メートルをこす十一面観音を本尊として、十四体の円空仏が安置されている。しかし、畑の中に建てられたコンクリートの建物は、お堂というより、収蔵庫といった方がふさわしいものだった。数年前までは、屋敷森のなかに瓦ぶき平屋の民家風の建物であったというが、今は森も切り開かれて、明るい空の台地に、真白の塊が厳と居坐っているのである。ひらひらはためく「十一面観音大菩薩」というのぼりだけが、観音堂という名に似つかわしい。

扉が開かれると、さして広くはないお堂の正面から、堂々とした微笑の観音像がとびこんできた。これは大きい、とまず思った。全長もさることながら、目・鼻・口の彫り、顔のふくらみ、化仏の豊かさ、すべてが大ぶりである。これはよほどの自信作であろう、とつぎに考えた。

円空仏の初見は、三二歳の作、郡上郡美並村神明神社の神像といわれる。その後、彼は北海道・東北を遊行し、これらの地に多くの十一面観音をのこしているから、そののち故郷に帰った彼の、これは初期造作の決算であろう。

右手に宝瓶を高く持ち、踏割り蓮華座の上にたつこの立像は、洪水で死んだ母の鎮魂のために刻まれたといわれる。出生地にのこされた記念碑的なものだけに、幾つかの伝説が語りつがれている。

「背面にくりぬきのあとがあって、そこに円空の使った鉈が入っているけど、それを見たものは目がつぶれるといわれ、まだ誰も見たものはいない」

と、これは堂守の話であった。

長良川の上流で見つけられた素材の檜は、まず二つ割りにされ、十一面観音像がつくられた。残った半分から、さらに残り十三体の彫像が造られたという。そのなかでは、鬼子母神像と金剛童子像に、私は惹かれた。一方は一メートル余、他方は二〇センチに満たないという対比のほかに、前者は、善神に変じたあとの、その慈母の容貌に、後者は、怒髪から顔、胸から膝へと激しく3の字に屈曲する苦渋の容貌に、円空自身の全く相異なる形相を垣間見たような気がしたからである。

十四体の彫像は、重い。堂守りが親切に懐中電灯で照らしだす彫像の局部が、集中する私の脳裏に幾つも灼きついた。

小一時間……。フウッーと堂外に眼をやったときの、簾のような雨足が忘れられない。

ここから北へ一キロほど、長間の薬師堂に向かう。市内の円空像のなかで、特徴のある一群を残している寺院は、観音堂のほかにはここである。

「拝観に事前の連絡がいるんだけど、運転手さん、あなた庵主さん知らないかネ」

「あの庵主さん、でべそだからなあ」

私は一瞬、わが耳を疑った。庵主さんが出臍とは。だが、待てよ、ああ、出好きということかと、気付いたとたん、思わず吹きだしていた。

運転手は、腑に落ちない顔で、

長間・薬師堂

「庵主さん、いないことが多いんでね。いるといいんだけど」

と、いう。

　これで合点がいった。私は車のなかで、あとの笑いを噛みころしていた。

　集落に入る。寺といっても、うっかり通りすぎてしまいそうな、ひっそりとした、しかしこれもコンクリートの尼寺であった。

　運良く、でべその庵主さんは在宅であった。薬師堂に案内され、蝋燭の灯がともされた。鄭重な応待に恐れ入りながら、合掌しようとしていると、うしろから小さな声が、

「お客さん、御賽銭」

と、催促する。

　これは、運転手である。こんどは、ハラハラ。私は、全く愉快な気分になっていた。

　ここの円空仏は九体。もちろん薬師三尊が本尊である。薬師如来は一メートル弱の立像、脇侍が七〇センチ余の座像。薬師には、衣文の刻線に荒々しいノミの跡がみられ、いかつい感じであるが、お顔は口もとのあたり、かすかに微笑がある。

崇福寺

全く違った造形を示すのは、二体の護法神像であった。大きな顔に、出ばった目・鼻・口が、顔いっぱいに刻まれ、苦悩の影が濃い。この造法は円空中期のものといわれているが、仏法を守護しようとする円空の悲願を端的に表現したものとして、彼の心情がよく読みとれるのである。円空仏が精神の芸術であるとされる所以がここにある。

雨は、いぜん小降りである。楽しくなっていた私は思い切りよく、

「このまま岐阜へやって下さい」

と、いった。

時計は四時半を過ぎていたろうか。しかし宿に入るにはちょっと早い。長良川を渡ったところに崇福寺がある。そこに寄ったところで遅くはなるまい、と考えを変えた。

美濃を制する者は天下を制す、といわれ、関ヶ原を名指すまでもなく、ここは古来、しばしば歴史の舞台に登場し、戦乱の吹き荒れた地である。そして、岐阜には、岐阜城はじめ、斉藤道三、織田信長にまつわる史跡が点在する。崇福寺は、信長の菩提所である。

岐阜市内に入るころ、雨はあがった。

崇福寺庭園

崇福寺の「血天井」の話をすると、運転手はこちらの旅の意をさとったらしく、美江寺観音に寄りましょうか、という。ここには、天平時代の脱乾漆像、十一面観音があるが、開帳は、四月十八日である。通りみちなので、ともかく寄ってもらうことにしたが、戦災と市街化によって、やはり面影はなかった。

大河ドラマ放映のころは、崇福寺も賑わったらしいが、今は時間のせいもあって、境内には人っ子一人いない。山門をへだてて本堂までのかなり長い参道は、雨にぬれてしっとりとしていた。

長い土塀に沿い亭々とたつ松、森厳な感じは臨済寺院を思わせもするが、何か血生臭さを感ずるのは「血天井」の幻覚からか。信長の孫、秀信は関ヶ原合戦のとき西軍に属していた。そして東軍の攻撃をうけて、岐阜城が落城したときの城の床板を天井に張ったものという。本堂の外陣、天井一帯に茶褐色に変じたしみが、不気味な模様を描いている。

ここは戦国時代である。武田信玄がいる（書状）。快川和尚がいる（画像）。織田信長はもちろんである。快川紹喜は当寺三世の住職、武田信玄に招請されて、ここから恵林寺に移ったのである。それが織田信長によって火を放たれ、「心頭を滅却」して没したとは、何という因果か。

美濃から近江にかけ、古寺名刹で、およそ織田信長の火の手の及ばぬものはない。信長は、寺院の敵である。彼の安住の地は、彼が特別保護をした当寺をおいてないであろう。本堂の裏に、信長・信忠父子の廟所がある。墓地と位牌堂、それに経読堂である。父子の法名は

総見院殿贈一品大相国泰岩大居士

大雲院殿三品羽林高岩大禅定門

戦国時代の幻覚が去った瞼に、雨上りの、真白に霧がたちこめた長良川が、ぼんやりと、遠く長く、のびていた。

川岸から鵜飼い見物の屋形舟が、はしゃぐ男女をのせて、三々五々と中洲の方に向う。かがり火が霞んでオレンジ色をした鵜舟が下る。長良川の風物誌、鵜飼いが始まるのである。

明ければ、昨夜は向う岸が見えないほどだった濃霧は、うそのように消えていた。まさしく霧消だと駄洒落も浮んだが、山の上は、もう一つすっきりと晴れてはいない。しかし反って、旅行日和である。

もう、すっかり心得た運転手は、斉藤道三ゆかりの常在寺に行くという。私は黙っていた。街なかに、今はひっそりとする境内のうち、壊れかかった拝観受付の小舎をみたとき、観光寺院のなれの果てを

正法寺大仏

黒野・正法寺

見たように思った。

となりに、日本三大仏と称する正法寺の釈迦如来がある。像高一三メートル余。さすがに大きい。とても秀作といいかねるが、十一代惟中和尚の二五年、十二代肯宗和尚の一三年にわたる喜捨苦業、完成までの三八年という歳月を考えると、それだけで頭も下がるというものである。

四、五人の中学生がカメラを向けて、盛んにシャッターを切っていた。

「ストロボを持ってくればよかったなあ」

幼い同好の士に、苦笑しながら、信仰心も忘れないようにと、ひたすら願う。ここは、黄檗宗万福寺の末寺。朱塗りの大仏殿が青空に映えて、美々しく、あやしい。

いよいよ、念願の揖斐に向うことにしたが、途中、岐阜の在、黒野に同名の正法寺が、里寺として、侘びしいたたずまいを見せていることを知った。

ここは、光明皇后の心願により、行基が開山したと伝えられる由緒ある古刹である。訪れる人もまれなせいか、黒野の集落に入りながら、所在がなかなかわからない。

集落の外れに、ようやくそれらしい森を発見したときは、古刹めぐりの真髄にふれたような気がした。

華厳寺仁王門

細い田舎の砂利道に面して、小さな山門がある。「県指定重要文化財涅槃図」と記した白柱がその前に立っていた。幾分荒れた感じではあるが、掃除がゆきとどいている。高い木立のなかに一直線に参道、敷石もなにもない、飾らない里の寺である。

参道のあちこちが水溜りで遮断される。拾って歩くと、小さな土蛙らしいのが、ピョンピョン道をあける。踏み潰すことはないだろうが、歩くのに難渋するほどである。足を運びながら、なぜか、胸のなかにこみあげるものがあった。そこにたしかな「おてら」を感じとっていたからだろうか。

お寺の人も、慇懃で、親切だった。「お寺」の雰囲気のなかで、だいぶ長居をしたらしい。陽は中天に近かった。

＊　＊　＊

美濃の西、伊吹山に近く、静かな山里がある。それが揖斐の里、谷汲村である。華厳寺も横蔵寺も、この谷汲村にある。黒野から国道に出て、名鉄谷汲線の踏切を渡れば、華厳寺はもう近い。

谷汲山華厳寺は、妙法岳のふもとに、山深く、三六の堂宇を有する天台宗の大寺院。「谷汲さん」と親しまれる、結願の霊場である。西国札所三三所中、華厳寺だけが岐阜県にあ

華 厳 寺

る。三〇番（宝厳寺）、三一番（長命寺）、三二番（観音正寺）と近江をまわって、最後に美濃に入るという順序である。第一番が南紀、青岸渡寺であることを考えると、おそらく伊勢参宮から始めて、南紀より、河内に入り、近畿圏を巡拝して、美濃に戻るという順路は、東国人向けのコースであろうか。美濃の華厳寺が結願寺に選ばれたのも、こんなところに理由があるのかも知れない。もっとも東濃地方は、近江の文化圏、天台系の影響が強いから、単なる順路だけが理由ではなかったとも考えられる。

駅から仁王門までの参道、八〇〇メートルには、蒟蒻や椎茸を商う店や食堂が並び、さながら門前町である。両側は桜と楓が連なり、春・秋の景趣が想像できる。週日の今日も、かなりの観光バスが入っている。

仁王門から石段上の本堂までは、相当に遠い。途中、石畳の参道の両側に、一〇八の石灯が並び、「南無十一面観世音菩薩」と書かれた奉納旗が、あまたひるがえっている。境内は老杉におおわれ薄暗いが、いかにも賑やかで、札所としての明るさがただよっている。やはり霊場の雰囲気である。

参道を進むと、右に、茶所、一乗院、十王尊、羅漢堂、地蔵院、左に、法輪院、明王院、吒枳尼天堂があり、不老橋を

横蔵寺仁王門

渡ると石段である。本堂まで、さらに本坊、一切経堂、英霊堂、観音堂と、堂宇が踵を切する。

一・七キロの、自然石積み、八〇〇余段の粗い石段だけをみながら昇り降りした観音正寺の巡拝者は、ここに来てほっとするに違いない。

今までは親と頼みし笈摺を
脱ぎて納むる美濃の谷汲

御詠歌である。十一間に八間半という大本堂の外陣には、線香の煙りがもうもうと立ちこめていた。そして、ほっとした幾人もの巡礼者が、外陣の床几に腰をかけて息をついている。

脱いで納める笈摺堂は、本堂の左裏手にあったが、菅笠、杖がうず高く積まれ、また色とりどりの千羽鶴、満願の絵馬が奉納されているのが印象的であった。

〝美濃の正倉院〟は、谷汲山から峠を一つ越えたところにある。山深い寺院ということから、山地にしつらえられたものを想像していたが、若干の起伏はあるものの、意外に平坦な土地にあった。しかし、境内は老杉や楓に包まれて、木洩れ日がわずかに地面を照す幽邃の地である。

横蔵寺三重塔

両界山横蔵寺。両界山とはまた大形な、胎蔵界、金剛界の両界であるから、台密でも名刹であろう。じじつ、桓武天皇の勅願によって、最澄が開いた寺院であり、一一〇〇年の歴史を誇っている。開山当時は三八の坊宇があり、千石千貫の寺領を擁して栄えたという。しかし、案の定、ここも織田のため戦国の厄火に焼失して、現在の本堂、三重塔、仁王門、書院、庫裡などは、寛永年間の再建である。

昨日から付き合った運転手は、勉強する気になったようだ。「横蔵寺は、僕も始めてですから一緒に行っていいですか」という。

そろそろ相手の欲しかった私に、異存のあろうはずはない。橋を渡ると、谷川を前に、城壁のように石垣がはりめぐらされ、さながら城郭だ。これでは、信長も攻めたくなろうというもの。

城壁の尽きるところに仁王門がある。定慶晩年の作といわれる金剛力士像がなく、なかは空っぽだった。

正面が本堂、右手に三重塔がある。華厳寺のあの賑わいがうそのように、ここは人っ気がなく静かである。本尊は、薬師瑠璃光如来（重文）だが、秘仏である。しかし「正倉院の御物」に遭わないことには話しにならない。本堂横の坂を下

横蔵寺舎利堂

ると瑠璃殿（宝物殿）があった。

秘仏の胎内仏（薬師）のほか、十二神将、四天王、深沙大将、大日如来、金剛力士の重要文化財が、所狭しとばかり、それこそ絢爛と安置されている。これは、まさに仏像博物館である。深沙大将と大日如来が平安時代で、あとは鎌倉時代の作である。

智拳印の大日如来は、奈良円成寺のそれと酷似しているように思われた。しかし、一一八三年筑前講師作と記されている。運慶が円成寺の大日如来を造ったのは一一七六年であるから、あるいは同系の仏師であろうか。

護法神、深沙大将の作は珍らしい。若狭の明通寺で、その作例にであっているから、これが二度目。半裸で四肢に蛇をまきつけ、腹に小児の面をつけた異形の像である。たくましいが、なにか素朴であるのは、平安の古像であるからだろうか。

仁王門のなかが空っぽであった、あの金剛力士像が、ここにいた。宝物殿の両隅に、ほかの仏像を守護するように、大きく、恐ろしく立っていた。

好意によって、胎内仏の薬師如来が開扉されたとき、身内が引き締まるのを感じた。四〇センチばかりの金銅仏であるが、これは再見である。賽目に刻んだ螺髪、末ぼそりの体に比して、大きな目の顔。この顔でっかちの薬師如来は、奈良国立博物館の「平安鎌倉の金銅仏展」でおめにかかったあれに違いない。中国唐代（貞元二一年、わが国の延暦二三年）の作で、最澄が、帰朝にさいし、かの地の師、道邃から授けられた由緒ある仏像である。

合計二一体の重文仏像が居並ぶさまは、さすがに圧観である。しかし、横蔵寺が戦火に焼かれたさい、どのようにして、これらの仏像を持ちだしたのだろうか。焼き打ちのさいには、あらかじめ通告されるとは聞いていたものの、多くの人々の、信仰に基づいた、たいへんな努力があったのであろう。いま、われわれはそれを宝物殿でみる。本来、大日如来は三重塔、金剛力士は仁王門、その他は本堂に安置されていたものであった。保存のためとはいえ、そのことが、なぜか無性に悲しいのである。

舎利堂に廻る。「横蔵のミイラ」として有名な妙心法師の即身仏が、ここに眠る。即身成仏、座禅入定は、台密の素懐であり、極致である。三七歳のとき、信徒に白木の棺をつくらせ、そのなかで断食称名の境に入り、三一日目に入定した、という。

「恐いですね」

と、運転手が声をかけたが、私は、全く無言のまま、手だけが合掌していた。

帰りは揖斐峡を廻ることにした。しかし、うっそうと茂る山々、青い水を満々とたたえた人造湖も、目に入らなかった。横蔵寺の印象が強烈であった。それが古仏のせいか、即身仏のせいか、わからなかったが、頭のなかが充満していた。

途は、岐阜市内へ逆戻りである。途中、北方町を通ったとき、美濃四観音の一つ、円鏡寺のあることを、頭のすみのどこかで思いだしていたが、横蔵寺での余韻が、それを忘れさせた。

ドライブ・インで、遅い食事をしたときに、これから延算寺に行くのだなあ、と我にかえった。

延算寺は、瘡神薬師といわれて土地の人々の信仰が厚い。小野小町が瘡を病んだときに、薬水をさずかって全快したという話が、瘡神信仰を広めたといわれる。

トンネルを過ぎ、岐阜市の郊外、岩井集落に入る。「かさ神薬師」の道標を右に入ると、やがて延算寺東院である。小野小町が授かったという霊泉から、薬水が滴り落ちていた。

延算寺

門前の商店から効能でも聞いてきたのか、運転手が、

「あせもがかゆくてしょうがないから」

と、いいながら、手拭に水をひたして、首筋・腕をピチャピチャ叩いていた。

信者らしい中年の女性が、これも同様のしぐさをしていた。周囲に石仏が群立しているのは、平癒祈願のためだろうか。瘡といえば、一般に皮膚病の総称であるが、きっと昔は、梅毒の平癒祈願であったのだろう。特別の治療法もなく、ジワジワ進行する梅毒には、信仰と薬水が唯一の救いであったに違いない。それに効くとなれば、遠方から多くの信者をひきつけたことだろう。石仏群は薬師如来であった。

本院は、さらにこの奥、一キロほど。爪先上りの登り道を行くと、本堂は、山の上。境内は広く、本堂の右手横、石垣の上に一段高く鐘楼がある。

本尊、薬師如来は弘仁末期作の重要文化財。耳朶、面幅大きく、豊かな肉付きとあるが、住職が留守で拝観できなかった。

本堂前の寺務所には、耳の遠いお婆さんが一人、大きな音声で、テレビを見ていた。境内には、われわれ二人切りである。日差しが強い。真夏の天地に、のんびりした空気が漂よ

宗休寺阿弥陀三尊

う。西の方に、関の町が霞んでみえた。

本堂の裏山にのぼる。ここは百番霊場である。おそらく百の石仏が並んでいるのであろうが、とても追い切れるものではない。新旧とりまぜてあるのは、近年、整備されたものらしい。そういえば、庫裡も建て替えのすんだ立派なものであった。多くの檀家、信者をもっているのだろう。


いよいよ関市に入る。関は関鍛冶の伝統を背景に、刃物の町として有名であるが、ここに来た目的は、吉田観音にあった。室町時代再建の七堂伽藍の構造が法隆寺に似ているところから、〝美濃法隆寺〟の別称があると聞いていたからである。

関市内には、このほかに、関善光寺、弥勒寺がある。弥勒寺は、白鳳の古寺跡で、当時の法起寺式伽藍配置の礎石が残っているが、それよりも、江戸時代初期に円空が再興し、ここで没したということが、私の関心を引いていた。

関に入ってから、迷っていた。弥勒寺は関の在、街から二キロ半ほど離れている。宿をとった美濃太田とは反対方向である。それに運転手もこの辺の地理に暗いようだから、廻り道をするには、少々時間が遅すぎる。そう考えて、弥勒寺は

新長谷寺仁王門

明日にしようと決めた。

吉田観音は街なかにある。その途中、越美南線（今は長良川鉄道）の踏切を渡ると、関善光寺は、すぐである。

関善光寺には、本堂が二つあった。正確にいうと、宗休寺の本堂と善光寺の本堂である。宗休寺の方は、一七五三年に丈六の阿弥陀と観音・勢至を移して開かれたもので、大仏殿ともよばれている。ところが一七九八年に信州の善光寺が出開帳し、本堂の建立が発願され、一〇年後に完成したのである。それが大仏殿の左に並んで建っている。

両本堂は、高く積まれた石垣の台地の上にある。そして両本堂をつなぐ渡り廊下のなかほどに、刀工関孫六が鋳造した小さな鐘がさげられてあった。本堂の前の境内は、さして広くないが、右横手の安桜山の寺域は一万坪もあり、それが桜に埋もれている。その桜林のなかに、明朝の大梵鐘が異形を誇っていた。

鐘楼の前、中腹からの町並みの眺めが、またすばらしい。

吉田観音についたときは、もう五時であった。

吉田観音とは通称で、吉田山《きったさん》新長谷寺《しんちょうこくじ》という。七四〇年前に開かれた真言宗智山派の名刹である。後堀河天皇の勅願をうけて、七堂伽藍十六坊が創建されたが、正安二年に兵火

新長谷寺三重塔

にかかって焼けた。そして再建され、再び長禄元年に伽藍の一部が焼失している。現在の建物は、室町時代前期から後期にかけて再建されたもので、本堂を中心に、向かって左に大師堂・阿弥陀堂・釈迦堂と並び、右には薬師堂・三重塔・鐘楼と並ぶ。このうち、鐘楼を除く六堂塔と、本堂の裏手にある鎮守堂、および庫裡に続く客殿が、国指定の重要文化財である。左手の諸堂は、本堂とともに何れも同じ単層入母屋造り、檜皮葺の実に流麗な建造物である。

仁王門の前に、車をつけて考えた。時間が遅いので、本堂が閉まる前にそちらに行こうか、それとも客殿の方に行こうかと。しかし、何れにしても庫裡で拝観の許しを乞うことが先だと考えた。

客殿の拝観を申し入れると、

「御自由にどうぞ」

と、いわれる。そして、

「本堂の方に早く行かれると、まだ住職がいるかも知れません」

ちょっと、気がせいた。客殿に抱かれて、みごとな庭園があるが、ゆっくりと目には入らない。ただ、茶室と築山が印象的だった。

早々に、本堂の裏手に廻る。ちょうど住職が電灯を消したところである。遅参のお詫びをしながら、断られることを覚悟で、拝観を願い出たら、嬉しくも許しがでたのである。面倒をいとうことなく、また電灯をつけ案内を受けることになった。

半時間はしゃべっていただろうか。おもに、秘仏の本尊、十一面観音のことが主題だった。当山の開山、護忍上人が奈良の長谷寺に参籠した折、夢のなかに観音菩薩が現われ、「我深く信を感じて大悲の聖像を与えるから、汝は今すぐ草庵に帰れ」という。

驚き帰庵すると、長谷のものが本尊を持ち、護忍に与えるといって、立ち去った。

そして、眼病に悩まされていた後堀河天皇から、平癒祈願を命ぜられて祈願したところ、平癒されたので、天皇は喜ばれて「新長谷《はせ》」の寺号を賜わった、という。しかし、いつの代の住職のときか聞き洩らしたが、「新しいはせ」の独自性を唱えて、「しんちょうこくじ」と称するようになったというのである。秘仏の御開帳は、三月十八日とかで、その日の様子を拝聴し、本尊の写真を拝見して、御開帳日の再会を約した。

堂外は、すでに薄暮である。夕暮れのなかに七堂が並ぶさまは壮観であるが、また風情もある。広い境内の一点に、私はしばらく立ちつくしていた。

それにしても、焼けては再建され、焼けては再建された当寺の底力はなんだろう。後伏見天皇をはじめとして、信長、秀吉、家康などの信仰を厚く得たことも、その理由であろうが、おそらく、その信仰は広く深く、民衆のなかに根を下ろしていたに違いない。

外で待ちわびた運転手が、どこかで世間話をしてきたらしく、私の傍に来て、

「ここのお寺は眼病で繁昌しているんだそうですよ」

と、いう。お寺が繁昌というのもおかしいが、そんな意味でも、ここは間違いなく参詣の寺院である。

夕陽の境内に、母親と無心に遊ぶ幼子がいる。堂塔の影と子供の影が、ちょうど、信仰と生活の一体感を示すように、重なり合い、からみあって、長い陰影を刻んでいた。

＊　＊　＊

美濃太田の宿は、ちょうど木曾川を背にしている。昨日の疲れで、目ざめが遅く、部屋で遅い朝食をとっていると、

「ライン下りの舟だ」

と、大きな声がした。

朝日にきらきら輝く川面、その光りのなかに、さやえんどうのような形をした舟が、下ってくる。舟まで、かなり距離があるのだろうか、小さく見える舟の中に、点々と数えられ

る頭が、一五は下るまい。昨日みたとき、広大な長良川のことが頭にあって、木曾川もここは狭いなあと思ったが、それでも相当に広いのだろう。案内のスピーカーの音声に混じって、舟の中で騒ぐ子供の声も聞える。衣裳がすべて黄色に見えるのは、飛沫よけの合羽の色か。

わずか半刻ほどの間に、十艘は下ったろう。ライン下りは、美濃の観光ポイントである。その乗船場が、この美濃太田である。ここは昔、中山道の宿場町と木曾川の渡船場として発達したところ。宿場町の面影は、今は脇本陣、林家住宅に残るだけだが、渡船場は、ライン下りの乗船場として、その名を今に残している。しかし、ここに宿泊して乗船する観光客は少なく、そのほとんどが、下呂に泊り、朝早く出発してここは乗船するだけの場所だという。そのせいか、ライン下りの船の数の多いのにびっくりしたにもかかわらず、宿泊客はごくわずかであった。

木曾のかけはし
太田で渡し
碓井峠が
なくばよい

これは、太田の渡しを謡った、古い馬子唄である。

宿場町の名残りと、今日の行き先を確めるべく、ふら一っと町に出た。林家住宅は宿のすぐ近くにあった。真黒な格子戸に、犬矢来、屋根に張りだした卯建が、大きく目につく、いわゆる土蔵造である。内部の見学は不可とある。

中山道は五街道の一つ。日本橋を起点に、上野、信濃、木曾谷を経て、美濃から近江に入り、草津で東海道と合する。日本の中央の山道である。この間、一二九里、板橋から近江の守山まで六七の宿駅があり、太田は日本橋から数えて五一番目、草津からは一七番目の宿場である。主として、北陸・信濃と江戸の交通に利用されたが、川が少なく、河川の氾濫に災いされることが少なかったので、京都の姫君の江戸への輿入れに利用された。今に残る林家住宅の門も、文久元年の和宮（家茂夫人）の行列通過のさいに作られたものであるといわれる。碓井は、福島とともに、中山道の関所があったところである。

美濃太田は、人口三万六千の美濃加茂市の中心街、人口の割りに通りに活気があるのは、通過地とはいえ、ライン下りの観光客の出入りが多いからであろうか。

運転手と相談の結果、小山観音から蟹薬師、迫間不動尊に戻り、正眼寺、高沢観音という順路をとることに決まった。

帰る列車の時間の関係で、弥勒寺に戻るには、ちょっと余裕がなさすぎるのである。その代りといってはなんだが、最初、予定になかった迫間不動尊が割りこんだ。弥勒寺に寄れないとなって、臍をかんだが、再訪の言い訳けを残しておくのも悪くないというのが、結局の判断であった。

小山観音は、飛騨川・木曾川の合流点近くのダム湖の真中にある寺である。河の中に突出した巨岩の上に、観音堂と鐘楼が建てられ、左岸から橋がかけられている。島などというものではなく、まさしく巨岩というべきであろうから、寺自体大きなわけはないが、それだけに珍な趣が濃い。木曾義仲の飛騨川下りが建立の縁起でもあるらしいが、住職が不在で確かめることができなかった。

御嵩町に向う。ここも中山道の宿場町であるが、もとは蟹薬師の門前町として街並みが形成されたところである。途中、運転手が、

「あそこで、あたんをとっていたんですよ」

と、いう。

一瞬、あたんとは何だろうと思ったが、すぐ「亜炭」と気がついた。

私は、わかったといわんばかりに、

「いまどき、豆炭やたどんを使う人はいないからねえ」

願興寺鐘楼門

願興寺本堂

と、いったが、運転手は、それっきり、黙ってしまった。

蟹薬師とは、もちろん俗称で、正式には大寺山願興寺と称する。縁起によれば、嵯峨天皇の御代、最澄が、東国巡錫の折り、この地に宿り教えを説いたが、大勢の人が集まったので、宿泊所をつくり、薬師如来を安置せられたのが始まりといわれる。

蟹薬師のいわれは、こうである。

正暦年間、一条天皇の皇女、行智尼がこの地に正宝庵を結び、薬師如来を礼拝せられていたが、長徳二年二月七日に、寺の西南、尼ケ池より、薬師如来が、蟹の背にのって池の面に浮ばれたので、尼はこれを迎え、本尊の胎内に納められた。このことが一条天皇に聴え、勅命によって、この地に七堂伽藍が建立され、大寺山願興寺と号することになって、このときより「蟹薬師可児大寺」という俗名も生れたという。大寺というからには、その名の通り、大きな寺であったのだろう。

堂宇は天仁元年に焼失し、現在の本堂は天正九年の再建である。しかし、間口十四間、奥行十間、俗にいう「いろは造り」で四八本の丸柱を立てるとあるから、今でもかなり大きいといえる。当初は柿葺寄棟造であったが、明治年間に瓦葺に改められたので、重要文化財の指定から外れたらしい。

本尊、薬師如来は、東方瑠璃光世界の教主である。大医王仏ともいい、灌頂経に説かれているが、成立の時代、場所は詳らかではない。十二の誓願をたてて、衆生の病患を救い、無明の旧痾を治す法水を授けるという、現世利益的な医王である。薬壺を持つので薬師と称されるが、この仏の信仰は天台系の寺院で、平安朝以後盛んに行なわれ、その現世利益的な誓願のゆえに、今日も一般大衆の信仰の対象となっている。脇侍は、薬師本願経において、瑠璃光世界の代表的二菩薩とされる日光、月光であり、十二神将を眷族とする。

願興寺には、これらの諸仏像が完具している。平安期以後の十二神将には、十二支の動物が配されているのが特徴であるから、ここの場合も、そのはずである。つまり、子、丑、寅、卯……の順序にしたがって、宮比羅《クビラ》・伐折羅《バサラ》・迷企羅《メキラ》・安底羅《アンティラ》・頞儞羅《アニラ》・珊底羅《サンティラ》・因陀羅《インダラ》・波夷羅《ハイラ》・摩虎羅《マコラ》・真達《シンダ》羅《ラ》・招杜羅《ショウトラ》・毘羯羅《ビカラ》である。

車は、本堂の左手、霊宝殿の裏から乗り入れた。やはり、大きな寺であった。最初は寺域の広さについてであり、ついで本堂の壮大さについて感じた。しかし、明るすぎるというか、そのためになにか乾いた感じもする。それは、今日の日差しの強さのせいであろうか、また土地が砂地のせいなのであろうか、それとも樹木の少ないせいであろうか。それにしても、この広い境内にはひと一人いない。

本堂のほかに、常行堂・十王堂・観音堂・稲荷堂・鐘楼門と、結構賑やかに堂宇がたち並んでいるが、何か把まえどころのない感じである。私は、まず身のおきどころに困った。そして、どこに足を向けたらよいか迷った。

「無味乾燥な寺だな」

と、これは私の独り言だった。

鐘楼門を入ったところに庫裡がある。運よく住職が在宅中で、霊宝殿の拝観を願い出た。

実に壮観である。かなり広い霊宝殿のなかに、二十四体の重要文化財が所狭しと並んでいる。正面、厨子の両側に、日光・月光、それに十二神将、そして一番外側に四天王が拝せられる。厨子のなかは、本尊薬師如来であるが、秘仏。脇侍が大きく二メートルはあろうか。それに較べて、十二神将は一メートル強と予想したよりも小柄であった。四天王が、これまた大きく、優に二メートル半はあろう。合計一九体の仏たちが須弥壇の上に並ぶさまは、豪快ですらある。

そして、須弥壇の手前、両サイドに、釈迦三尊と、阿弥陀如来の座像・立像が各一体づつ安置せられている。

迫間不動尊

脇侍は、丸い童顔で、上体を少し内側にくねらせているのは、婉というよりは子供が駄々をこねているように感じられ、ほほえましかった。立派な仏と感じたのは、釈迦三尊である。釈迦如来は座像で、ほぼ八〇センチの高さの小ぶりなもの。威厳に満ちて、柔和である。印相が変っていて、私にはわからなかった。胎内の銘には定朝作とあるが、時代にずれがあるという説明であった。

横蔵寺を美濃の正倉院、新長谷寺を美濃の法隆寺というなら、願興寺は、さしずめ〝美濃の新薬師寺〟というべきであろうか。奥美濃に、これだけの古刹があることは、存外知られていない。

御嵩町の奥に、巨岩奇勝で知られる鬼岩公園がある。一瞬たちよりたいという欲望が顔をのぞかせたが、思いとどまった。奥岩に寄れば、いきおい多治見に出て永保寺に廻るというコースになるので、今回は予定通り美濃加茂にとどまろうと思い直したからである。

再び、木曾川に沿って西下する。坂祝から各務原をかすめると、関のはずれに迫間不動尊がある。

迫間不動尊は、私が現地に来て知った名である。商売繁昌

正眼寺本堂

に御利益があり、商人の参詣客が多いとは、運転手の言であった。道は各務原の大安寺の前を通り抜けて、相当に山深く入る。車のすれちがいもできない林道である。

山を巻いて、道が開けたなと思ったら、そこが不動尊の入口。鳥居がある。

参道の石畳は、やがて石段になる。

背中が汗でびっしょりになるころ、本堂前にでた。

これは、やはり異様な、いや神秘的な雰囲気である。修法のための護摩壇がある。建物の内部は、煤で真黒。

「南無弘法大師」「迫間不動明王」と書かれた奉納旗が、文字通り林立する。活気がある。熾んである。

突然、腹の底から響くように、大太鼓がドンドン鳴りだした。それが途てつもなく大きい。それまで辺りを圧していた蝉の声も消え失せんばかり。音は奥の行場からである。

奉納旗の数が、ますます増える。崖の上から不動明王が睨む。これは真言密教独特のものである。狭い石段をさらに上ると、行者の滝があった。狭い崖地に、ぴったりくっついてお堂がある。しみでる地下水と、滝の飛沫で、堂の周りはびっしょり。音は、ここからであった。中年の女性が、一心不乱のさまで称名する。

日龍峰寺多宝寺

無動尊は黒色にして極忿怒なり。左手には索を持ち、右手には宝剣を持ち、盤石の上に坐す。ならびに大火炎の中にあり。大劫の火の如し。

弘法大師『祕蔵記』

不動尊は大日如来の化身である。不動尊は呪文をつかさどる王者である。不動尊は火生三昧に住する。火を観想することによって、みずからも火焔を発し、あらゆる障碍を焼きつくして大智火となる。

火焔はなかったが、堂内は線香の煙でもうもうとしていた。これも、突然に、太鼓が鳴り止んだ。わが身の鼓動を意識し、無明の世界に戻った。そして、パラパラと上ってくる参詣者に逆らうように、石段を降りていった。

正眼寺に向う。美濃加茂市の北部、武儀町との境の丘の上に、正眼寺がある。ここは、臨済宗の開山となった関山慧玄の創建になる臨済宗の古刹である。よって妙心寺奥の院とよばれるが、本稿の主題にしたがえば、〝美濃の妙心寺〟ということになろうか。建物は明治以後の再建で、みるべきものはないが、荒行で知られる禅道場である。

日龍峰寺観音堂

正眼寺短大の前を通りすぎると、山門の横に出る。そこから本堂、庫裡、禅堂、鐘楼が一望であるが、境内は広く、石畳のほかは、玉砂利がきれいに敷きつめられている。修行中でなければと案じたが、そうではなかった。

托鉢から帰った僧が二人、われわれの前を通りすぎて行ったが、庫裡に消えると、あとは蝉時雨が聞えるだけである。人の気配が全くないのは、どうしたことだろう。

厳粛な面持で、石畳を拾って歩く。禅寺の醍醐味は、この緊張感である。周りの空気がこの身を圧し、それが自覚的な緊張感となって、脳に心地よい刺激を与える。

それにしても暑い。玉砂利に反射した日差しが、足元からも暑気を吹きあげる。汗がべっとりと肌にまつわる。本堂に上りこんだとき、やっと緊張と暑気から解放されたように感じた。

最後の目的地、高沢観音に向う。正眼寺からさらに津保川に沿って北に数キロ、武儀町に入ったところに、それがある。山道をぐっと上りに入る。驚くほど山深い。

キャンプ場のバンガローをすぎると、仁王門が左に見える。道はまだまだ昇りである。山の斜面、崖下に堂々とした客殿が、姿を現わす。そこをわずかに登れば、海抜二八〇メートルの尾根の平坦地に、鐘楼、薬師堂、金毘羅権現、そして重要文化財の多宝塔と続く。

ここは、大日山日龍峰寺と号する古義真言宗の、文字通りの古刹。開基は、あの伝説に包まれた両面宿儺というから、いかにも古い。四世紀か、五世紀か。いずれにしても仏教公伝以前のこと。恐らく山岳信仰に由来する美濃最古の霊場であろう。それにふさわしく、古木うっ蒼と茂る幽邃の境である。

美濃の古寺巡歴、最後を飾るにふさわしい雰囲気に、私の血が騒ぐ。

一番古い建物は、頼朝の妻政子の建立になる多宝塔である。一山ながく荒廃していたのを、政子が再興し、七堂伽藍が建ったが、多宝塔を残し、他はすべて応仁・文明の乱に焼失した。

尾根道の突当りに、奥深く本堂がある。五間四面、入母屋造檜皮葺、寛文十年、今から三百年前の再建であるが、傾斜地の岩上に建ち、前方が舞台造である。この観音堂こそ、小規模であるが、京都の清水寺を偲ばせ、〝美濃清水〟の異称の由来となったお堂だ。

堂前にあるのは、千枝檜。根元から数十の幹が分かれて群立する珍木である。このあたり、樹々も大きく、高く、本堂は古木の中に埋もれている。本尊十一面観音は、またその奥深くに秘められているのである。

この幽寂は、古義真言の真髄であろうか。それとも両面宿儺の神呪であろうか。

もう血の騒ぎはなかった。あの押し寄せる激流はどこにいったのか。ひたひたと染み透る法水に洗いつくされて、私はトボトボと山道を下っていた。

（「書斎の窓」二六〇・二六一・二六二号
一九七七年一月・二月・四月）

みちのくの徳一

――浜通りの平安文化（福島）

広くて、寒くて、人がすくない。東北のこのような環境は、その地理的条件からきている。が、そのことは同時に、東日本のすべてを包みこんでしまうほどの奥深さをも象徴している。たとえば東日本の縦貫道は、東海道・東山道・北陸道であるが、これらの三道は東北で合体し、そのため東日本の文化はここにおいて統合される。

このような東北の文化的位置を表現する言葉は、「みちのく」である。みちのくは道の奥、さいはての国を意味しているが、この言葉の一般にもつイメージは、むしろ歌枕の国、風流の国というものではなかろうか。たとえば藤原道長のころの話であるが、藤原行成と蔵人頭を争った近衛中将藤原実方が陸奥守に左遷されたとき、主上が「歌枕見てまいれ」と仰せられたという逸話が残っている。

白河関・勿来関《なこそのせき》を北に越えると、みちのくである。歌枕のみちのくは、この白河関・勿来関によって代表されているといってよい。

吹く風を勿来の関と思えども
　道もせに散る山桜かな（源義家）

とくに有名な

都をば霞とともに立ちしかど
　秋風ぞ吹く白河の関（能因法師）

の歌は、そのあと続篇（「白河の関の秋とは聞きしかど　初雪分くる山のべの道」久我通光）や、亜流（「都にはまだ青葉にて見しかども　紅葉散りしく白河の関」源頼政）を生んでいる。まこと、みちのくはロマンの国である。

ロマンの国への入口、福島県には東から阿武隈・奥羽・越後の山なみが南北に並び、山なみのあいだを三筋の街道がはしる。勿来関をこえる浜通り、白河関をこえる中通り、鬼怒川から会津、米沢にぬける山通りである。そしてこの三筋の街道には、みちのくのロマンを感じさせる多くの古社寺が点在する。それらは浜通りの白水《しらみず》阿弥陀堂、中通りの文知摺《もぢずり》観音、山通りの恵日寺《えにちじ》によって代表されようか。しかしなんといっても、白水の阿弥陀堂と会津の勝常寺《しょうじょうじ》が、建築・仏像という古美術の領域において、いまでは圧倒的な貫禄を示している。

ところで、恵日寺・勝常寺はいずれも、最澄と仏性論争をかわした徳一開基の寺である。歌枕もさることながら、古寺巡礼という点からいうと、徳一を度外視してみちのくを語ることはできないように思われる。こうして東北への旅を考えるごとに、私には、徳一への想いが、いつのまにか執念ともなっていたようである。

＊　＊　＊

機会をねらっていたこの年の夏、七月中旬に、まずは浜通りにでかけた。徳一のことを考えると、まず会津に向かうのが順序かと思われたが、このときは阿弥陀堂に強い誘惑を覚えていたし、同時に徳一と浜通りとのかかわりあいを知りたいという願いもあったからである。

特急で上野から二時間半、湯本で下車する。今はハワイアン・センターという団体がバスでくりこむ娯楽センターがあるが、駅前の湯本温泉は、平安時代すでに、三函《さはこ》の湯として拾遺和歌集の歌（「厭ずして別れし人の住む里は　佐波古の御湯の山のあなたか」）にも詠まれた古湯である。私が小学生のころに、母の長期療養に連れだってきたところと聞かされていたが、記憶はむろん定かでないし、もしそうだったとしても、長い年月のあいだのその変化に、記憶はただただ茫然としたことだろうと思う。

しかし駅前にたったとき、さすがに懐旧の情がわいた。変哲もない町並みに記憶の糸をたぐりだそうと、暑い町なかを、旅館街の方へただただ歩いてみた。それにしても夏場の温泉地は、ひっそりとしてわびしいものである。とくに日中は、厚化粧をおとした素顔をみせているから、その感が強い。気持もしだいに白けてきたが、温泉神社の森をみたときに、ひょっとしたら記憶の片すみに残っている高い樹木の幻はこれかなと思い、気をとりなおしていた。

部屋に通されたとき、まだ陽は高かった。従業員にたずねると、阿弥陀堂は近いというので、一服のまも惜しんで車をとばした。

国道を北上すると、三角の山がみえる。ボタ山である。この辺り一帯、かつては炭鉱の町として活気があったのだろうが、今はボタ山にその名残りを止めるのみである。山を巻くように走り、「阿弥陀堂入口」の標示板のところを左折すると、急に辺りが広くなった。団体バスがいると思ったら、その正面が阿弥陀堂であった。

写真で見ている限りでは、木の生い茂る小公園のなかの堂宇を想像していたが、予想とちがい、田園の只中、広い青空の下に、山を背にして現われた。

手前に池があるのは近年復元されたもの、かつての浄土庭園の一部である。浄土曼荼羅《まんだら》庭園は極楽を庭園に移したものだから、小公園の体裁をとるわけはないのに、と粗忽さを自

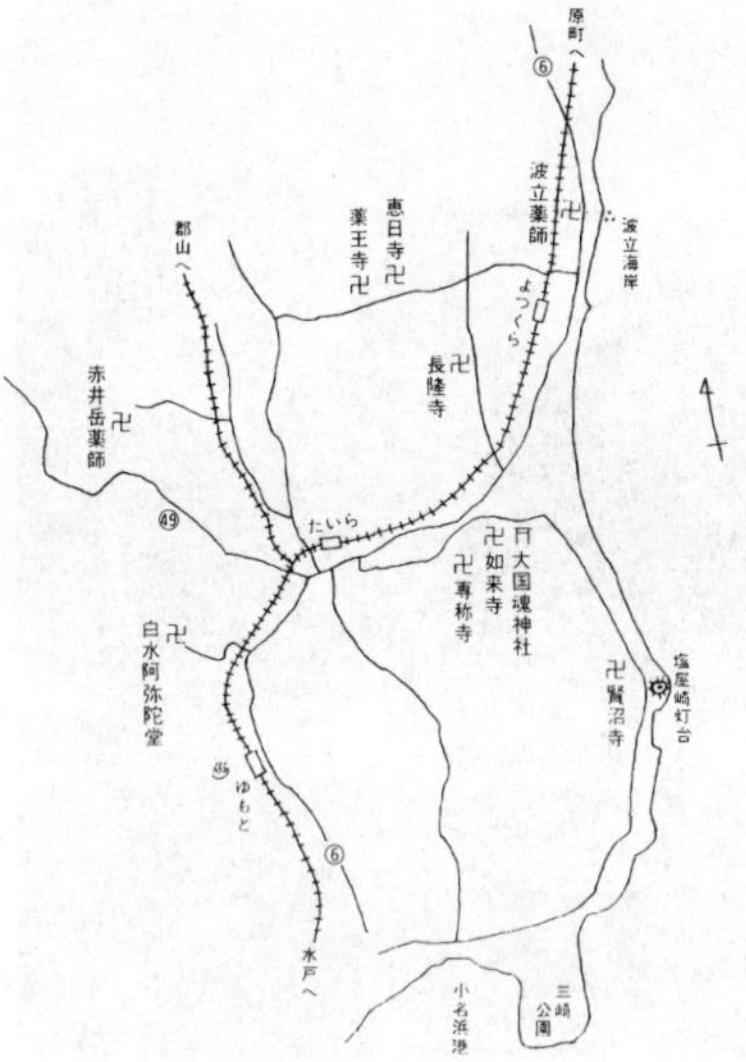

嘲した。これから南大門・中島・南橋が復元されるという。そうすると、その規模は劣るものの、なんと毛越寺《もうつうじ》庭園に似てくることか。それもそのはず、阿弥陀堂を建立した岩城国守、平則道の夫人徳姫は、藤原清衡の娘である。則道の没後、徳姫は亡夫の冥福を祈るため、尼となり無量寿院願成寺を建立した。阿弥陀堂はその一宇である。そういえば、柿葺《こけらぶき》、方三間単層宝形造《ほうぎょうづくり》の御堂は、平泉の金色堂そっくりである。俗説によると、平の白水とは平泉の二字を分解したものとか……。

北橋を渡る。浄土への架け橋である。境域に白砂がしかれ、バックの木々の緑と明確なコントラストをつくっている。堂前の銀杏の老木が夏の日差しに映えて、きらきら光る。単層宝形造の御堂にはほかにもおめにかかったが、これはまたなんとすがすがしく優しいのであろう。屋根の勾配が美しい曲線をえがき、反りをもった深い軒がそれと絶妙に均衡を保って、すばらしい安定感を与えている。さまざまな方向から、アングルを変えては眺め、そして眇め、心ゆくまでみとれていた。この情感、徳一の世界にはいる前の序奏としては重すぎるほどである。

団体客をやりすごして、堂内に入る。一瞬、内陣の中央、

白水阿弥陀堂

本尊阿弥陀如来に目をやる。堂内が薄暗く、漆黒の像で、明るい室外から入った目にははっきりしないが、それでも温容な座像で来迎印を結んでいるのがわかる。

やがて目が暗さになれてきた。以外に簡素な内陣である。後壁、四天柱すべて木地をだし、金具は青さびている。天井に繊細な彩色文様の描かれているのがわずかにみえるが、そうすると壁には壁画があったのだろうか。そう思うと剥落のあとがあるようにも見える。金箔のおちた本尊は、むしろそういう情景のなかで、反って重みを加え、双方相まっていっそうの荘重感をあおる。

丸い顔、丸い体つき、そして薄い胸に低い膝は、どうみても定朝様である。平安時代の造像ということで、定朝様という先入観をもちすぎてはと思い、瞳をこらす。そうすると、形通り円満相にとどまらず、その顔には意志的な強さがうかがわれるような気もする。これがみちのくの平安仏の特徴か。それが堂内の暗さのせいでは決してないと思ったのは、みちのくの仏がここにとの想念がよぎったからであろう。

仏に瞳をこらす我に気づいて、観仏三昧、四十八願成就の本誓《ほんぜい》によってただ念ずるだけにしろ、と囁く声がするが、やはりじっと視入っていた。

信仰の心眼と観賞眼を自覚的に切り離すことは難しい。魅入られるが故に、念じて仏と合一すると信じたいが、この心境は所詮、他所者、鑑賞者のものなのか。念ずるが故に魅入られ、そしてただ念ずるのが信仰の心眼であろう。しかし、出会いの眼はどうしても冷めてしまう。冷めているから視る。視るから魅入るのである。魅入るから念ずるのであり、そこに造像者の一念は視るものに伝わるのである。こうして結縁《けちえん》が生ずれば、弥陀の本願は成就しよう。

左に勢至、右に観音の両脇侍。勢至菩薩は右手をあげ、観音菩薩は左手をあげているが、ほとんど同形である。甘い優しい表情である。胴のくびれが大きく、スタイルは絶妙。腰を少しひねっているものの、妖しさを感じさせないのは丸い童顔のせいだろう。同時代の光背がまたみごとで、唐草の透かし彫りという例の少ないデザインであった。

さらにその脇、左に多聞天、右に持国天が配置される。こちらも左右対称の同形。両手をあげた姿勢がなんとも剽軽で、いかめしい表情のわりに滑稽である。胴が細くて強そうな感じがなく、それが反って好ましい。

一歩さがって全体をワイドにおさめると、五体のバランスがいい。まとまりすぎるほどである。そう思ったら、この天部は、最初から二天だったのではないかという気がしてきた。

外にでると、団体のざわめきは消えていた。陽光のまぶしさはもうないが、肌がじっとりと汗ばんでいた。念いをかみしめながら何度かふり返る顔に、池水に映る木々の影をかすかにゆらす風が心地よかった。

明けると薄曇りである。昨夜の予報がにわか雨を伝えており、雨にならなければいいと思う。どこまでゆけるやら。それならいっそのこと、今日は気ままに走ることにしよう。

運転手に尋ねると、赤井岳薬師がいいという。この名前は初耳であった。その響きから山岳寺院を想像し、また眺望がいいときけば、気持がそそられる。平から西へそれるが、薬王寺にでるには一寸した寄り道になるだけである。

国道六号線から、平の手前を四九号線に入ると、まもなく赤井岳がみえてきた。薬師は標高六〇〇メートル赤井岳の中腹にあり、それまでかなりの上りになる。バス停終点からまだ六キロの山道がある。車で一気にのぼったのでは有難味がうすれるが、六キロの山道はきつい。それでも未練気に、

「少し歩こうか」

と、声をかけたが、運転手は黙っていた。

赤井岳薬師本堂

境内につっこむと、急に視野が広がる。

「すごくいいとこぢゃないか」

といったら、始めて
「そうでしょう」

と、ほんとうに満足そうな顔がふりかえった。

「お客さんの趣味からいって、ここは気に入ってもらえると思ったんですよ」

寄り道になると思って、こちらの気持を察しかねていたのだろう。それでむっつりしていたことの合点がいった。正月の元旦祭、八月の例大祭の人の賑わいのことなど、それからはポツポツと話し出した。

しかし、今日は参詣人一人いない。ただ数人の庭師が、本坊うしろの造園に余念なくたち働くのがみえる。

境内全域三万坪という。手前から不動堂・本坊・別院と続く伽藍群は、広い砂地の平地に建っているが、その周囲は、杉・檜の古木が林立し、霊域の感を深めている。ぐんと高い山上の本堂の背後、山の上に濃い霧がかかって、ちょうど水墨画を見るようである。身がひきしまる。

「すごくいい」

と、再び、実感が言葉になっていた。

彼が饒舌になったのにひきかえて、そのあと、こんどはこっちが、むっつりしていた。気の散るのがもったいないような気がしたからである。本堂の方へゆっくり歩きだすと、彼もついてきたが、やがて黙ってしまった。

開山は天平期の源観上人、草庵を結んで写経に精進したところである。のち、まさに徳一が現在地に伽藍を造営した。開山以来何度も山火事にあい、現本堂は昭和一七年、本坊は二八年の再建である。

思いがけぬほど早い徳一との出会いに感謝しながら、本堂への石段を、ふり返りふり返り一段ずつふみしめるようにのぼった。麓のあたりはすっかり霧に包まれ、見通しはきかない。しかしそれが反って、白いキャンバスの上に、バックをつぶして対象物だけをくっきり画いた絵のようで、構成とコントラストがきまっているのである。天気がよければ、さぞ眺望がきくであろう。空の拡がりが大きくて、密教寺院にしては、雰囲気は思いのほか明るい。

本尊は薬師如来。日光・月光両脇侍と十二神将の眷属が本堂に安置されているというが、周りの情趣に満足して、珍しく内陣を拝することを忘れていた。

やはり、徳一の足跡は、浜通りにまで及んでいたのか。徳一の本拠は会津の恵日寺と思いこんでいたので、浜通りの遺跡について十

赤井岳薬師本坊

分な知識の持ち合わせはなかったのである。

しかし、ここに来て、いわき市にも徳一開基の恵日寺があることを知り、またこちらが本拠だとする異説のあることを知った。浜通りにその教化が及んでいるのは当然である。彼の開基と伝える寺院は、福島県内で総数二十数ヶ寺に及び、浜通りはその過半数、常福寺(赤井岳薬師)ほか十数ヶ寺をしめるという。なるほど、これでは本拠地争いも生ずるわけだ。

それにしても、これらの数字は、彼のみちのくにおける布教の力の大きさを物語っている。当時において仏教の果たす文化的役割と、さらに勝常寺に残る平安朝仏像群のことを考えると、彼はみちのくにおける平安文化の創造者という位置にいるような気さえしてくる。

山道をくだる私の前に、徳一が巨大な姿でたちはだかっている。その実体をどうしても知りたいという強い誘惑にかられたときから、こんどは私が饒舌になっていた。

＊　＊　＊

農村には、その地方特有の顔がある。もっとも、そうはいっても、最近は民家の体裁も全国画一的となって、見た目には地方の特色も薄らいできたことはたしかである。車窓からみる限り、どこの田園風景も同じという感想をもつことが少なくない。しかも工場が建ち、道路が舗装されると、田園のイメージそのものまでが失われてしまう。そのことの当否は別として、みちのくの農村では、田園風景はいまだ失われてはいない。

「白河以北、一山百文」とは、近代化の過程で東北の後進性についていわれた言葉だが、近代化そのものの意味が問われている現在では、開発の進捗を拒み田園を残してくれたことの価値は大きいはずである。「もの言わぬ農民」について、十分な配慮が必要なことはいうまでもないが、そのなかで、みちのくの豊かな自然を生かす道こそ、悩み探らねばならない東北の課題であろう。「イワテケン」が流行語になるのも、現代性とのコントラストが、その響きのなかにあるからということは否定しえず、それだけに、失われたものへの郷愁を、そこに読みとることができるように思う。

常磐線でいうと、日立、高萩をすぎてから、東北線では黒磯をすぎると、車窓外の趣がぐっと変る。山の懐が深く、人家がまばらで田畑が広く見渡せる。そのたびに私は、東北に来たな、と感じていた。その感じは明らかに、信州や北陸の農村風景とも異なるのである。

赤井岳をくだって四倉にむかう車は、そのようなみちのくの田園の真只中にあった。天気の崩れそうなのが唯一の気がかりなだけで、いま東北にいるということを全身で味わっていた。

　磐越東線の線路をこえ、夏井川をわたる。しかし運転手は、薬王寺の所在を探しあぐねている。道順を教える農夫の言葉がいっこうにわからない。北陸出身の私には、福島弁ぐらいだったらと思うのだが、土地の者同志が語りあう方言には、さすがに音をあげた。

　それでも寺の所在は何となくわかるもの。古刹のかもしだす雰囲気に独特のものがあって、あえて活字にすれば、小高い山、広い社寺林と老木が道具立てで、森厳なムードが漂っていれば、それが境域である。一望田園のなかで、それは瞭然としており、私の触角がそれを察してうごめくのである。山門にであえば、心中快哉を叫ぶことになる。

薬王寺

　薬王寺や長隆寺とのであいは、そのようなものであった。

　延寿山薬王寺。真言宗に属するが、開基はやはり徳一である。歴代藩主が帰依したため、寺運盛んなころは堂宇五四坊を数えていたというが、戊辰《ぼしん》戦争で焼失した。文殊菩薩騎獅像の拝観が、ここへきた目的の一つであった。

　参道が長く、突当りに数十段の石段、「下乗」と刻まれた石に盛んなころをしのんでいると、驟雨がやってきた。石段をかけあがり、本堂にとびこんだ。

　徳一のこともさることながら、かつての繁栄から連想される別の想念は、むしろ戊辰戦争のことであった。会津・二本松藩の抵抗が華々しく語られているため見落しがちであるが、平藩も奥羽列藩同盟に参加しており、戦火は当然この浜通りにも及んだ。平藩は、公武合体推進者、坂下門外の変でしられる安藤信正の領地である。このとき信正は隠居中であり、藩主信勇は病気のため美濃にいたが、彼が同盟に与し、征討軍の攻撃をうける破目になったのである。平城はそのときの同盟軍の根拠地であった。あの森で、この道で、兵火が交えられたのであろうか。

長隆寺

「雨になると、また気分がでますね」

　彼が相槌をうつ。

　庫裡の玄関で人声がする。ふと彼が立って、案内をこうた。私も参詣の趣意を申し入れたが、文殊菩薩は収蔵庫にあり、今日のような雨の日は湿気が多く開けてはいけないので、残念ながらという返事であった。

　その言葉が丁重だっただけではあるまい。残念という気持ちの前に、文化財に対する深い配慮に感じ入って、その方がいいのだといいきかせていた。

　本堂背後の青竜権現に詣で、それでもやや気落ちして、石段を降りる。脇の坂道でスリップしている車に、わざとらしく声をかけたのは、この気持をごま化すためであったろう。

長隆寺に向うと雨が止んだ。

無量山長隆寺。真言宗に属し、極彩色の地蔵菩薩立像で知られる。境内の感じは薬王寺と似ているが、雨後のせいで樹木がしっとりとぬれ、森厳の趣はいっそう深い。飯坂町の天王寺で、「これが東北だ」と唸ったことを思い出したが、ここにもその雰囲気がある。決して狭くはない境内の造作が自然そのままで、土地の気質をよく現わし、それはむしろ素朴とまでいえるような情景なのである。みちのくの古刹には、確かにこのような共通性がうかがわれ、それが寺の貧しさからきたものでなければいいがと思いつつも、通りすがりの旅行者にとってその方が有難い、と感ずるのはどうしようもない。

全く人っ気がない。不吉な予感をおぼえながら案内を乞うたが、やはり返事はなかった。こんどは残念とは思わなかった。未見の仏像がこう重なっては、むしろもう一度来ずばなるまいと思い、心のなかで再訪を期したからであったが。

それでも朱塗の地蔵堂に近づいて、内陣をのぞいたが、暗くて何も見えなかった。

空はいまにも泣きだしそうである。

六号線にでたときには、それこそ篠をつくような雨になった。

食事をしているあいだ、思いはいわきの恵日寺から離れない。いずれ会津の恵日寺に出向くとすれば、今こそいわきの恵日寺によるチャンスだからである。しかし、その所在さえつかめていないいま、探しまわるには何よりも、天候が不順であった。結局、出直すか、というのがそのときの結論であった。

ともかく北上し、波立《はったち》海岸にむかう。そこに徳一が創建した波立薬師がある。

隧道をぬけると、右の窓いっぱいに、砂地の海水浴場が姿を現わす。車が急にとまる。正面が波立薬師であった。山の薬師が赤井岳なら、こちらは浜の薬師。大同元年の創建で、海中より出現した薬師を、海上鎮護の守護仏として祀ったと伝えられている。

荒れてはいないが、山門と本堂、質素な二堂宇を残す小さな寺である。縁起を知りたいと思っても、庫裡らしいものが見当らず、それらしき近くの家を訪ねたが、留守であった。

波立海岸弁天岩

しばらく海岸にたたずむ。正面、右手、海上に弁天岩がみえ、朱塗の橋がかかっている。その辺り岩礁が多く、寄せる波が砕けちる。一寸した絵葉書様の風景である。磯遊びの客があるとみえて、土産物屋が二、三軒あるが、客の姿はまるでみえない。

茫々とした太平洋、徳一はここで何を考えたのか。徳一の生年ははっきりしないようで、神護景雲元年（七六七年）・天応元年（七八一年）の二説がある。大同元年（八〇六年）といえば、徳一は四〇歳もしくは二五歳のときである。この両説の開きは余りに大きすぎるから、彼の心情を予測しようにも、どちらを基準とするかによって大きな違いがある。それにしても二五歳というのは、彼のみちのく下りまでの経歴からいって、一寸若すぎる気がする。それはともかく、最澄との三一権実《さんいっごんじつ》論争の発端はほぼ弘仁七年（八一六年）であり、いずれにしても徳一がこの海岸にたったのは、法相《ほっそう》教学を押したてて、最澄や空海の新思潮に論争を挑む一〇年前のことであった。都市仏教の奢侈をきらい、奈良の興福寺をでて、みちのくに蟄居した徳一が、真に出家の道をなしとげようと、この地に伝統教学の王国を築こうという意気込みにもえたことであったろう。もっとも、徳一のみちのく下りについては、彼は恵美押勝《えみのおしかつ》の子であって、そのため、その反乱に連座し、罪人として流されたという説もある。高橋道雄氏によれば、冒頭にのべた実方中将陸奥守左遷の逸話に似せてつくられた、もののあわれから発する説話であるとして、流人説を否定する。

いまこの海岸で太平洋を望めば、ここにたっていたのは、配流の徳一ではふさわしくない。法相王国を築こうとした徳一でなければならない。そう思うと、太平洋を前にした徳一の抱負が胸にしみとおる気さえする。

その気になって欲がでた。南に一〇キロほどゆけば、これも徳一創建になる天光山密蔵院賢沼寺《けんしょうじ》がある。運転手の話では、沼之内弁天として土地の人に知られ、境内の賢沼は天然記念物うなぎの群生池であるという。殺生禁断のため水が泡だつほど生息し、大きなものは一メートルにも及び、これこそ壮観そのものという話であった。

うなぎの話には、野次馬根性半分でとびついたが、それよりも徳一創建ということに強い関心がひかれた。天候は、小雨が降ったりやんだり。賢沼寺についたときは、辺り一面靄がかかり、森深い感じの境内は、いっそう不気味な雰囲気をただよわせる。ここでは、忘れられた徳一の不遇さがいっそう盛り上る感じである。雰囲気にすっかり呑まれたかたちで、これなら怪獣のようなうなぎがいても不思議ではないと思う。

開基は磐城城主海東小太郎清衡。漁民の尊信篤く、一時はかなり盛えた寺院である。

高い木立ちの中に、仁安三年（一一六八年）造営の重厚な山門がみえる。その奥に弁天堂。弁天堂は、海上航海の守護神として建てられたもので、賢沼はその右手にひろがっている。沼は思ったより広く、およそ四千坪とか。それが緑青色の水をたたえ、底なしの感をおびる。沼に張りだして浮見堂があり、売店がでていた。

若い女性が四、五人、手すりから体をのりだして、沼の中をのぞきこんでいる。

「うなぎみえますか」

と、尋ねると

「みえないのよう」

「餌をやると、あがってくるよ」

と、二つの返事が同時にかえってきた。あとの答えは、売店のおばさんの声である。なるほど、売店の前に鰊を縄でつるし、一本二百円と書いてある。

賢沼寺山門

「水面すれすれに浮かせて、食いつきそうになったら、ひょっとあげんだよ。水に入れっぱなしだといっぺんにもってかれるよ。匂いだけで寄ってくっかっね。うまくやれば何回でもみられっから」

と、懇切な教示つきである。

　溜り場を教わって、水の中にちょっとたらす。ちょっとゆらす。底から、でてきた、でてきた。拳大の頭をしたといえばオーバーだが、しかし大きな顔をしたうなぎが何匹となく、太い髭を水面にのぞかせる。そのたびに巨大な体がくねって、スネーク・ダンスのよう。横から、これも一抱えはあろうという鯉が顔をだす。いずれも主のような顔をして、薄気味悪いような大きさだが、表情にはなんともいえぬ滑稽さもある。

　傍らで女の子がキャーキャー騒ぐ。いやあ、これは面白い。

「沼の周囲を一廻りしたいね」

と、いったら
「およしなさい。道はあるけど、今ごろ蛇がでて、とても廻れたもんぢゃない」

と、おどされた。

　驟雨一しきり。弁天堂奥の賢沼寺本堂が、雨にけぶる。寺伝によれば保元二年（一一五七年）の創建というが、徳一の

如　来　寺

生年が天応元年だとしても三七六年の開きがあるのはどうしたことか。古刹に多い、開基は行基・弘法大師という寺伝と同じたぐいのものであろうか。菩薩とまで仰がれた徳一であってみれば、ありそうな話である。

あわてて車に引きあげる。徳一の旅もようやく終りに近づき、平市内にとって返す。あとは浄土門の名刹、如来寺・専称寺を残すのみ。

松峯山如来寺。俗に矢の目如来とよばれ、浄土宗名越派四本山の一つで、嘉元二年（一三〇四年）に真戒比丘尼が、善光寺如来を護持して庵を結んだのが創建の始まり。その善光寺式阿弥陀三尊像は重文の指定をうけ、今に伝えられている。

重層の山門と大本堂が、今も盛んな寺勢をしのばせているが、境内はきれいに手が加えられ、檀家のひんぱんな往来を物語っている。今日もかなり来客があって、話し声が喧しく堂外に響いてくる。善光寺如来の拝観を申しでようと思ったが、来客の喧騒な声に気押された。そして言い訳がましく梅の名所の専称寺に急がねばといいきかせた。

ふしぎなことに車にのると雨がふり、寺につくと雨がやむのである。運転手もいぶかって

「お客さん、不思議ですね」

専称寺鐘楼

という。私は得意気に、

「そりゃあ、仏さんのご利益さ。こんなにお参りしてりゃ、仏さんが力を合せてお天気にしてくれるよ」

　彼は真面目な顔になって、さもありなんという表情をする。

　梅福山恵称寺。応永二年（一三九五年）、良就証賢によって創建された浄土宗の奥州総本山で、後土御門天皇の勅願所となった名刹、現在は名越派の総本山である。土地の人には梅の名所として知られ、五〇〇本の古木がある。折れ曲がる石段をのぼったところが観梅処。時期外れとて、売店は壊れ、雨戸がバタバタ風になっているのが、いささか侘びしい。

　さらにのぼると美しい鐘楼がある。まだのぼると、豪壮と称するほどの本堂があった。全体にかなり荒れた感じであるが、往時の面影がしのばれるような、古刹の名にふさわしい様相をそなえている。心のなかの言い訳が現実のものとなってホッとする。

　如来寺が現代の檀家寺院なら、こちらは旅情の古寺院である。如来寺の方が末寺のはずだが、これも栄枯世の習いか。しかしこの寺はいい……。徳一への想いがそれほどでなければ、さらなる感慨をもよおしたであろうに。

　それにしても疲れた。平駅についたときの足どりは重かった。しかし、神経だけは、おかしいほどはりつめていた。会

専称寺本堂

津への思慕を募らせていたからであろうか。

――山通りの遺跡（福島）

暇ができたらでようと思っていたのでは、とても旅などできるものではない。機会はつくるもの、みつけるものとは、旅の場合も例外ではない。浜通りで徳一への想いにかられてから、約一カ月、この一カ月は旅のほとぼりを冷ますのに必要な期間であったが、その一カ月がすぎて、それこそ機会をつくり、再び徳一にまみえるべく、会津にでかけた。

八月の終り、曇り空でむしむししてはいても、それほど暑いという陽気ではなかった。ラッシュの時期を外したつもりだったが、直通特急の切符はとれず、郡山で乗り換える羽目となり、会津につくのは、午後も大分回ることになった。

表磐梯の顔をみるのは二度目、最初のそれは二〇年近くも昔のことで、今回は懐しいというよりも、物珍しい気持の方が強く、車中より盛んにシャッターを切っていた。しかし、磐梯町駅で待ち合せの臨時停車をしたとき、名所案内の掲示板に「恵日寺跡」の表示をみつけたときは、浜通り以来の懐

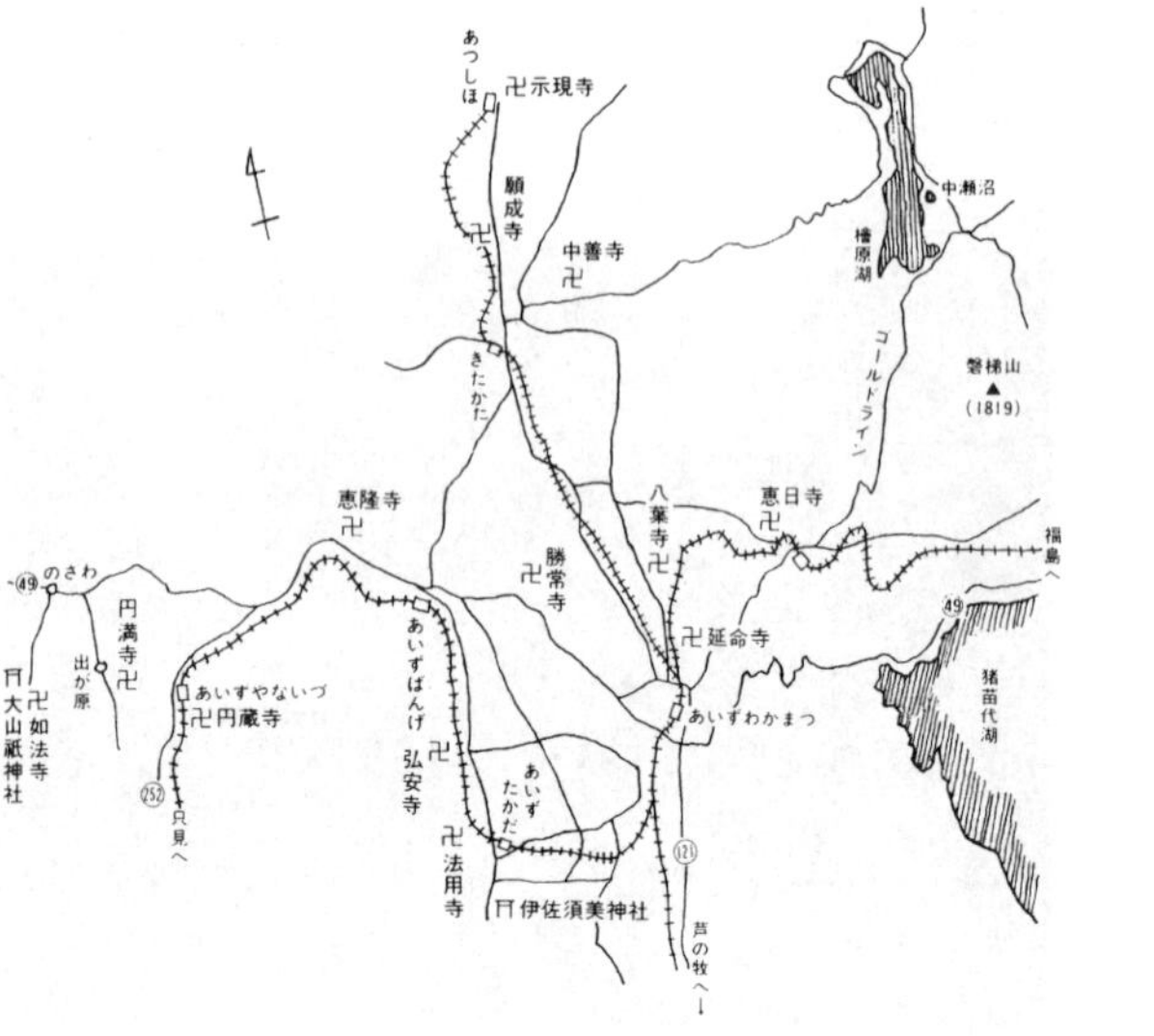

しさがこみあげてきた。

時間も余りないので、河東村《かわひがし》の古寺を廻る。会津若松市の北に隣接する河東村には、八葉寺《はちようじ》と延命寺の古刹があり、それぞれ阿弥陀堂と地蔵堂は国の重要文化財に指定されている。

若松駅前で拾ったタクシーは、土地の運転手のはずだったが、八葉寺の名を知らない。

「冬木沢の阿弥陀堂だ」

と、いったら、

「名前は聞いているが、行ったことはない。ともかく、冬木沢までいってきいてみましょう」

と、自信のないことをいう。

少し心細くなったが、向うはプロだからと、こちらは腰をすえて、辺りをキョロキョロ見廻す。浜通りと山通りとでは自然的社会的条件が違うはず。しかし、窓外の景観には何となく似通ったふしがあって、やはり福島県だなあ、と私はひとりで納得していた。

西から眺める磐梯山は始めてである。裏磐梯・表磐梯の形相とはまた異なり、何よりもあの陥没部がみえない。荒々しさが消えて、山容もおだやかである。たわわに実る稲穂を前景に、それが見え隠れする。

車がとまり、彼が道を聞きにいった。

やがて冬木沢の部落に入る。曲りくねった細い道。少し広くなったと思ったら、そこが八葉寺の山門前であった。「火気厳禁」と墨で記した大きな立看板に並んで、「八葉寺阿弥陀堂屋根葺替工事」という掲示がみえる。これはいやな時にきたもんだ。なるほど正面の阿弥陀堂には丸太で足場が組ま

八葉寺阿弥陀堂

れ、左手前には葺替用の茅が山と積んである。

如来山八葉寺、空也上人によって開かれた真言宗室生寺派の古刹。古来〝会津の高野山〟と称され、昔は多くの信者の参詣で賑わっていたというが、今は訪れる人もほとんどない。ただ八月五日には空也念仏踊りが奉納され、多少の賑わいをみせるらしい。本拠地の京都でも、その原形が消滅している空也念仏踊りが、この僻村で保存されているとは意外であった。ここでは、空也が入滅したのはこの地と信ぜられており（史家は京都東山の西光寺にて六九歳で示寂という）、現に開山堂の後にその墓といわれるものがあるが、このような空也とのかかわりの深さが、この踊りを今に伝えることになったのであろう。

立ち寄った土地の古老の話によると、七人または九人の導師を中心に、六人または八人の職衆がそれぞれ鉦・太鼓・瓢箪をもって、和讃を唱えながら楽器をうちならし踊るというのである。一千年前の踊りを語る古老の口調は咄々としていたが、それが反って、あの開山堂前の、さして広くはない境内で行われる古い踊りのさまざまな姿態を想像するのにぴったりで、私は時を忘れて聞きいっていた。

阿弥陀堂は文禄年間の再建、三八〇年前のもの。単層入母

延命寺地蔵堂

屋造、茅葺、方三間の堂宇で、屋根のそりが強く軒の深いのが特徴である。そして、雪国のせいか、屋根に厚みがあって重厚な感じさえうける。その厚みが古刹の重みと重なって、組まれた足場が感興をそぐとはいうものの、やはりひきこまれる魅力を強く感じた。

「どうです、美しいでしょう」

と、古老がいう。

なるほどそういう表現もあるのかと、私は無言のまま、表情のゆるむのを感じていた。長びく話に、彼は痺れをきらしたらしい。催促気に、こちらをちらちらみるのに気付いて、早々に辞意を表した。

延命寺地蔵堂は、八葉寺から南へ二キロほど下った線路ぞい、藤倉部落にある。唐様の単層瓦葺建築で、土地では藤倉の二階堂で通っている。主屋は方三間だが、周囲に円柱をたてて裳階《もこし》がつけられ、その部分は吹き放しとなっているから、外観上は方五間、二層にみえる。それが二階堂とよばれるゆえんである。もともとは茅葺で、大正初めに瓦葺に改められたという。茅葺の昔は知るよしもないが、現在の瓦葺の姿も極めて優雅である。そう感じさせるのは、主屋の急勾配な屋根の線を、裳階のなだらかな線がうけとめているところから

円蔵寺表山門

くるのであろう。裳階付建築という点で、東北では珍しい遺構である。室町中期の再建で、飛騨匠水口八右衛門の作と伝えられている。

地蔵堂の周囲をぶらつきながら、何故かこの寺の縁起が気になった。虫が知らせたとでもいうのか。いつもはそれほど気にとめぬ案内板に目をそそぐと、そこには「大同二年（八〇七）徳一の草創と伝えられる（新編会津風土記その他）」とある。案の定である。

私は、鬼の首でもとったような気持になった。

「よかった、よかった」

と、つぶやく私を、彼が怪訝そうな表情でみていた。

＊　＊　＊

一口に会津地方といっても、なかなか広い。ふつう会津は、若松市を中心とする北会津、喜多方と只見川流域の西会津、それに重なる山なみの南会津と三つにわけられるが、北会津と西会津にはとくに古社寺が多いのである。これらを短時日のうちに回ろうとすれば、よほど要領よく回らねばならない。しかも遠隔、不便な古社寺を残してしまうと、訪れる機会を失しがちだということを、これまでの経験で知っていたので、今日は遠方から訪ねようと決断した。この場合は只見川流域

円蔵寺本堂

である。

只見川流域の古刹といえば、柳津町《やないず》の円蔵寺に指を屈しよう。「柳津の虚空蔵さま」として知られ、日本三虚空蔵の第一にあげられる。開基は徳一で、現在、臨済宗妙心寺派に属する。会津の人びとにとっては「十三参り」で知られるお寺である。

十三参りとは、数え年十三の少年少女が、福徳・知恵・音声を授かるようにと、四月十三日に虚空蔵にお詣りする風習である。

柳津町は会津坂下《ばんげ》町の西南に隣接する。東山温泉をでた車は、国道四九号線を西進する。若松市内をでて田園のなかを走ること一〇分ぐらい、湯川村勝常の部落に入ると「勝常寺入口」の看板が目に入った。東北における弘仁・貞観彫刻の宝庫といわれ、その拝観は今回の目的の一つである。勝常寺はここかと思い、かなり食指が動いたが、予定通り西進する。

坂下町の町並みがつきたころ、こんどは「立木観音入口」の看板が目をひいた。空海が柳の立木に刻んだという千手観音の巨像のある寺である。すべては帰りのお楽しみということで、通りすぎる。

只見川がみえる。ここから道を左折して二五二号線に入る

円蔵寺弁天堂

と、虚空蔵はもう近い。濃いグリーン色の只見川が深く沈む。

円蔵寺は只見川と柳津温泉の街並みをみおろす山腹にある。表山門まで急な石段が続く。そしてさらに石段を昇りつめたところに、本堂の菊光堂が建つ。懸崖造《けんがいづくり》で、その舞台からみおろす只見川の景観が、またみごとである。欄干にもたれてみる只見川は、水量豊かに広く深く蛇行する。川面に映える木々の緑が、濃緑色の水面に濃淡をつくる。

週日だというのに参詣客も結構いるが、いわゆる日曜画家が数人、境内のあちらこちらで、思い思いの対象を相手に絵筆を走らせている。それを覗き見しながら、本堂から庫裡を左手にみて、奥にたどると、重要文化財の奥の院弁天堂がある。方三間宝形造、茅葺、唐様禅宗建築で、室町時代応永年間の建立になる。波連子欄間《はれんじらんま》、火頭窓《かとうまど》をもつ風格のある建物で、緩やかな屋根の反りが優しさを添えている。

藪蚊の多いのには閉口したが、天をつく鳥の鋭い鳴き声がさわやかで、しばし暑さを忘れていた。

参道の石段をおりるとき、やはり未練が心のなかでうずいた。信仰・観光の両面で、ここは魅力のある古刹である。

四九号線に戻り、さらに西進すると、西会津町に入る。そ

鳥追観音

の中心、野沢から南に下ると、会津三観音の第一霊場、金剛山妙法寺《にょほうじ》と、大山祇《おおやまつみ》神社がある。妙法寺、通称鳥追観音も徳一の創立になる寺院で、本尊は行基の開眼した丈六の聖観音、それが鳥獣の害を追いはらった霊験あらたかなものということで、鳥追観音と称せられるのである。

砂地からの照り返しが熱風となって、体を包む。まるで蒸し風呂に入ったよう。空はすっかり晴れあがって、何ものにも遮られることのない陽光が、山間部の砂地にぎらぎらと照りつける。同じ会津でも、この辺は乾いた感じで、木々もようよう息づいているようにみえる。行事のある日ではなし、この真夏のさなか、もちろん人っ子一人いるわけではない。夏のまぶしさのなかに、観音堂だけがぽつんと建っているふうである。

「ここに猿がいるよう」

と、彼の声。一瞬、わが耳を疑ったが、やがて猿の彫刻だということがわかった。

「隠れ猿三匹、名工左甚五郎御堂再建の時大悲に一生の安楽を念じ三匹の猿に心をこめたと伝える……当尊に祈願しこの猿を探し得た者は幸運が開けると言われる」

と、案内板にある。

幸運が開けるとあっては、どうしても三匹を探さずばなるまい。彼の指さす方をみると、肘木《ひじき》の欄間に、鷹に襲われた猿が彫られている。

「あった、あった」

と、これは私の声。こんどは難をのがれた猿のざまである。最後は、円くなって寝ている猿だが、これがなかなかみつからない。隠れ猿といわれるゆえんである。ちょうど隠し絵を彫刻にしたようなもので、確かに巧妙にできている。「危難より隠れさる」「危難をのがれさる」「安楽に暮しさる」という語呂合せを題材にして彫られたものだが、技も決して稚拙ではない。やっと最後の一匹がみつかったとき、お詣りができると、童心からかえった我にとって、これはいつわらざる気持であった。

誰もいないと思った堂内には、人待ち顔の老婆が、それこそぽつねんと座っていた。

「お堂は慶長の大地震で倒れたため、慶長十八年に会津藩の重臣津川城主岡半兵衛重政公が再建されました。……観音さまは大へん有難い仏さまで、悪事災難はわが身がかわって引き受け、どんな人にも一生に三度の幸運を授けるといわれています。……いよいよ寿命がなくなりましたら安らかに人生をとげさせてくれます。ころり観音と称してなあ……」

いい説明相手とみたのであろう。合掌のあと、長い長い話が続いた。それを聞きながら、他方で私は、あらぬ問答を頭のなかで繰り返していた。

「法相教学の伝統を護るために、新興の仏教宗派に論争を挑んだ徳一が開いた古寺のほとんどが、その後の改宗で真言宗になっている。げんに妙法寺がそうであり、勝常寺がそうである。これはどうしたことであるか」

「徳一の問題提起の大部分が天台宗批判、最澄批判にむけられているのに対し、空海に対する徳一の批判はおだやかで、むしろ協調的ですらある。このような関係から、後世、改宗に当って真言宗に眼がむけられたのか。しかも恵日寺が真言宗になったことと無関係ではないだろう」

さらに

「『真言宗未決文』という徳一の真言宗批判に対して、真言宗側の徳一反批判は長い間続いた。それは克服されるべき問題提起として丁重に取り扱われ、その経過のなかで、徳一の思想体系は真言宗のなかに組みこまれたのだろうか」

あるいは

「空海の『十住心論』によれば、どんな思想や宗教にも、

大山祇神社

大日如来の最高の叡智が秘されていると説いている。だから、法相教学の三乗主義も密教の一乗主義とあいいれぬ存在ではない。南都の旧仏教が空海の真言宗に包摂されてしまったのもそのためだが、それと同じ理であろう」と。

大山祇神社はさらに山間部に入る。大同二年、妙法寺の入仏供養のさい現れた大山祇命を祀ったものという。このような因縁から、妙法寺の観音堂には、大山祇神社に向きあう東西に、出入口が設けられている。

神仏融和の思想は、また、徳一の掲げた理念でもあった。恵日寺が、磐梯山信仰を継承しその具現化としての石梯《いしばし》神社を鎮守として勧請し、会津地方の信仰を綜合したことは広く知られている事実である。徳一と山岳信仰と密教修験道、三題噺めくが、この三者の結びつきのなかに、会津の平安文化を解く鍵がある。

陽は中天を回っている。あらぬ問答に気がそれていたが、腹時計も午をすぎていた。国道に出ればドライブ・インもあろうと、とって返したが、食堂にであわないままに、出ケ原《いずがはら》への分岐点に出てしまった。そこには重要文化財の観音堂が

出ケ原観音堂

ある。

運転手は、すっかりこちらのペースにのっていた。

「出ケ原に行ってしまいましょうよ」

という。気心は通じているのである。

出ケ原は、野沢駅の南東ほぼ五キロにある山間部の僻村。集落に入り、例の調子でそれらしい建物を探すけれど、よくわからない。日中の暑いさ中で、道路には人の姿も見当らず、たまたま店の前で車を停めたのを幸い、そこで寺の所在を尋ねることにした。そしたら、

「横の路地を上った、すぐ上です」

という返事である。私はもう一度聞き返した。田舎で道を聞いたときの、「もうすぐそこ」という返事に、しばしば懲りたことを思い出したからである。しかし、こんどは相手が不思議そうな顔をする。

「何をわかり切ったことを、何度も」という表情である。

半信半疑のまま店を出て、いわれた通り、路地の上をふり仰いだ。なんと、そこに茅葺の小さな屋根が、木々の上に姿をみせているではないか。

「ああ、あれか」

と、これは私の声。

縛日羅《ばざら》山円満寺と称し、芦名盛貢・高盛父子を供養し、盛貢の妻が創建したものというので、もう少し大きな寺院を想像していた。が、それは民家の裏山という感じの斜面に、ひっそりと建っていた。入口には伊豆原山神社の碑と鳥居がある。混淆の名残りであろうか。それとも、慶長一七年の再建のさい、神社境内地に移されたものであろうか。総円柱入母屋造の三間堂、なぜかうらぶれた感じのするのは場所柄のせいであろう。たしかによくよくみると、なかなか端正なお堂である。案内板によると、もとは方形造であったのが、昭和四五年の解体修理のさい、原形が唐様入母屋造と判明し、往古の堂姿を再現したという。武将の供養堂としては、たしかに入母屋造のほうがふさわしい気もする。

出ケ原は伊豆原とも書き、伊豆から渡来した人びとが住みついたところ。伊豆の人里と同じように、残暑のいまは、辺り一帯、蝉時雨でかまびすしい。

こうして、ようよう遅い昼食にありつき、四九号線を会津坂下町まで戻る。そこに会津三観音の第二霊場、通称立木観音、金塔山恵隆寺の観音堂がある。この観音堂と、その本尊立木観世音菩薩立像が重要文化財に指定されている。

恵隆寺の起りは古い。飛鳥時代、欽明帝の五四〇年に、梁国の僧青岩和尚が、山頂に草庵を結んだのが始まりで、高寺と称された。それからほぼ一〇〇年、舒明帝の六三四年、後を嗣いだ恵隆が、自分の名をとって恵隆寺と名づけたといわれる。

その後、大同三年（八〇八年）、空海がこの地に足をとどめたさい、ある夜、境内の柳の木に五色の雲がたなびき、千手観音の一大立像が現われたのをみて、早速一刀三礼の誠をこめ、柳の立木に身丈二丈八尺（八・五米）の千手観音を刻みあげたという。これが今の立木観音の由来である。

恵隆寺は日毎に隆盛を極め、平安中期には、坊舎の数三六、三千の子院を有するにいたり、恵日寺と勢力伯仲する一大宗教道場となった。しかし、その後、平宗盛から木曾義仲追討の命をうけた城四郎長茂と組む恵日寺の乗丹坊から出兵の懇請をうけ、それを断ると、逆に乗丹坊によって攻められることになった。これが「高寺おろし」の契機となり、麓にくだって、現在地に伽藍を整えることになったといわれる。

四九号線、塔寺の集落に入り、「立木観音入口」の標示板を左にみて左折すると、「立木千手観世音」と書かれた奉納旗の林立するのが目に入る。正面が仁王門。かつて三千の子院を有していた大寺院としては、まことに簡素な門である。

立木観音仁王門

高寺おろし以後、恵隆寺が凋落の一途をたどったことを象徴しているような仁王門だ。門を入って、百米近くの石畳が続く、その奥が観音堂であるが、境内も思いのほか狭い。しかし、はためく奉納旗が賑やかな気分をさそって、大寺院の衰運を忘れさせる。

観音堂は元和三年（一六一七年）の再建、単層入母屋造、茅葺の和様建築である。桁行五間、梁間四間に一間の向拝が付せられ、廻縁をめぐらせてある。

扉が開いている。合掌後、中を覗くと、大きな提灯がかかっていて、その奥に舞台にみるような大きな垂幕が下がっている。そして主屋を支える太い円柱に貼られた「だきつき柱」と書かれた貼札が、またやけに目につく。だきついて心願すれば万願成就するというのが、だきつき柱の功徳である。「拝観の方は拝観料を払って中にお入り下さい」という住職の声にせかされて、堂内に入る。人数の集まったところで、垂幕があげられると、八・五米の巨像が内陣いっぱいに現れる。

肉が薄く、ほっそりした足長の像、のみの使い方があっさりしていて素朴な風情である。そのため、巨像であるわりに圧倒されるという感じがない。

立木観音本堂

「そこの人、拝観料払わないでみちゃいけません」
と、突然、住職の咎める声。幕があげられたので、参詣人が覗きこんだのに気付いてのことらしい。とても、無心で仏と対面するという心境にはなれない。私は図々しく外陣に座りこんで、人波の通りすぎるのを待った。幕が下がり、そしてまたあげられる。まるで見世物である。

寺伝では空海作といわれているが、住職の話では徳一作と思うという。恵日寺に対して会津四郡を二分した勢力といい、乗丹坊との争いといい、空海との因縁を考えてもいいと思うけれど、会津では徳一の方が通りがいいのであろうか。もっとも、調査によれば鎌倉初期の作といわれているのだが。

本尊の左右に十五体ずつ、いわゆる二八部衆と風神・雷神が存置されている。本尊と同じ立木から造像されたもので、いずれも身丈六尺以上。総数三〇体の仏像集団がかもしだす雰囲気はさすがに壮観である。帝釈天《たいしゃくてん》がいる、毘沙門天《びしゃもんてん》がいる、五部浄《ごぶじょう》に阿修羅《あしゅら》・金剛力士、やせ細った婆藪仙人《ばすうせんにん》にとんがった口の迦楼羅《かるら》、それらが所狭しと内陣にぎっしり配置されたさまは、釈迦に教化された仏法守護神軍団の大行進という趣さえある。

巨像と大軍団、それはかつての恵隆寺の僧兵たちか、ある

中田観音仁王門

いは源平合戦に参加した会津僧兵団か。しかし、ここはみちのく、さいはての国、つまり恵隆寺と因縁浅からぬ坂上田村麻呂の蝦夷征伐の軍団でなければならないであろう。

巨像と大軍団の応援に、だいぶ時間をとられたようだ。勝常寺に直行するか、それを明日に回すかの分れ目である。宿は芦の牧であるから、勝常寺に直行すると、方角からいって弘安寺にはよれないという。新鶴《にいつる》村から会津高田町を抜けた方が芦の牧に出るに都合よく、勝常寺は明日にした方がいい、というのが彼の意見であった。

普門山円通院弘安寺、通称中田観音は会津三観音の第三霊場である。国道からはだいぶ南に入るが、只見線の根岸駅からは近い。ここは曹洞宗、創建も時代はぐっと下がって、文永一一年（一二七四年）。七堂伽藍が整った年が弘安二年（一二七九年）で、年号に因んで弘安寺と改称された。非公開の本尊は、文永一一年の光背銘がある六尺一寸七分の金銅造十一面観音、脇侍は不動・地蔵という珍しいもの。何れも鎌倉初期の秀作といわれ、重文に指定されている。写真でみる本尊は、優しくふくよかなお顔で、右脚をうかせたその姿勢も柔らかく、どことなく女性的である。

中田観音本堂

この本尊が女性にみえても、それは当然で、その造像にはつぎのような秘話があると伝えられている。つまり、ここから数キロ離れた佐布川に、江川常俊という長者がおり、その娘常姫は、この地、中田の地頭富塚盛勝を恋したが、やがて不帰の人となったので、常俊夫婦は姫の冥福を祈るため、姫をかたどって観音像を鋳たという。この江川長者こそ弘安寺の創立者であり、また七堂伽藍を整えた人とは、富塚盛勝その人であった。

車がとまったところは、仁王門のちょうど前。それを通して裳階付重層入母屋造の大きな観音堂が望まれる。陽はいま、観音堂の背後まで落ちて、参道の石畳に、仁王門と観音堂の影が長く長く尾を引いている。観音堂の輪郭を象る斜陽は、ちょうどコロナのようで、姫の霊光をそこにみる想いがする。

仁王門にかかった大きな草鞋、広い境内で戯れる子供たち、ここには禅寺のもつあの厳しさはない。この情趣は、やはり寺の縁起と無関係ではないのだろう。

女の悲しい恋がこの寺を生んだ。それを今に伝えるのは、仁王門を入ってすぐ右側、保存庫内に移築されている弁天堂である。正面一間の、堂というよりは、厨子というにふさわしい唐破風造の瀟洒な小建築である。観音堂ができるまでは、

法用寺三重塔

十一面観音はこの厨子に祀られていたという。この厨子こそ、あの女性的な十一面観音に似つかわしい。

それに引きかえ、観音堂は広壮といわれるにふさわしい建築である。再建は宝暦七年、悲恋の秘話を下ること、すでに五〇〇年余りに及び、常姫の霊も、ようよう広壮な観音堂を象ることを許す気になったのであろう。夕陽をバックに薄黒く沈む裳階付重層入母屋造の本堂。それはまた、当寺が禅宗寺院であることを想起させ、似たような作例として、飛騨高山の宗猷寺本堂を思いだしていたが、中田観音には向拝が付いており、それが華やかさを添えているように思われた。

境内で水をまく住職に、本尊の拝観を願いでたが、やはり非公開ということで叶えられなかった。

陽はいよいよ落ちる。弘安寺から南西へ二キロ、会津高田の法用寺についたときは、もうかなり薄暗くなっていた。

雷電山法用寺。開基は徳道上人で、養老四年（七二〇年）の創建。現在地に再興したのは、われらの徳一であった。徳一ゆかりの寺院としては珍しく、天台宗に属し、また会津唯一の三重塔を有する寺院である。

車は裏の方から乗りつけたらしい。小高い丘の境内には、手前から三重塔、観音堂と並ぶ。まず寺の縁起が知りたくて、

法用寺仁王門

庫裡を訪ねたが、留守である。この時間は、古寺探訪という点からいうと魔の時間で、住職は所要ででかけ、家族も夕餉の買物で一家出払っていることが多い。浜通りのときもそうであったし……。

法用寺が世に知られているとすれば、平安後期作の金剛力士像によってであろう。満身力のみちた仁王像の代表作は、ほとんどが鎌倉時代の作である。藤原時代の著名な作品としては、滋賀の善水寺に類例があるばかりである。勇壮な鎌倉仁王と違って、藤原仁王にはおっとりとした雰囲気がただよっている。その仁王門はここからは、いちばん奥にある。

手前にみえる三重塔は、安永九年（一七八〇年）の建立で、高さおよそ一七米。薄暗くて細部はよくみえないが、輪郭はがっちりした質朴な感じの塔である。塔の北側に池があるが、水が干上っている。満水のときは、塔の姿が池面に映ってい い雰囲気であろうが、黄昏時に、涸れた池、それに大きな柳の木、こう舞台装置がととのっては、質朴な塔にも不気味さが加わって、得もいわれぬムードが醸しだされる。

身のしまる思いで観音堂の前にたつと、これがまた荒れた感じであった。会津の寺々は明るく、また活気があって、浜通りの専称寺や、中通りの天王寺で「これが東北だ」と唸っ

伊佐須美神社

たあの感激はすっかり忘れていたが、この法用寺にはそれがある。

私は不気味さを忘れて、しばらくその情緒に浸っていた。

観音堂前の石段を下りると、仁王門がある。仁王像はそこにあるが、もう定かにはみえない。像高二メートル、右手首の欠けているのがわかる。表情はわからないが、体つきはおっとりというよりは、むしろしまった感じであった。

いよいよ暗く、霊気が境内に満ちる。急ぎ足に立ち去ろうとして、観音堂前の案内板に気づいた。「町指定天然記念物、虎の尾桜」とある。なるほど大きな八重桜の樹がある。

桜にまつわる案内板の記事は、今日の古寺巡礼を締めくくるにふさわしい話である。

「虎の尾桜は会津五桜の一つで、縁起書によれば徳一大師が植えたことになっている。現木は何代目か、わからないが、淡紅色の八重で非常に美しい珍花である。藩政時代には藩主や姫君が観桜にこられたが、かつて、江川長者の姫常姫と富塚盛勝はこの花の下で出合い、それが悲恋物語の始めとはなった……」

弘安寺で、姫の霊光を垣間見た想いをしたのは幻ではなかった。いまその霊気に誘われて、二人の出合いの場所にたっている。境内に満ちた霊気のなかに、常姫の霊を感じようとしたとき、遠くで誰か呼ぶ声がした。はっとしたとき、霊は散った。

「早く……伊佐須美神社に行きましょう」

薄暗くなったが、芦の牧への途中にあるから伊佐須美神社に一寸寄ろう、というすすめである。奥州二の宮、岩代一の宮、会津の総鎮守として国幣中社に列せられた古大社である。そもそも四道将軍の大毘古命《おおひこのみこと》と建沼河別命《たけぬなかわわけのみこと》が、それぞれ北陸道と東山道から進んでゆきあったところというのが、相津(会津)の地名の起りであるが、そのゆきあった由縁の地がここだという。ここは、まさに会津のルーツである。伊弉諾、伊弉冉、大毘古、建沼河別の四神を祀り、六世紀の半ばに創建された。

神門、拝殿、本殿が朱塗りの回廊で結ばれ、美々しいその風格は、延喜式内社のそれである。日はすっかり落ちているが、朱塗りが映えるこの辺り、残照で思いのほか明るい。二拍一礼、霊気を払い落して、宿に入った。

＊　＊　＊

会津は仏教美術の宝庫である。古くは白鳳様式から、貞観、藤原、鎌倉、室町時代にいたるまで、各時代の秀作を今に伝えているが、このような地方は、京都・奈良を除いて、おそらくほかにはあるまい。白鳳時代のものとしては、余り知られてはいないが、羽黒山湯上神社と福聚寺に金剛仏があり、貞観彫刻は今日の目的地、勝常寺に一二体の仏像が残されている。

会津風土記によれば、会津には会津五仏と称される五つの大寺があったという。大寺薬師、勝常寺薬師のほか、野寺薬師、漆峯薬師、調合薬師がそれで、大寺薬師つまり恵日寺が、もちろんそれらの最高に位置していた。しかし、大寺はその後荒廃し、徳一時代の仏像は、残念ながら恵日寺には残っていない。そして、大寺に代って勝常寺が中央薬師の座についたため、ここに多くの仏像群を残すことになったのである。しかも、そこには徳一の大きな影響力が予想される。それは何よりも、これらの貞観仏に天平様の名残りがあって、南都仏教の出身たる徳一の感化を垣間見ることができるからである。その点で、この仏師はきっと都から下ったものにちがいないと思う。しかし、刻まれている容姿はあくまで東北のものである。つまり、天平様式に貞観風をとりいれ、しかも東北的なイメージを有している点に、勝常寺仏像群の特色があるといえようが、そこに、徳一が、この東北の地に南都仏教

勝常寺本堂

を開拓しようとした意気込みが感じとれるというものである。
恵日寺跡に徳一を偲ぶのもいい。しかし勝常寺の仏像群も、また、徳一への想いをはせるにふさわしい彼の遺品なのである。

芦の牧を出た車は、一路北上。四九号線に入れば、勝常寺はもう近い。やがて、昨日通りすがりに見た「勝常寺入口」の看板が目に入る。不思議なもので、それだけで、なぜか馴染みの土地に来たような気がするのだ。

やや曇り加減の天気で、如法寺で感じた、あのぎらぎらした乾いた感じはなく、夏としては、絶好の巡拝日和である。

勝常寺の貞観仏も、近年は人に知られるようになって、観光客が踵を切して訪れると聞いていたが、今日は時間も早いせいか客も見当らない。ここはちょうど会津盆地のまんなか、会津で一番狭い湯川村である。山岳寺院を予想していた向きには意外な、平坦な地に建つ古刹であった。創建当時の建物は存在せず、本堂の薬師堂は室町初期の建立で、重要文化財に指定されている。

中門と本堂、収蔵庫が、それほど広くはない境内に点在する。

早速、庫裡に拝観の趣旨を申し入れる。本尊・脇侍は収蔵庫に安置されているとのことで、まずそちらに案内された。扉が開けられる。緊張感が背筋を走る。狭い収蔵庫であるから、それこそ想像していた通り、所狭しと三〇体余の群像が居並ぶ。貞観仏一二体のほか室町中期までの秀作が一堂に会したさまは、はやり壮観の一語につきる。

中尊の薬師座像は、像高一三〇センチ余りの堂々とした作り。大粒の螺髪が額におおいかぶさるように大きく、そのため額は狭いが、頬は豊かで張りがあり、首は太く短く、肩幅が広く、胸から腹にかけて厚味がある。吊り上がった半眼、唇は小さく固く結び、丸く盛り上がった二重顎に、何よりも意志の強さが表現され、それらが全体として、いかにも雪国の寒さ酷しさを跳ね返すような力強さを感じさせる。通肩の法衣にみられる太いうねりが、それによく調和し、誠に重量感のある造型である。

脇侍の日光・月光は、それにくらべると洗練されて柔らかな感じはするものの、しかし首は短く、肩に張りがあり、胸もと厚く、股は豊かで、やはり量感がある。

それにもまして聖観音がすばらしい。端正な面立ちのなかに、沈潜する思慮をこめて、半眼に見下す表情には、文字通り魂を奪われた。全く魅入られて、瞳をそらすことすらできない。それは、こちらが感じたから視るのか、見たから感じたのか。いや双方が合一して、そこに自他一如の世界が現出したような気さえするのである。

十一面観音、四天王、地蔵二体、虚空蔵……と一わたり拝したのち、再び聖観音に対する。

貞観彫刻とはいうものの、群像のかもしだす天平の香りに、奈良にいる錯覚にとらわれそう。しかしその重厚さにまた、みちのくの心とかたちを想うのである。

ふっーと溜息をついたとき、これらの仏像が、薬師堂の内陣・外陣に安置されているときの想念が、頭をよぎった。それがここを辞するきっかけとなった。曇り空であったが、屋外の空気が眩しい。

薬師堂にむかう。桁行・梁間とも五間の単層寄棟造、かつての茅葺が、今は銅板葺の大堂である。外観が唐様で細部が和様という折衷様式から、室町初期の建立と推定されている。寺伝では創建時のものというようであるが。

「天気がよければ飯豊《いいで》連峰がきれいです」

と、曇り空が自分のせいのように、彼がいう。

願成寺山門

徳一の心にふれたいま、恵日寺に走らせたいという強い誘惑にかられる。が、それから喜多方に廻ったのでは時間のロスになるという。時間があれば磐梯町に廻るということになり、車はさらに北上する。

北西に飯豊山、東に雄国山がそびえる会津盆地北部の中心、それが喜多方市で、明治以前は北方と書かれていた。かつて陸奥三ノ宮が置かれ、会津若松に対する政治的・文化的勢力圏を形造っていたところである。

湯川村からは一路、田園の真只中である。しかし、風景がこれまでとやや異なるのは、山が近いせいか。広びろとした感じがない。喜多方の街を抜けて、日中線に沿って走ることしばらく、上三ノ宮にでたが、願成寺の所在がわからず、ここでしばらく手間どった。

叶山願成寺。浄土宗に属し、四流の一派、多念義派の本山である。開基は法然上人の弟子隆寛、粟田関白藤原道兼五代の末孫に当る。当時の高僧と同じく比叡山に学び、のち法然の門下となって、一二二七年、会津に多念義派を開いた。かつては盛大を誇ったろうと推測されるのが、一直線に続く参道の両側に並ぶ杉の巨木である。一六世紀末になって蒲生氏郷の家臣の所領となったとき、堂宇が壊されて荒廃した。現

願成寺阿弥陀堂

在、寺を中心に、門前町ふうに街並みがつくられているのは、のちに（一六六五年）光徳寺の僧行誉が再興したのによるといわれている。

杉並木の参道の奥に、単層だが重厚な山門があり、その正面に向拝のあるどっしりした本堂がある。右手の庫裡によって案内を乞うと、都合よく住職は在宅であった。

願成寺の本尊、阿弥陀如来は、二メートル半に及ぶ、いわゆる丈六の弥陀、藤原時代の作で会津大仏の別名がある。

「ここまで訪ねて下さる方は、少なうございましてな」

品のいいお住職の丁重な挨拶に痛み入って、私は会津巡礼の意図をくどくどと話していた。

阿弥陀堂は本堂の裏。杉と広葉樹がまじわる小道を踏みしめる。延宝年間（一六七三―八〇年）の建立になる小さなお堂のなかに、重要文化財の弥陀と両脇侍の来迎三尊像が安置されている。

内陣の本尊は座像であるが、天井を突きあげるような大きさで、圧倒されそうな量感をもっている。それが金色に輝き、さらにみごとな千体仏をもつ舟形光背を負っているのである。

「千体仏光背というのも珍しい例でございましょう」

と、どこまでも控え目である。

示現寺山門

脇侍の観音・勢至両菩薩は一三〇センチの高さで、膝を曲げて正座し、やや前かがみの姿勢をとる。このさまは京都の三千院や三室戸寺に有名な類例があるが、それと異なる点は、三千院の場合は中腰であるのに対し、ここの場合はぺったり座っている感じである。お住職の話によれば、当初は中腰の形であったが、後世の補修でこのようにしたのではないかという。どちらがいいともいいかねるが、何よりも顔だちがひきしまっていて、なかなかみごとな作のように感ずる。

それにしても、この来迎三尊の形式は、東北でも珍しい。徳一や真言密教に気をとられすぎていた嫌いがあって、このような素晴らしい浄土世界があるとは意外であった。会津も鎌倉時代までさがると、徳一と山岳信仰と密教という三題噺とはまた違った世界が花開くのであろう。そこに、会津文化の時代を通ずる層の厚みが感じとれるのである。

丁寧に謝辞をのべて、広い境内から立去ったとたんに空腹を感じたが、運転手が先を急いで、

「早く熱塩《あつしお》に行きましょう」

と、せかせる。えいままよ、昼飯はあとだと、わが腹にいいきかせる。

日中線に沿って、さらに北上すると、終点熱塩駅である。

示現寺・鐘楼門と本堂

道はやや上りになって、山の懐に入るが、そこに、示現寺《じげんじ》を開いた源翁が発見したと伝える熱塩温泉がある。数軒のひなびた旅館だけがある静かないで湯の里で、もう山形県境も近い。

温泉の奥を右に折れると、すぐ突当りになって、護法山示現寺がある。

寺伝によれば、空海が開いた五峯山慈眼寺が前身で、衰微していたところを、源翁が一三七五年に再興し、曹洞宗になったという。

二十数段の緩やかな石段をのぼると、小さな山門がある。参道を歩めば鐘楼門、そして山を背にした本堂と続く。左手に観音堂、開山堂が並び、右手には庫裡、これらのお堂が麓に点在する。

開山源翁和尚は、例の那須野が原にある殺生石に引導を授けて害を除いたといわれる名僧である。密教らしい臭みは全くなく、曹洞禅の修業道場を感じさせる雰囲気をもち、恐懼して歩を運ぶ。

「泉源はお寺のもちものだから、大へんな金が入るということですよ」

と、彼がいう。

曹洞宗寺院が金持ちであって悪いはずはないにしても、この話、なんとなく寺のムードにそぐわない気がしたら、妙なものでこちらも気が楽になった。

漆喰の白壁が美しい本堂は、元禄時代の再建で、内陣には虚空蔵菩薩が安置されている。その左手、奥の一隅に、熱塩に生まれた社会福祉事業家瓜生岩子の銅像がある。その前で碑の拓本をとるのに余念のない中年の男性がいる。

「静かないいお寺ですね」

「秋になると紅葉がきれいですよ」

「秋にもう一度来てみますよ」

最後の言葉は、私のお世辞である。

腹時計はいよいよ空腹をつげる。一二一号線に入って、一路南下し、ドライヴ・インを探すこととしきり。

「国道をこのまま北に行けば、大峠を越えて米沢ですよ」

と、食事をしながら、彼がいう。

日光街道は、北にむかって米沢街道となり、山通りは羽前に入るのである。この言葉を聞いたとき、私は決心した。

会津若松への帰路、磐梯町に寄って恵日寺に回るつもりでいたが、実はもう一ヶ所、喜多方で寄りたい古寺、中善寺がある。今日は中善寺で打ち止めにし、再度、米沢から会津に入り、恵日寺に寄ろうというのである。山通りを米沢まできわめるのも悪くない、とほくそえみながら、再訪の理由を発見したことに満足であった。

関堂山中善寺は、喜多方市街の北東、二、三キロの山裾にある。真言宗豊山派の無住の寺院である。ここに鎌倉時代の作ながら、藤原様式を残す、みごとな薬師如来座像がある。

土地の長老が管理しているとのことであったが、それもかなり遠方である。真言宗・中善寺と刻まれた石柱から、かつては参道であったらしい畠のなかの長い長い砂利道に、しばし立ちつくす。

やがて鍵をもった老人が、自転車でやって来た。その砂利道を肩を並べて歩きながら、

「この寺は、昔は曹洞宗でしてな、慶長のころに弥勒寺の祐与上人が再興して真言宗になったということです。明治には自由民権運動の喜多方事件のさい、農民たちの秘密の集会所だったと聞いとります……」

と語る。

参道の突当り、石段を上ると、小高い丘の上、草の生い茂る境内は、無住のありさまをよく物語る。突然、

中 善 寺

「ヒャッ―、蝮だ」

と、運転手の悲鳴がする。老人、悠然と、

「この辺は、よく蝮がでてな、気を付けなされ、むかわんことぢゃ、手をださんようなされ」

古寺の境内でなんどか蛇にであったが、まさか蝮とは。

「縞蛇でしょう」

「いや、蝮でんす」

こう、はっきりいわれては信ぜずばなるまい。地面をみつめて歩いていると、

「もう、おらんせんですよ」

と、安心なされという表情が返ってきた。

方三間の小さな本堂、その右手のさらに小高い丘にある数体の石仏だけが、ここが寺院であることを教えているよう。薬師如来が安置されている収蔵庫は、本堂の裏手にあった。

「最近まで、本堂におわしたんぢゃが、いたずらするものがありまして……」

と、残念そうである。

この貧しげなお寺の様相からは、想像もつかぬ立派な薬師像が、眼の前にあった。像高一メートル余。寄木造、慶派の作と伝えられる。少しく威厳を備えた温容な丸顔。首、肩、

中善寺薬師三尊像

胸から腹にかけて感じた勝常寺のあの異常な豊かさは、ここにはない。全体におだやかで、かつ端正である。白毫は鎌倉時代の特徴であるが、このおだやかさが藤原様式を残すといわれる所以か。翻波式衣文の流れも美しい。じっとみつめていると、

「どうぞ、写真をとりなさい」

と、カメラをみながらいわれる。

「エッ」

わが耳を疑ったが、再び、

「どうぞ、写真をとりなさい」

と、まさしくまことである。

気の変わらないうちにと、老人とわが身に言い訳をしながら、シャッターを切る。旅の終りにとびこんできた思わざる幸運に感謝したのは、しばらくたってからであった。

湖北の鶏足寺（己高閣）、渡岸寺しかり。廃寺・無住寺で立派な仏像を今に伝えるには、民衆の尋常でない信仰心に支えられた、一方ならぬ苦労があったろうと察せられる。

「始め兵火堂宇を襲うや、土地の住民等は焔々たる猛火を冒して尊像を搬出せしも、置くに堂宇なく掩うに物なきを以て之を土中に埋蔵したり」

というのは、古文書にみられる渡岸寺十一面観音の受難物語、民衆のこの仏によせる愛情物語である。中善寺のこの薬師像にも、似たような愛情物語があったであろう。何故かそれをきそびれていたのは、にわか信者の好奇心を恥じる気持があったからに相異ない。

喜多方に徳一の足跡をみつけることはできなかったが、反って会津文化の大きさと厚みを知らされた想いで、満足感に浸っていた。

——米沢から恵日寺へ（山形・福島）

最澄・空海が日本仏教史の上で、大巨峰であることは周知の事実である。ことに最澄の法華一乗、一切皆成・悉有仏性の思想は、のちに、専修の一法で貴賤の別なく仏道に参入することができるという鎌倉の新思想を生んだ。法然・親鸞・栄西・道元・日蓮など、鎌倉新仏教の祖師たちは、もとはみな叡山の学僧であった。このように最澄の営為が後世に及ぼした影響の大きさと多彩さはおどろくほどであるが、彼の一乗主義も徳一の三乗主義による批判がなければ、それほどの明確な思想的内容をもちえなかったであろう。最澄が徳一の批判に答えた著書は、「照権実鏡」「守護国界章」「決権実論」「法華秀句」の多きに達する。最澄は、これらの思索を通して、法華経に対する真実一路の道を辿りえたのである。してみれば、徳一もまた、最澄と対峙させられるべき史上の巨峰といえるのではないか。

徳一の場合、生没年も定かならず、とくに活躍の舞台が中央を遠く離れた会津の地であって、中央偏重というこれまでの史学界の動向からとり残されたため、いまだ正当に評価されていないように思われる。徳一の著書も「仏性抄」「法華経略」「中辺義鏡」「慧日羽足」「遮異見章」など一七冊の名が知られているが、現在残っているのは、「真言宗未決文」だけである。他の著作は、最澄の反論文のなかから、その内容を推測しうるにすぎない。つまり、徳一に対する評価は、まだ定まっていないというべきだろう。

それにしても、数年の長きにわたって、最澄を悩ませた徳一の問いかけとはなんだったのか。

法相宗では、五性各別といって、一切の衆生が有する仏性には声聞定性・縁覚定性・菩薩定性・不定性・無性の五類があり、他の類に転入することはない、と説く。徳一は、悟脱できるのは声聞・縁覚・菩薩の三類に限られ、悟道の段階もそれぞれ異なるとして三乗主義を唱え、三乗主義こそ真実の教えであるとし、一乗主義は方便・権《かり》の教えであると非難した。これに対して、最澄は衆生一切が悟脱できる一乗、つまり唯一絶対の大乗こそ真実で、三乗は方便・権の教えであると反論し、その激しい敵意は、徳一を麤食《そじき》者とも北轅《ほくえん》者ともののしるほどであった。たとえば、定性二乗は成仏できないという徳一の考えに対して、「守護国界章」のなかで

「衆生の機、わかくして、一を聞くに堪えざれば、一仏乗において、宜しきに随って三を説き、仮りに五性定性の不成を立つ。三乗の学者、よく仏意を得。しかしていま、麤食者は、宜しきに随っての三、定性の二乗は窮竟して成ぜずを執して、仏意を解せずして三乗の諍いに堕す。このゆえに、まさに知るべし。汝が法相宗は、宜しきに随っての三なるゆえに、これ権にして実にあらず。わが法華宗は、究竟の一のゆえに、それ実にして権にあらざることを」

と述べている。

これが、いわゆる三一権実《さんいつごんじつ》論争であるが、このような仏性論争は、古くからインドや中国でも行われ、とくに中国における法宝と慧沼の論争は、最澄・徳一の論争をよびおこすきっかけとなっている。つまり、三一権実論争は、インドに始まり中国にうけつがれた仏性論争の、日本的な最終対決にほかならなかったといえる。

この両者の対立は、平たくいえば、現実に存在する仏性の区分を、修養・環境に基づく相対的なものと考えて、究極にある仏性の平等という本質を重視するか、それとも現実は現実として仏性の区分を認め、そこから永遠の修道・実践を唱えるかという、いわば理想主義と現実主義の対立であった。

この大論争の仕掛人が徳一である。しかし後の世における論争の整理は、最澄の著作によって、批判されたものの側から行われ、そのため、評価も反批判を基準にしてなされることになった。そこに、徳一批判の明暗をわける契機があり、また、歴史の谷間に追いやられたみちのくの立場が象徴されているように思う。しかし、それにもかかわらず、この闘争ともいうべき論争は、奈良から平安に移行する思想史・文化史上の重要なポイントに位置づけられるのである。

最澄は真摯であった。徳一の問いかけに対し、彼は思索と反論に没頭した。会津と叡山のあいだを、激しい論争がゆききした。最澄が北轅者とののしったのは、おそらく徳一もこの論敵に、厳しい言葉を送ったからに違いない。轅《ながえ》の向く東北に、華やかな仏教文化が花開くのも、この論争のゆえな

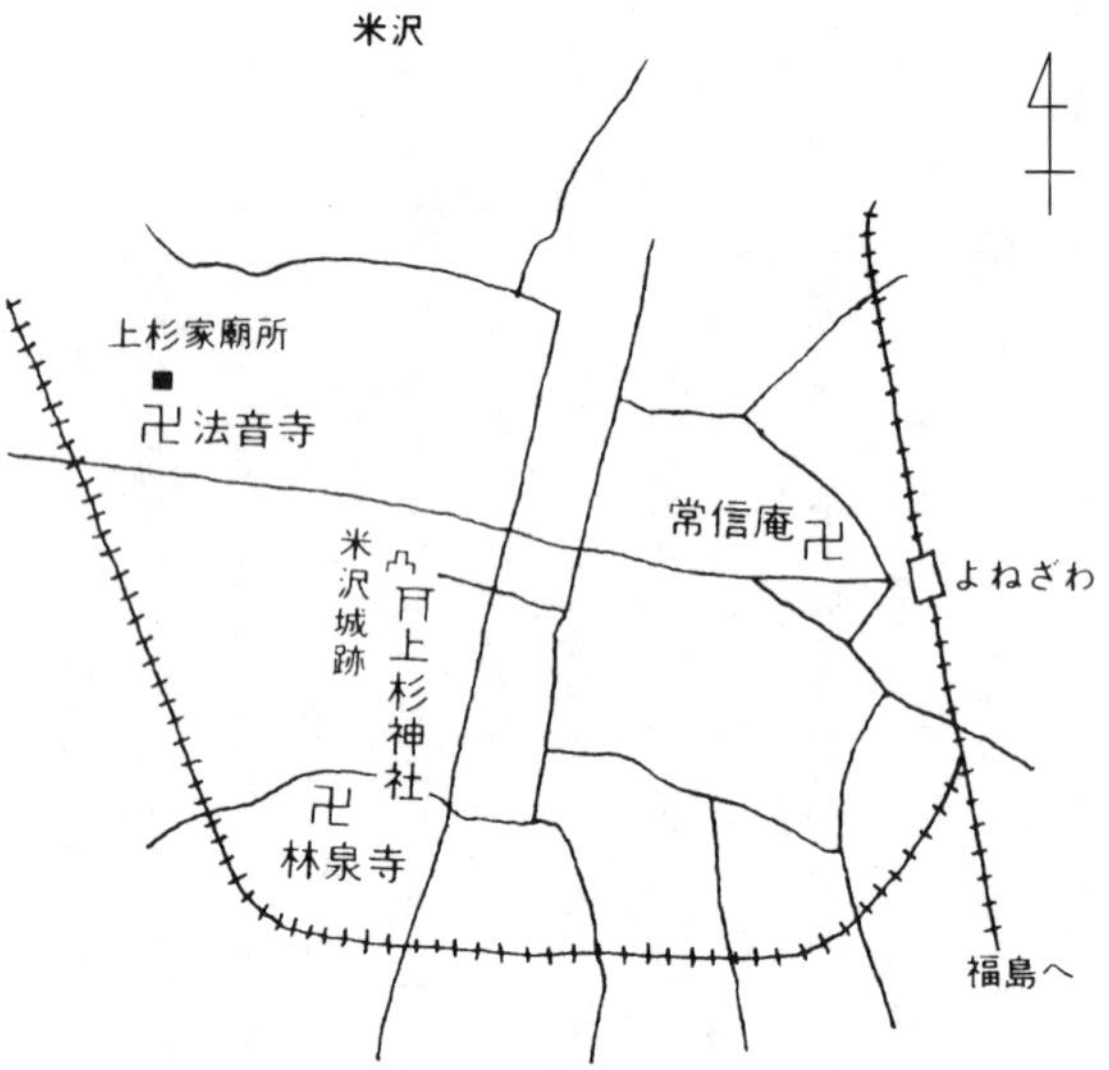

しとはしない。

他方、「真言宗未決文」によって公開質問状をつきつけられた空海の方は、その対応が不徹底であった。彼は論争の始まるころ、弟子を徳一のもとに派遣して、真言宗弘通のために協力を求めており、徳一の挑戦をうけても、正面から対決するつもりはなかったのであろう。あるいは、この手ごわい相手には、論戦に深入りしない方がよいという、彼一流の政治的読みがあったのかもしれない。しかし、そのため真言密教では、鎌倉末期までその論理的対応に追われることになる。それが案外、長い年月をかけて、徳一開基の諸寺院を真言宗に包摂してゆく結果をもたらすことになったのかもしれない。

＊　＊　＊

会津めぐりを終えたのち、三一権実論争についていろいろと思いあぐねながら、徳一の本拠、恵日寺にでむく機会をまっていた。

九月下旬の初め、合宿が磐梯山南麓で行われる予定であった。私は一日早く、秋田行きにとびのった。米沢から恵日寺に下ろうというのが、今回のスケジュールである。

白堊の米沢駅頭にたったとき、やはり来たか、というのが素直な実感であった。

米沢は上杉一五万石の城下町だが、もちろん徳一との因縁を探りたい。しかし、恵日寺に回るまでに丸一日の余裕がある。まずは米沢の歴史散歩といこう。

駅に最も近く、駅前通りを北に三〇〇メートルほど行ったところに常信庵がある。ここは佐藤継信・忠信の母乙和《おとわ》、のちの梅唇尼が、夫正信とわが子継信・忠信の菩提を弔うため

常　信　庵

にたてた庵で、梅唇尼の乾燥遺体の安置されているところ。『信夫の里』で、継信・忠信の墓碑に対面した私にとっては、因縁浅からぬ人である。

狭い境内に、小さな本堂がある。

拝観受付の呼鈴を押す。引戸があいて、一瞬、全神経が背筋を走った。真正面、一メートルも隔たぬところから、遺体が目にとびこんできたからである。

福島市郊外の医王寺境内で、乙和の椿、咲かずの椿を前に想像した乙和とは、もちろん似ても似つかぬ、そしてえもいわれぬ姿であった。腰を折り膝をたてて屈曲した細身の下半身に、思いもかけぬ太い上半身と大きな頭部が支えられている。合掌した両手。わずかに垂れた乳房が女性であることを物語る。

万感こもごもおこるなかで、私は黙然としていた。

遺体が出土した折り、梅唇尼と刻まれた五輪の石塔が同時に発見されたことが、この女性が梅唇尼であることの証拠らしい。その五輪塔も遺体のすぐ傍におかれている。

合掌、しかし生気を抜かれたように、全身は虚脱状態である。岐阜の横蔵寺で即身成仏の遺体にあっているが、こんなではなかった。乙和のイメージが潰えた悔恨の念いが、そう

上杉神社

させるのだろうか。

庫裡の横手に「佐藤後室接待之遺蹟」と刻まれた石碑がたっている。乙和が、継信・忠信最後の模様を義経から聞いたのは、ここだったのだ。「あら恨めしの憂き世や……」というのは謡曲「摂待」の地謡の文句だが、常信庵を去る私の心情も、それと似ていた。

米沢の歴史ば古い。ここに初めて築城したのは大江広元の次男時広である。時広は頼朝の奥州攻めのさい、泰衡の武将良元を御舘山（飯豊町）に破り、褒美として長井庄（米沢置賜地方）を与えられ（一一九二年、のち長井と改姓）、一二三八年に米沢城を築いたといわれる。長井の八代の後、伊達・蒲生の米沢統治が続き、上杉治政は、謙信の子景勝が、秀吉によって越後から会津に移封されたのに始まる（一五九八年）。時の米沢城主は、景勝の家老直江兼続であるが、やがて減封によって景勝が米沢城に入ることになる。米沢が城下町としての体裁を整えたのは直江兼続に負うところが大きいが、これより明治まで二七〇年、米沢城は上杉歴代の居城であったから、上杉を抜きにして、米沢は語れないといってもよいだろう。市内の名所旧蹟たる米沢城跡の松岬《まつがさき》公園・上杉神社・

林泉寺

上杉家廟所はもちろん、林泉寺・法音寺という市内の名刹も、上杉ゆかりの寺院である。

これらのうち、上杉神社・林泉寺は、今宵の宿、小野川温泉の途中にあるから、これから回り、上杉家廟所は、明日の予定地、亀岡文珠へのついでに寄ればよい、というのが運転手の意見であった。

上杉神社は本丸跡にあり、藩祖謙信を祀ったところ。謙信は、越後の春日山で亡くなっているが、景勝が、移封にさいして米沢城内に移したものである。謙信の名を聞いて懐かしかった。先年、上越市の五智《ごち》国分寺にでかけたさい、春日山神社と林泉寺において、食傷するくらい、その名をきかされていたからである。

その高田の林泉寺を米沢に移したのが、米沢の林泉寺で、山号も同じ春日山である。上杉歴代藩主の墓が上杉家廟所にあるのに対して、この林泉寺には、藩主の正室・側室・子供と、直江兼続夫妻の墓がある。

米沢の春日山林泉寺、曹洞宗である。本堂、上り框に「脚下照顧」と書いてあるのが、いかにもそれらしい。住職は気さくな方で、名園で聞える庭園の拝観を願い出た。

自然の松林を利用した庭は、思いのほか広く、天の空間も

直江兼続夫妻之墓

広びろとして明るい。そこに丸く刈りこんだ皐月その他の灌木を配するだけの簡素なものである。

やや、お世辞ぎみで、

「結構なお庭ですね」

「いや、まだ整備中ですから……」

と、巧まざる答え。よく、御存じのようですからと、寺の縁起の話もないのが快い。

裏の墓地に廻る。すぐに、信玄の六男信清の墓が目につく。彼がここに眠るのは、景勝の正室菊姫が信清の姉に当り、武田家滅亡後、姉を頼り、この地で上杉の筆頭高家衆として遇せられたことによる。

直江兼続の墓はさすがに立派であった。兼続が入城した当時は、米沢は、人口六千、八町三小路の南北に長い町でしかなかった。そこに会津一二〇万石から移封された景勝が、三〇万石の大名として武士六千を引きつれて入ってきたのである。そのため、兼続の経営上の辛苦は一〇年間も続く。武士には屋敷一五〇坪を与え、自給自足を奨励し、植林・殖産・興業・水利に努めたという。また今に残る国宝指定の宋版史記九〇冊、春秋左氏伝二九冊、その他上杉家所蔵書は兼続の蔵書である。まさに米沢の基礎を築いた大宰相であったのだろう。

もちろん、菊姫の墓もある。信玄の四女で甲州夫人と称する。武田といえば、「本朝廿四孝」を思い起こすが、四段目、謙信舘「十種香」・奥庭「狐火」で演ぜられる、かの有名な八重垣姫は、この菊姫がモデルである。

菊姫との対面のあいだ、私の脳裏に、あの歌右衛門の美々しい八重垣姫が兜を盗むひと幕が、ぱあっとひろがった。

こけしは格別として、東北の郷土玩具としては、「お鷹ポッポ」も有名なものの一つである。鷹山の指導奨励によって発展した笹野一刀彫、お鷹ぽっぽはその代表的なもので、切り口の鋭さのなかに、素朴ではあるが、気品の感ぜられる彫物である。

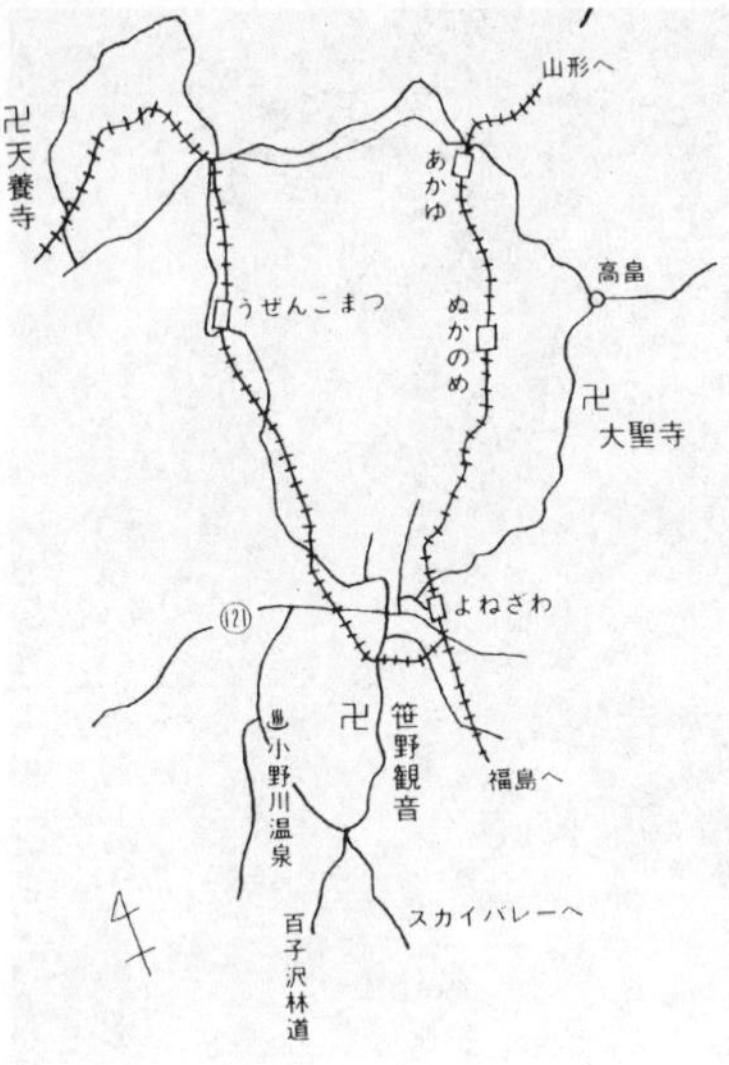

その笹野に、一刀彫で有名な観音堂がある。林泉寺をでた車、若干の時間的余裕があるときいて、急に笹野観音によりたくなったのは、やはり仏の導きとでもいうのであろう。米沢駅の南西四キロにあり、宿への途にしては、ちょっと遠廻りになるからである。

着いたときは、まだ案内板が十分判読できる時間であった。

「本尊は千手観音を奉安し開基は田村将軍である　人皇五十代桓武天皇の御宇に当り時の征夷大将軍坂上田村麻呂利仁国鎮護の為め観世音を勧請せられたものと云ふ　大同元年四月新に本堂を建立し弘仁元年七月落成したので入仏供養を行った　当時別当長命山幸徳院　徳一和尚を中興と称した……」

上杉の史蹟に圧倒された米沢にあって、ようようめぐりあった徳一和尚であった。こうなると、徳一という文字すら懐かしい気がして、それをじっと眺めていたい気持である。

茅葺、重層の仁王門がある。その突き当りに遠く、これも茅葺の重厚な観音堂がみえる。八間四面のこの本堂は、旧堂

笹野観音仁王門

を模して天保一四年（一八四三年）に上杉斉憲が再建したもの。ほかに、弁天堂、地蔵堂、薬師堂、大日堂、雷天堂、一切経堂などの堂宇が、広い寺社林のなかに散在する。薄暗くなったせいもあって、多くの堂宇に囲まれた境内にたっていると、密教的雰囲気がひしひしと身を包む。

するとと、

「お鷹ポッポはこれだよ」

という声。

なるほど、本堂の左脇隅にブロンズの鷹の像、あの見覚えのある尾を張った姿が、高い円柱の上にあった。古色の濃い寺域に、これは、ここだけは別世界という感じでたっていた。

＊　＊　＊

今日は、米沢からまず北へ向かう手はずである。

「夕方までに猪苗代につけばいい」

と、いうと、

「裏磐梯で遊ぶ時間をみておいても、亀岡文珠堂までは十分行けますよ」

と、いう返事である。内心では駄目だと承知しながらも、飯豊町の天養寺観音堂まで行ければなあ、という思いがしないでもない。大同年間の創建と知って、どうも徳一開基の寺で

笹野観音とお鷹ポッポ

はないかという気がしたからであった。しかし、いかんせん天養寺まで米沢から五〇キロはあろう。それでも惜しげに、

「飯豊町はよほど遠いんでしょう」

と、遠廻しにきくと、運転手はこちらの気持も知らぬげに、

「一時間半は優にかかるでしょう」

と、にべもなくいう。こりゃ無理だ、と未練をふっきることにした。

最初によったのが、上杉家廟所。上杉には食傷気味だが、杉木立に囲まれた二万平方メートルの境内ときいては、やはり寄らずばなるまい。

東西一〇九メートル、南北一八一メートルの広い境内、入口から杉の巨木が並ぶ参道が、遠く、長くのびる。中央の初代謙信廟をはさんで、右に奇数代の藩主、左に偶数代の藩主(一二代まで)の廟が並ぶ。

「鷹山は一〇代だから、左か」

と、ひとりごとする。

質実剛健の上杉藩とはいうが、やはり、さすがに立派な廟屋である。装飾を排した、杉木立のなかの廟所は、深閑とした趣があっていい。

菩提寺の八海山法音寺は、廟所の横手にあった。由来は古

上杉家廟所

く、天平九（七三七）年、聖武天皇の命により諸国巡視中の藤原政照が越後で病死し、その菩提を弔うために、行基が法相宗の寺院を建立したのが始まりである。天正年間には上杉家の帰依寺となり、移封にともなって、米沢に移された。ここは早々にひきあげた。

高畠町に向う。そこに智恵の権化、文殊菩薩を安置する松高山大聖寺《だいしょうじ》がある。

米沢の北東郊、一〇分も走ると小高い丘がみえてくる。その一つ五台山に文殊堂がある。五台山の名でわかるとおり、ここの文殊菩薩は中国の五台山から伝来したもの。伊勢の神《かみ》路山《じやま》にあったものを、大同二年に徳一が平城天皇の勅命により移したのである。よって開基は徳一、真言宗豊山派に属する。昔から知恵の亀岡文殊と称されて、奈良桜井の安倍文殊、京都宮津の切戸文殊とともに、日本三文殊の一つに数えられ、学業成就、合格祈願の守護仏として、広く尊崇されている。

山が近くなって町並みに入る。門前町であろうか。そこを通り抜けると、やがて、簡素だが、しっかりした造りの仁王門がみえる。道は急に上りである。

「ここで降りて、参道を上りたいが」

といったが、妙な顔をしたまま、車を止めようとしない。し

亀岡文殊参道

ばらくたって、

「帰りに歩いて下りたら、どうです」

といったときは、もう仁王門もだいぶ過ぎたところであった。

参道の途中に、広い駐車場があって、観光バスが四台、いましも詰襟・セーラーの制服姿の、中学生らしい団体が、それこそわいわいがやがやと車を降りているところである。

「嫌な時に来たな」

「ここはいつも人が多くてね。それも団体が多いですよ。今どきから来年の春にかけて、合格祈願の生徒さんたちだけど、学校単位で、先生が引率してくるんですよ」

先に降りた生徒たちが、数軒ある土産物屋の店先に群がっている。

今のうちだと思い、急いで参道を上る。

境内は二万坪というから、広いもんだ。参道が明るいので、欝蒼といえば誇張になるかもしれないが、目通り幹廻り一メートル以上はあろうという杉の大木が、両側を包むようにたつさまは、密教山岳寺院の名に恥じない。

方丈・鐘楼は駐車場の前にある。そこから参道は石段の上り坂で、さらに数百メートルは続く。石灯籠・石仏が点在する、この雰囲気は、奥山方広寺や法多山尊永寺を想起させる。

亀岡文殊本堂

奥浜名の方広寺は中国の天台山を模してつくられた禅寺、それに対し、袋井の尊永寺は同宗派であり、似ているというなら、これというべきか。

五台山で恵果の師不空を偲んだ空海の心情を察しながら、徳一のそれを考えているとき、辺りが急に騒がしくなった。先ほどの中学生がかけあがってきたのである。しばらくやりすごしてから、また一つ一つ、石段をふみしめる。

本堂についたときは、生徒が堂内に満杯で、とても参拝どころではない。合格祈願か、やがて読経が始まる。待つこと暫時。

生徒が帰ったあとは、文字通り嵐がすぎたあとの静けさである。古刹の気配はこれでなくてはならない。

しかし、柱にぺたぺた貼られた納札は生きている。それを確かめる気持ちで、帰りは仁王門まで一気に下ったが、この時は、参詣人にあわずじまいであった。

臍は固まっているので、このまま南下する。

「西吾妻スカイバレーが工事中で、今年は通れないんです、どうします」

「それじゃあ、百二十一号線をやってくれ」

白布温泉から西吾妻スカイバレーに抜ける道が、観光道路で距離も短いのである。私はむしろ得たりと、山通りを喜多方に抜けようと思ったのだが、

「それは大へんな遠回りですよ」

という。

かくして、横道から百子沢林道に入り、綱木を通って、檜原湖に抜けようということになった。百子沢林道とは、想像するだけでも風情のある山峡の田舎道であろう。山通りのことなどとっさにあきらめ、いや応なく承知した。

「今でも、狸や猪がでるということです。私も一、二回通っただけです」

と、聞いたときには、風情どころか、少し不安にさえなった。

林道は、名の通り沢道であった。上るにつれ、米沢の町が遠くなる。私は、他愛もなく感傷的になって、

「米沢よさらば、上杉もお鷹ポッポもさようなら」

などと、つぶやいていた。

綱木部落は、いまでいう過疎地帯であろう。二〇戸に満たないようなちっぽけな部落であるから、人の気配がないのは当然としても、すべて息をひそめて生きているという感じである。鎮守の宮も荒れに荒れ、子供が二人、往来で戯れているのが極めて印象的であった。観光道路から外れた替りにえたこの静寂な自然も、生きるに厳しい環境であろう。あの山一つすぎれば、人のさんざめく磐梯高原だと考えると、過疎地と観光地との狭間でゆれる難しい問題を、まのあたりにみるような思いであった。

峠を抜けると、檜原湖である。湖越しにみえる裏磐梯の景観は、やはり美しい。

磐梯高原のレストランで、遅い昼食をたべながら、景色のすぐれている処を尋ねると、中瀬沼からの眺めが最高ときかされて、自然遊歩道を三〇分ぐらい歩いた。展望台からみる磐梯山の全形は、しばしば絵葉書でみる姿そのものである。

夏の盛りもとっくにすぎて、人気の少なくなった避暑（観光）地、出会った人も二、三人。天養寺観音堂と引き替えにえたこの情趣、五体にたっぷり吸いこんで引き上げた。


いよいよ最後の目的地、恵日寺に向かう。

ゴールドラインに入ると、裏から西へと、磐梯が山容を変える。猪苗代湖がみえれば、恵日寺は、もう近い。

磐梯山と恵日寺の因縁は深い。会津風土記によれば、

「磐梯山もとは病悩山（やまうさん）とて魔魅住みいて常に

恵日寺（現在）

祟りをなし稼穡（穀物の植付けと取入れ）を害せり、しかも山麓に民家あまたありしに、大同元年大爆発し、月輪・更科の二荘が一夜にして湖となり溺死するもの数知れず、かかる災異朝に聞えしに、同二年空海勅を奉じて此の地に来り、秘法を修せしにより、魔魅は別峯烏帽子岳まで失去りぬ、よって空海山の名を磐梯（いわはし）と改め、永く災異鎮護のために当寺を開かんことを謀り云々」

とある。

空海草創の話は誤りであるが、たえず噴火して災害をもたらす山では、病悩山といわれても仕方あるまい。もっともこの語源には、山容があたかも病人が鉢巻をしているのに似ているという意味もあるらしい。雲を鉢巻にみたてたのである。

いずれにしても、いわはし山とは、磐の天にのぼるかけはしの意味であって、天空に聳える秀峯は、みちのくの人びとにとって、信仰の対象であったにちがいない。したがって磐梯山を祀る山岳信仰が生まれるのも当然である。白鳳年間に役之行者が当山に入るという古記録もあって、真偽のほどはさておき、徳一以前に、磐梯山信仰が修験道（大伴）と結びついていたことがわかる。磐梯明神を祀る石椅《いわはし》神社がそれである。

恵日寺仁王門

やがてこの地に来た徳一は、大伴修験の屋敷の一隅に恵日寺を建立する。

法相教学を信奉する徳一が、なぜ山岳信仰や修験道と結びついたのだろうか。おそらく、それは、会津一帯の民間山岳信仰と、それを支配する大伴修験道を統合しようという一大戦略であったと考えられる。会津文化を解く鍵が、徳一と山岳信仰と修験道の結びつきのなかにあるということは前述したが、それは国家権力と結びつく都市仏教の退廃をきらい、スポンサーなしの宗教改革を意図して、ここに法相王国を築こうとした徳一の大抱負実現の結果であったのだ。じじつ、恵日寺が開かれて、中央の名僧の往還が頻繁になると、恵日寺の名声は広まって、庇を貸して母屋がとられる諺のように、大伴修験道は恵日寺の影にかくれてしまうのである。こうして、石椅神社を鎮守として勧請したという形の、恵日寺の神仏混淆形態が成立する。

恵日寺は慧日寺とも書く。慧日とは太陽のような知慧、つまり仏の智のことをさすが、それは同時に、能顕中辺慧日の寺を意味するともいわれている。つまり、唐の法相学僧、慧沼の「能顕中辺慧日論」の継承者という、徳一の立場を明らかにしたものだったといえる。

恵日寺薬師堂

恵日寺は、その後、一時別称として、清水寺の名をたてている。そこには京都の清水寺とのかかわりが強くうかがわれるが、清水寺が興福寺末につながるという縁もさることながら、清水寺の建立が坂上田村麻呂の発願によることを考えると、恵日寺には奥州の総鎮護の大寺という役割が期待されていたのだろう。堂塔高宇、軒を連ねていた盛時には、子院三千八百坊、寺僧三百に僧兵数千、寺領十八万石と称したというから、それは国分寺格の権力と権威をもっていたに相違ない。

それが、藤原末期平家の滅亡を境に、衰運に向うことになる。事の次第はこうである。当時の恵日寺の宗徒頭、乗丹坊は、甥の越後の豪族、城四郎長茂から助力を求められ、会津四群の兵を率いて、信州横田川原で木曾義仲と戦い、戦死してしまう。長茂は平維茂の裔で、宗盛から出兵の要請をうけたのであった。恵日寺繁栄の背後には、平家による庇護があったから、平家の滅亡によって寺運が傾くのはやむをえない。それでも現在寺宝として伝わる「永正古絵図」（一五一一年）によれば、その当時まだ、金堂を中心として、中央の線に仁王門・中門・舞台・金堂・根本堂・両界堂・徳一廟と並び、左右に講堂と三重塔、講堂の北に磐梯明神・白山権現と配置する堂塔伽藍が遺っていることを示している。開基より八百年後のことである。

決定的打撃を与えたのは、天正一七年（一五八九年）の伊達政宗会津侵攻である。この時、堂塔仏像は、一部を残して他はすべて兵火で烏有に帰し、宗徒また退散してしまい、みるかげもなく廃墟と化したと伝える。その後は、蒲生秀行が五十石、保科正之が五十石を寄進し、細々と生きながらえていたのであろうが、明治の神仏分離令により、廃寺となった。しかし、名刹の荒廃を嘆く土地の声によって、明治三七年に寺号復興の官許が出、恵日寺塔頭、観音院が寺号をついだ。現在の恵日寺がこれである。

徳 一 廟

四九号線、「慧日寺入口」の標識を右に入れば、すぐである。突き当り正面が、かつての恵日寺の跡、左手前に現在の恵日寺がある。入口には伽藍配置の絵図が掲示されている。

正面、鳥居が入口だが、右の方に仁王門がみえるので、そちらに回る。茅葺きの堂々たる仁王門、その奥にこれも茅葺の薬師堂がある。いずれも移築されたものであるが、かつての恵日寺をしのべるのは、この二堂宇のみ。その右側に、あの乗丹坊の墓がある。宝篋印塔の形式で、高さは三メートル弱の立派なものだ。さらに右奥の建造物は不動院竜宝寺で、今に伝わる大伴修験道の道場である。

正面に回る。仁王門・中門・舞

徳一廟のあたり

台の跡は広場となって、いまは子供の遊び場と化している。金堂跡にいまある建物は、磐梯神社。その裏側、密集する杉木立のなかに礎石群が散在する。夏草が一面に茂って、傍まで近寄らないと判別しかねるほどである。

礎石群のなかで、心を惹かれたのは三重塔跡。塔の規模は、一辺の長さ六メートル強、高さ二五メートル弱という。磐梯山麓に、杉木立の上に見えがくれする塔身と相輪を想像すると、これほど夢のあとを感じさせるものはあるまい。

礎石群の東側、北にむかい、畠のなかを畦道がのびる。道の途絶えたところに、木立があり、その元に木柵に囲まれて徳一廟がある。石造の三重塔で、下層の塔身が高く、軒の出が深い。高さは二メートル半弱、藤原期の作と伝えられ、風化が甚だしい。東隣にある宝篋印塔は、徳一の弟子金耀《こんよう》の墓である。

この辺り、さすがに夏草だけは刈られているものの、いかにも荒廃の感が強い。雑草が蓬々の周辺は、たしかに風化した石造塔に似つかわしいが、しかし、この情景をみちのくの重い風雪と恵日寺の長い苦難の年月を物語るもの、といってしまっていいのだろうか。比叡山を想い、高野山を考えるとき、ひときわ侘しい思いがするのは、私一人だけではないだろう。

廃寺跡は悲しい。それは祇園精舎の昔より、世の栄枯盛衰を、身をもって語っているからであろう。

（「書斎の窓」二七五―二八一号　一九七八年七月―一九七九年二月）

〔追記〕

この記事が一つの機縁となって、一九八二年六月に徳一因縁の地で、徳一を顕彰するまつりが催された（「いわき徳一まつり」）。五日の前夜祭では、徳一菩薩像の鎮座式と民俗芸能の奉納が行われ、六日の本祭では徳一像を先導役にすえて、「じゃんがら（念仏踊）」「やっちき」がいわき市内のメイン・ストリートを練り歩いた。徳一を世に出したいという筆者の願いは、さしあたり地元という限定があるにせよ、一部の実現をみることになった。だが、寺の一隅に座して時の流れを観照していた徳一像が、トラックの荷台にのせられて「巡行」に参加させられたことを、徳一はどう感じとったであろうか。また法相教学を死守しようとした学問僧徳一は、念仏踊をどう思ってみていたであろうかという疑問も残った。

なお、徳一に関する生涯、思想・信仰、最澄との論争など、彼に関するこれまでの諸研究が大部の一冊にまとめられた。田村晃裕編『徳一論叢』（国書刊行会・昭和六一年）がそれである。

伝説の丹後から但馬の小京都へ

――文殊残照（京都）

「小」は「ちいさい、わずか、つまらない」の意味であるから、この字のつく言葉にイメージの悪いものが多いのは当然である。狭小、弱小、矮小でも、小才、小丈夫、小人物でも同じ。果ては「小を捨て大に就く」「小の虫を殺して大の虫を生かす」など、捨てられたり殺されたりもする。

例外の一つに「小京都」という言葉がある。小さい京都ではあるが、つまらない京都ではない。むしろ、かわいい京都であり、本物の京都にはない、こじんまりとした素朴な魅力をも感じさせる言葉である。しかも「みちのくの小京都」「奥美濃の小京都」などといわれれば、いっそうの趣すらある。日本人の心のふるさとに郷土色が重なりあって、旅の郷愁が深いローカル・カラーに色づけされよう。

小京都と辞典を引いてみたが、ない。旅行雑誌か女性週刊誌あたりの造語であろうが、まだ認知されていないのか。したがって、小京都とは何か、どの町が小京都なのか、定かなものがいまだあるわけではない。しかし、小京都として定評をえている町々には共通したイメージのあることも確かである。それが小京都の性格といえばいえる。

まず、何よりも、町のたたずまいに歴史の重みが感ぜられること。それも街道の宿場町というのではなく、武家屋敷に古い商家の町並みというイメージである。そして、町なかを川が流れ、小高い丘の上に城跡があり、一きわ目だつ歴代藩主の菩提寺を中心とした寺町の一画があれば申し分がない。町の大きさはほとんど関係がないし、あえて碁盤目の町造りである必要もない。

郷土料理に銘菓、工芸品や民芸品があれば、さらに観光客の好奇心を満足させることができようし、祭りや年中行事は、観光シーズンの一つ一つの節目をつくってもくれる。これらもまた、小京都の性格を形づくるもう一つの要因となろうか。

城下町といわれるところでは、観光資源として今に残るこれらの諸財産が、藩政時代に財政維持のためつくられることが多かったのである。

但馬の東、兵庫県の北にある出石《いずし》も、このような小京都といわれる町の一つである。しかし、出石には、ほかの小京都とちがう大きな特徴があった。それは、鉄道が町から離れて敷かれているという点である。そのため、交通が便利で、開発のため史跡や古い町並みが取り壊され大変貌してしまった城下町が多いなかで、出石には昔ながらの風情が多く残されることになった。

京都から山陰本線にのり、特急で三時間弱、豊岡でおりて南へ一二キロ、バスで三〇分のところに出石町はある。京都から比較的近いので、関西での学会の帰りに寄り易いと、これまで考えていたが、なかなか立ち寄る機会に恵まれなかった。

＊　＊　＊

役職から解放された最初の学会が京都であった。今度は何が何でもと臍を固めていた。天候次第では天橋立から丹後半島を廻り、城崎から出石に出ようという、大へん欲張ったスケジュールである。

学会初日は低気圧の通過で、前日から引続いての大雨。二日、三日目はからりと晴れ上って、抜けるような青空をみせていた。浮気な秋の空、晴天が何日もつか危ぶまれたが、学会終了後、天橋立の旅館で一夜を明かした翌日も、白絹のような薄雲がところどころ見えるほかは、みごとに晴れ上った。天候によっては、成相寺《なりあいじ》からすぐ出石に廻ろうと考えていた第二プランは全く必要がなくなった。天の浮橋の神話の世界に、日がな一日ゆっくり浸ろうというのが、朝の結論だった。

絵葉書などで知られた回旋橋を渡ると、小天橋。橋立の砂嘴は、大天橋と小天橋の二部から成りたつ。何れも、阿蘇海に流入する野田川によって押しだされた砂と、対馬海流が宮津湾内に運びこんだ土砂流とが相互に作用しあって堆積されたものであるが、因みに、最晩年の雪舟が描いた天橋立図には小天橋がない。たしかに小天橋がくっつくと、天のかけ橋としては恰好がとれない。天のかけ橋は大天橋だけでなくてはならない。

大天橋の橋を渡ると、一の宮まで三・三キロの松並木の遊歩道が続く。

連休の後だから、そう混雑はしていないだろうと予想していたが、人ッ子一人いないのには驚いた。オートバイで駆け抜ける土地ッ子がたまに通るだけである。しかし、文殊から一の宮に向かう遊覧船には、結構、人の顔がみえる。大天橋三・三キロを歩いてみようという悠長な観光客は少ないのであろう。

無慮六〇〇〇本の松並木の散歩は、まことにすがすがしい。宮津湾寄りの海岸は文字通りの白砂青松、砂浜に反射する秋の日差しがまぶしいが、この景勝を一人で買い占めた気持ちである。水が澄んで、浅瀬に小魚のうごめくのが手に取るようにわかる。

左側に蕪村の句碑、

「はし立や、松は月日のこぼれ種」

と読める。

大天橋も、この辺りが幅の広いところ、優に一〇〇メートルは越えよう。「橋立明神」に、清水がわきでる「磯清水」。

「橋立の松の下なる磯清水　都なりせば君も汲ままし」(和泉式部)

和泉式部は、夫の藤原保昌が丹後の国司に任ぜられたため、彼にしたがって丹後に来ている。保昌はその後、摂津へ転任となったが、式部はこの地にとどまり、宮津の山中に庵を結んで、二里の道を国府(現在の一宮の西)に往来していたというから、この辺りは彼女の散歩道であったのだろう。

何のゆかりか、イギリス製の大砲が置いてある。脇役が出揃ったところで、立川文庫の主役のお出ましは、狒狒《ひひ》退治の

籠神社狛犬（吽形）

岩見重太郎。寛永九年九月二〇日、重太郎はここで、父重兵衛の仇、広瀬軍蔵、鳴尾権蔵、大川八左衛門の三人を討ち果たした。のち、大坂の陣で、薄田隼人正兼相として、再びその主役ぶりを発揮する。竹垣のなかに五輪塔が一基。松を背景に、宮津湾がきらりと光った。

半分も歩けば、大天橋もしだいに幅が狭くなる。一番狭いところで二〇メートルほどか。一文字にみえる大天橋も、歩けば広狭の変化がある。

左側の阿蘇海は、青い色をした汚泥が海底に淀んで、やはり汚濁が進んでいる。野田川河口の日本冶金の排水が主犯であろうが、工場がなくとも、狭い入口で外海とつながる内海の汚れには、日本中、例外がない。

成相寺は西国札所二八番の霊場。丹後には札所がもう一つ、二九番の松尾寺がある。いつか成相寺に行かなくてはと思ったのは、松尾寺に寄った一〇年前であった（「切符」制作中）。その成相寺が、いまようやく、正面の世屋山の中腹に、遠く小さく屋根を見せている。

成相寺へは、一宮からケーブルと登山バスの乗り継ぎで上らなくてはならないが、ケーブル駅への途中に、丹後一の宮、

籠　神　社

籠《この》神社がある。標柱に元伊勢宮とあった。

御由緒略記によると、天照大神、豊受大神が伊勢に遷宮になったのはそれぞれ垂仁天皇、雄略天皇の御代のことで、それ以前は匏宮（豊受大神）・与佐宮（天照大神）と称して当地に鎮座ましましていた、という。

考えてみれば、天橋立は伊弉諾神が天から降りるための浮橋であるから、ここにその磐座《いわくら》があっても何の不思議もないはず。その磐座は、俗に鶺鴒《せきれい》石または子種石とよばれ、天照大神出生の地と伝えられる。

「神の世に神の通ひし跡なれや　雲井につづく天の橋立」

（林春斎「日本事蹟考」）

してみれば、天橋立は籠神社への参道であったのだろうか。

社殿は伊勢神宮と同じ唯一神明造。それに続く石段の下に、向い合って一対の石造狛犬が据えられている。向って右側が阿形、左側が吽《うん》形で、共に八〇センチぐらい。肉づきのいい肥満体であるが、彫刻の細密なことと相まって、むしろ重厚な感じである。狛犬は高麗犬で、別名唐獅子ともいわれ、霊力をそなえた異国の動物である。風貌は一般に魁偉で、守護神としての性格を誇示しているが、ここのものは面構えも姿態も申し分がない。阿形は大きく開口する表情が猛々しく、首のまわりに大きく巻毛がたれ、吽形は一角獣のように頭頂がとび出し口を結んで不動の構え、首のまわりに二段の房が盛り上がる。共に太い前肢の内側に逆毛が鋭く刻みだされている。吽形の異様さは、じっとみつめていると、むしろ可愛らしさを感じさせるほどのものである。極めて古風なことが、素人目にもはっきりと感じとれる。鎌倉後期との鑑定であるから、石造の狛犬としては、奈良東大寺南大門のものとともに、鎌倉時代の双璧をなすのではなかろうか。

ケーブルの終点は、天橋立股のぞきで有名な傘松公園。成相寺へは、ここから登山バスでさらに五分ほど上る。ケーブルカーから満員の客が掃きだされたが、登山バスの客は私一人であった。

「ほかのお客はどうしたんだろう」

「団体の皆さんは傘松公園までしかきませんよ。ほんとは成相寺の眺めが絶好なんですがね」

とは、バスの運転手。

絶好という答えが気に入って、私はしきりと話しかける。

「弁天山からの斜め一文字、これが最高だね。大内峠の横一文字もいいけれど、今は道路工事で不通だろ。栗田《くんだ》峠の斜一文字は大したことはないよ。お客さん、弁天山からゆっくりみてきなさい」

登山バスが進むにつれて、宮津湾が木の間から次第に全貌をあらわす。成相寺への奇特な客は私一人かと思っていたら、バスは徒歩で上る二人連れを追い越した。バス一台がやっと通れる細い道である。車輪の幅をおいて二条の敷石の道が続き、登山者は山側に身をよせてバスをよける。

杉や松の巨木におおわれた参道に奉納旗が立ち並ぶ。読経の声が聞えてきたが、これはテープらしい。木の枝にスピーカーが取りつけてある。

バスの終点に、朱塗りの堂々たる山門がみえた。柱の左右に「別格本山成相寺」「西国第二十八番霊場」の木札がかかり、真中に、大きな「下馬」の石柱がたつ。

道は爪先上り。石段の途中に「撞かずの鐘」があった。いわれはこうである。

慶長十四年に新しい梵鐘を鋳造したが音がでない。二度目も同じであった。三度目の鋳直しのときに、誤まって赤児が銅湯のなかにおちこみ、でき上った鐘をつくと、今度は赤児の悲鳴となって響くとか。それ以来、赤児の成仏を願って鐘は撞かない、という。

伝説には出来すぎた話が多いが、それが霊場と結びつくと

成相寺山門

き、事の真偽は些事末梢となり、むしろ信仰に花を添える説話と化するの例であろう。

本堂外陣、納経所の上が青みがかって少し明るかった。竜の彫刻がみえる。青いライトがあてられているのだ。その下に「左甚五郎作　真向龍」とあった。納経所の前に、お札やお守りが高く積みあげられ、参詣者は箱に代金をおいて自由に持ち帰る。お寺で万引する奴は、さすがにいないのだろう。

成相山成相寺。山号寺号が同じというのも珍らしいが、雪舟の天橋立図には世野山成相寺の文字が描かれているから、近年の改称か。慶雲元（七〇四）年、真応上人が、天橋立の風光にひかれ霊地にしたのが始まりで、古くは五重塔、三重塔、多宝塔、阿弥陀堂、薬師堂、地蔵堂、文殊堂などの建物があったと伝えられている。しかし永正四（一五〇七）年に武田・一色の戦いで、また天文一四（一六〇九）年雷火のために、火災にあいこれらの堂宇を失った。現在の本堂は慶長年間の再建である、という。

成相寺については、平安時代からさまざまな文献にその名が見えるが、「今昔物語」（巻一六「丹後国成合観音霊験語第四」）に例をとれば、その縁起を次のように記している。

一人の修業僧が、雪の深い冬にこの寺に籠っていた。里

成相門本堂

人との連絡も途絶えたまま食糧もなくなり、死を予感した僧は、観音さまに食糧を与えられんことを祈った。すると、猪が狼に傷つけられて堂の前に倒れてきた。肉食の禁を破ることもはばかられたが、意を決してその左右の腿をさいて食した。やがて春が近づき雪が消えると、安否を気遣う里人が登ってきた。鍋のなかをみると、なんと檜の木が刻んで入れてあるではないか。しかも本尊の観音像をみると、驚いたことに左右の腿が切りとられている。僧が食したのは観音さまのものだった。それを知って、僧は元の姿に戻って下さいと、しきりに祈った。こんどは里人の眼の前で、たちまち元の姿にかえられた。このため寺の名を成合ということになった、という。

撞かずの鐘の前を右に折れて一〇分ほど上ったところが弁天山展望台である。この頃になると、天候は下り坂とみえて、白い雲がかなり広がっていたが、眼下に拡がる眺望はさすがに絶佳。真下に阿蘇海と宮津湾を区切って、稲妻状に斜一文字が走る。ゆっくり歩いた白砂青松が、ここからは松並木が海中から直立しているようにみえる。宮津湾の向う、無双岬を越えて栗田湾が、舞鶴湾の入口が、靄のなかにかすむ。

雪舟の絵は栗田峠からの逆方向の写生で、国府、一宮から

切戸文殊多宝塔

成相山麓の一帯が詳細に描かれている。

　この心象をもう一度確かめるつもりで傘松公園に下りる。ここはさすがに賑やかで、股のぞきをする現代女性のあられもない姿が衆目をひいていた。


　遊覧船で文殊まで戻る。途中、船上で、充足した心地と空虚な気分が、寄せては返す波のようにこもごも行き来するのを深く感じていた。

　切戸《きれど》の文殊は、船着場の真前。丁度、脇から入る恰好になり、鐘楼の前にでる。眼の前が本堂の文殊堂。大和安倍、出羽亀岡（「みちのちの徳一」）とともに、日本三文殊の一つに数えられる文殊菩薩が安置されている。平安期以前の建築であるが、平安中期・末期・桃山期、江戸初期・中期と数度にわたる修理によって、その古建築としての価値をすっかり失なってしまったという。たしかに、宝形造に向拝をつけた屋根は薄っぺらで、品がなく、外陣廻りに粗野な感じが残っている。

　本堂の左手前に、古い大きな宝篋《ほうきょう》印塔があった。鎌倉初期のものとかで二メートルはあろう。種子は阿弥陀如来、「和泉式部の塚」とある。

ここの名品は、何といっても室町中期（一五〇〇）建立の多宝塔。楼門を入って左側にある。上層の円形塔身の細さが、何とも優美である。そして幾重にも重ねられた肘木と高欄の精巧さが、それを一層浮きだたせる。しめつけた細いウェストに胸もとの華やかなデコレーション、ふんわりと広がる腰の張ったスカート、そんな貴婦人を連想させる美しい多宝塔である。

陽が傾いて長い影を引く多宝塔の、亀腹のくっきりとした白さが、暗色の濃い境内にあって、鮮やかに、極めて印象的であった。

――伝説のふるさと（京都）

日本は伝説に恵まれた国で、どこの町にいってもどこの村にいっても、伝説が聞かれる。石や岩の由来、樹木の生い立ち、坂や峠にまつわる説話、そして塚や祠のいわれ――この種の自然の事物や生活慣習についての伝説を明らかにしたのは柳田国男であるが――のほかにも、義経伝説のような歴史的人物を伝承化したものや、天狗伝説など古い信仰に基づくものなど、さまざまなものがある。

伝説は昔話とは違い、「昔々ある処に」などとはいわない。場所がはっきりしているし、だいいち人物が特定しているので、これまで本当の話として伝えられてきたし、なかには史実として記録に残されているものすらある。時に物証まで揃っていると、余りに出来すぎているとの感じがするが、伝説の世界に遊ぶのも、旅の功徳の一つであろう。

成相寺の撞かずの鐘のほかにも、丹後には数多くの伝説が伝えられている。なかでも大江山の酒呑童子、三荘太夫（安寿と厨子王）、そして浦島太郎の話は、いうまでもなく日本全国に知れわたっている。まず、大江山は宮津から南西一五キロほどのところ、そこに鬼の岩屋と称する洞穴があり、鬼茶屋には酒呑童子と頼光にちなんだ茶碗・器物が保存されている。主峰千丈が岳（八三三メートル）は、成相寺の弁天山展望台からその姿を望むことができる。

また、宮津の西舞鶴寄り二つ手前に、丹後由良という駅がある。その東を流れる由良川を二キロさかのぼったところに、三荘太夫屋敷跡の標石がたち、安寿塚と称するものがある。安寿に汐汲みをさせたところからみて、三荘太夫は製塩を行なう土地の豪族であったのだろう。その首塚が、由良の如意寺境内にある。そして丹後半島の東の一角、伊根町の本庄部

岩屋寺鐘楼門

落に、浦島子（浦島太郎）を祭神とする宇良神社がある。本庄浜は浦島子が釣りにでかけた場所といわれ、西の一角、網野町の島児神社は彼の屋敷跡と伝えられている。

宮津から丹後半島にかけては、まさに伝説の宝庫、今日これから回ろうという丹後半島は、浦島伝説の本拠である。

＊　＊　＊

丹後半島にも、成相寺のほか、縁城寺、岩屋寺などの古刹がある。しかしいずれも一周道路から外れ、とくに縁城寺の場合は間人《たいざ》に抜ける山間部にあって、一寸寄り道という具合にはいかない。それに引きかえ岩屋寺は半島の付根近く、大した寄り道にならないだろうというのが、車に乗ったときの目算だった。

海岸一周の心積りでいた運転手は、一瞬戸惑った様子をみせた。

「私も二〇年、宮津で運転手をしてんですが、岩屋寺というのは初めて聞くね。そこに何があるんですか」

と、これは本音である。

地図にしたがって、国道一七八号線を走る。大宮町の標識をみて、どうにか迷いながらも宮津線の下をくぐる道をみつけた。薄の穂がいっぱいゆれる狭い参道の突当りに、一段高

岩屋寺狛犬

く岩屋寺はあった。高野山真言宗、行基が開基の古刹である。ここに四〇〇年前の作といわれる「大江山絵伝」二巻が伝えられている。

石段の上に鐘楼を兼ねた山門がみえる。

「ああいう門を鐘楼門というんだ」

説明抜きで名称だけ教えたことが、後で笑いの種になった。

本堂と庫裡に囲まれて、手入れのよく行きとどいた築山に水をあしらった立派な庭がある。苔むした大きな石の上に何かのっている。瞳をこらすと、石造の狛犬らしい。これも苔がはえて大へんに古めかしい。三〇センチぐらいの小ぶりのもので、ここ本堂の縁からははっきりしないが、前足を折ってしゃがんでいるようにもみえる。じっと見つめていることに気づいたらしく、応対の大黒さんが、

「大へんに古い由緒あるものらしいですよ。どこの社にあったものか、ずっと前からこのお寺に一体だけあるんです……寺の修理に来ていた二人の大工が、いつかそっと家に持って帰ったことがあるんです。そしたら二人ともその晩から下痢をして、一人はとうとうなくなったということです。気味が悪くなって、生き残った大工が詫びをいいながら返しに来ましたよ。狛犬はよほどここにいたかったんですね」

と、子供を愛しむような顔付きで話す。

石にまつわる霊の話は多い。日本人の心の奥底に宿る霊石信仰は、石の文化に対するわが国の木の文化のなかでは特別の意味を持っており、そのような日本人独特の心情が、石に対する愛着を醸成するのだろう。

「これは伝説になりますね」

と、私の実感であった。狆のような、顔が横に広くあどけない感じの、実にかわいい狛犬であった。

本堂の長押の上に、子供の図画のような大江山物語の絵が数枚掲げられている。

「生憎と、住職が留守なものですから、絵伝をお見せできないんですよ」

と、こちらの気持ちをはかってか、残念そうにいわれる。その横に、奥の院を描いた一枚がある。残念さと引き換えに奥の院への道を尋ねると、一五分ほど裏の山道をのぼったところだという。

ところが、これが大へんな道であった。二、三分で山道にかかるが、それから一五分ほど上ると、ほとんど道がない。雑草がのび放題のところを拾いながら、急な斜面をよじのぼると、眼前に一〇メートルはある巨岩が顔を出す。奥の院は鎖を伝ってこの巨岩を越えたところ、そこに不動明王が鎮座ましますのである。岩の頂上から水が滴り、細い滝になっているのは爽快であったが、岩の表面がぬれて靴がすべり、鎖を頼りにしたぐらいでは危険千万である。上をみあげたまま断念することにした。

「いやあ大へんなところだったよ」

運転手の顔をみるなり、そういうと、

「旦那、好運でしたよ。このへんは蝮が多くてね。先日もバス・ガイドが草叢のなかで用を足していて噛まれたんですよ。そのことが言えなくて、手当てをしなかったもんだから、間もなく死んだね。そんな処にいくんだと聞いてたら止めたのに……」

と一気にしゃべったあと、親しみが湧いたという感じで、

「旦那、大内峠を通ってみましょう。工事中だけど、この前通れたよ。横一文字もいいからね」

しかし、山の稜線、宮津湾と阿蘇海の海岸線が画する画面構成は、やはり斜一文字に一籌を輸すると思った。それよりも、右手に拡がる大江山塊に視線が移りがちだったのは、大江山絵伝への未練だったのかも知れない。

金剛心院

岩滝に下りて、一の宮から日置に出る。ここに秘密山金剛心院がある。寺伝によると、御宇多上皇が徳治二（一三〇七）年に出家して大覚寺に入ると、その愛妃千手姫も翌延慶元年に故郷の丹後に帰り、ここ日置宝光寿院の順慶上人に帰依して尼（願蓮）となった。御宇多はこのことを知って、自らの護持仏愛染明王像を下賜し、寺号も金剛心院とかえさせた。以来勅願寺として、朝廷・幕府の庇護や寺領安堵があり、忍性律師（鎌倉極楽寺の開山）を迎え、寺運大いに盛えたという。願蓮尼は与謝郡日ヶ谷（日置の北の部落）松田氏の出、愛染明王像は今に残り、重要文化財の指定をうけている。

厨子入り愛染明王像は秘仏であった。また本堂の宝生如来立像も貞観仏として重文指定をうけているが、住職不在とのことで拝観は叶わなかった。すすめられるままに茶を喫し、引きあげた。車に戻ると、運転手が、

「旦那、鐘楼門がありますよ」

という。これは文字通りの鐘楼門であった。

丹後半島に一周道路が通じたのは、わずか一〇年ほど前のこと。それまでは観光客も入りこめず、土地の生活はひっそりと息づいていた。半島全域にわたるちりめん機業だけが、丹後ちりめんの名で全国的に知られていた程度である。

伊根の舟屋

「今日は水平線がよく見えますよ」

薄雲が一面に拡がり青空はみえないが、それが反って海面からの水蒸気の蒸発を抑えて、水平線をくっきりとみせている。

「このぶんだと、どうやら今日は持ちそうだね」

伊根港が見えてきた。

「あれが丹後二見です」

なるほど、夫婦岩に凝せられる大小二つの島が並んでいる。ただそれだけのことだが、あらためて二見などと聞かされると、旅のロマンがかきたてられ、何故か曰く因縁のありそうな島にみえてくるから不思議なものだ。

伊根は、いわゆる伊根の舟屋が港を囲むように建っており、近年民俗学の上で注目されている処。一階が船揚場、二階が住居という、舟のガレージ付長屋で、二階から階段を下りれば、長屋の住人はすぐ舟にのっていっせいに船出できるという便利なもの。合理的に考えられたというより、山と海に挟まれた狭い土地しか利用できない窮余の一策なのである。しかも干満差の少ないことが、このような工夫をうんだ背景にあり、大きな船は入れない。それだけに南洋風の趣があって、好奇心がよびおこされる。

「これじゃ家のなかが湿気るね」

という声に、南洋の情緒がかき消えた。

一周の本道を外れて、車のすれちがいも叶わぬ新井海岸の崖の道を行く。千枚田を通りすぎて、「別荘分譲地」の看板が目に入った。丹後半島にも開発が始まろうというのか。

伊根を出て八キロ、本庄部落に入ると、「浦島明神縁起」で有名な宇良神社がある。

浦島子の伝説を語る最初の文献は「日本書記」、その「大泊瀬幼武天皇」(雄略天皇)記」(巻一四)二十二年の記録に、

　秋七月、丹波国余社郡管川の人水江浦島子、舟に乗りて釣す。遂に大亀を得たり。便ち女に化為る。是に浦島子感りて以て婦と為し、相逐ひて海に入る。蓬莱山に到りて仙衆を歴り観る。語は別巻に在り。

とある。

別巻は湮滅しているが、物語は「万葉集巻九」の「水江浦島子を詠める一首」の長歌によって、その粗筋がよまれている。さらに平安朝に入れば、大江匡房の「本朝神仙伝」、皇円の「扶桑略記」に、この話が掲げられ、鎌倉中期の日本書記注釈書、卜部兼方編「釈日本記」(巻一二)には

「丹後国風土記曰。与謝郡日置里。此里有筒川村。此人夫日下部首等先祖。名云筒川嶼子。為人姿容秀美。風流無類。斯所謂水江浦嶼子者也。……」

という書き出しに始まる詳細な物語が展開されている。

中国の神仙思想がいつごろわが国に伝わったのかはわからない。が、浦島子が蓬莱山に渡ったさらに七〇〇年前に、秦の始皇帝の命により、方士徐福が東海の蓬莱島に不老不死の霊薬を求めて船出し、わが国に漂着したという古い言い伝えがある。その地が、紀伊新宮の東、波多須矢賀の浜とも、ここ丹後半島新井海岸の新井崎ともいわれ、新井崎には徐福を祭神とする新井崎神社がある。浦島伝説の成立する素地が、この地にあったことは確かである。

　いずれにしても、古代には多くの人が蓬莱島に憧れていた。神獣鏡に彫られた東王父・西王母の文字に、その最も古い証拠の一端をうかがうことができるし、時代が降って、その思想が普遍化してくると、人々は蓬莱島を具体的な形で、生活の中に表現しようとした。われわれは今日、その造形を古い庭園のなかにみいだすことができる。

　不老不死は、古今を問わず、人類すべての憧れである。美しくも哀しい浦島子の伝説は、各時代の人々の琴線を強く震

宇良神社

わせたことだろう。平安の古書のなかに深い追慕がこめられただけでなく、中世においても「古事談」「宇治拾遺物語」などの説話集に収められ、さらにこれを素材とした謡曲・狂言・歌舞伎所作事（長唄）がつくられた。室町時代に成立した「お伽草子」二三編の一つに「浦島太郎」という呼び方が表題として用いられてからは、浦島子は浦島太郎として人口に膾炙するようになったのである。

王朝貴族の間に、浦島伝説がいかに深く浸透していたかを示す話として、小松茂美氏はつぎのような事実を明らかにしている。厳島神社に残る文書のなかに、入道信西の遺子三人が、厳島詣の帰途、尾道から厳島内侍に送った手紙があり、みずからを浦島子に擬して、金殿玉楼の厳島神社で遊んだ美貌の巫女厳島内侍に対する断ち難い慕情をのべている、という。

宇良神社は、浦島神社ともいい、延喜式にも記載される古社の一つ。雄略天皇の二二年蓬莱山にでかけた浦島子は、三四〇余年たった天長二（八二五）年に帰る。そのときの世にも不思議な話を聞いた淳和天皇が、浦島子を筒川大明神と名づけ、小野篁を勅使として社殿の造営を命じたのが、鎮座の始まりである。これは釈日本紀にいうように、丹後日下部氏の出自を伝える説話であったのだろう。

宇良神社には現在、重要文化財の「浦島明神縁起」「神衣（白練緯地桐桜土筆肩裾文様繍小袖）」のほか、「続浦島子伝記」「玉手箱（亀甲文櫛笥）」などが社宝として残されている。

絵巻というと、詞書と画面が交互にあって物語が展開するというのが普通であるが、浦島明神縁起には詞書がない。画面だけというのは、きっと、この絵巻がもっぱら民衆に対する絵解き用としてつくられたからではないのか。共に伝わる「続浦島子伝記」がそのテキストであったと考えれば辻褄が合う。

絵巻一巻は一八紙から成り、うち一三紙か浦島子物語、そのあとに宇良神社祭礼の模様が描かれるという珍らしい二部構成である。

まず絵巻の冒頭に、筒川荘の風景が現われる。峨々たる山、緑濃い松、赤い袖なしの浦島子が小手をかざして登場すれば、また飄逸の感があり、並々ならぬ絵師の技倆をうかがうことができよう。

宝珠を飾った冠をいただき唐装束をつけた美姫、リズミカルな波頭と、まるで魚眼レンズでのぞいたような頭上逆さに屹立する岩石。斜構図の蓬萊宮が鮮麗に描かれている。長い舞台廊に、浦島子を案内する盛装の女官、金殿玉楼に伎楽を楽しむ浦島子と姫、庭前に琴を奏で琵琶を弾ずる伎女の群れ。物語のクライマックス、幼いころの記憶に沈む浦島太郎歓楽の図がここにある。

一転して、筒川大明神祭礼の図に描かれた田楽・品玉（玉の曲芸）・相撲・競馬などの見世物と、見物に興ずる青法師・壺装束の女、そして騎乗の武士などに、生き生きとした躍動感がみなぎる。巧緻な描線と華麗な筆遣いが写実的に時代性を描ききり、前半の空想世界と見事に対比させられている。

絵巻にみられる社殿の偉容さは、残念ながら現在の宇良神社にはない。バス通りから三、四百メートルの参道の奥に、石造の鳥居と大ぶりだが簡素な拝殿があるだけの、田舎ふうの社にすぎない。

絵巻は博物館に保管中とのことで、拝覧することができなかった。

「玉手箱をみますか」

といわれたが、伝説にまつわる遺品というだけで気持ちが白け、辞退した。が、これは室町時代につくられた黒漆梨子地

穴文殊

に蒔絵を施した立派な工芸品であることを、後に知った。恐らく絵巻の成立とともに絵解き用の小道具として、同時期に製作されたものであろうか。

鳥居の前で待っていた運転手が、

「浦島太郎が玉手箱を開いてお爺さんになったとき、煙で皺がよったという松があるんですが行きますか」

という。余りに出来すぎた話に苦笑するほかはない。

ほかに人家もみえない砂地の広い境内にぽつねんと佇んでいると、寂莫の思いにかられた浦島子が、そこの松の根元に呆然としているさまが目に浮ぶようである。

秋風一陣、空ろな眼で煙の行方を追っていた身に、激しい感動が襲った。

経ケ岬のレスト・ハウスで遅い昼食をとる。ここは丹後半島の最北端。これから先は西海岸となり、間人《たいざ》までの十数キロの間、穴文殊とよばれる古寺のほかは、丹後松島、屛風岩、立岩、城島などの海岸美が続く。

穴文殊、もとは清涼山九品寺と称された古寺の果てである。現在は重層の山門と方三間宝形造の簡素な本堂を残すだけの淋しい漁村の里寺にすぎないが、広い境内に残る十数体の大ぶりな石仏が寺の歴史を物語る。

「鐘楼門があるよ」

岩屋寺で、説明抜きで名称だけ教えたことに気付いて、あらためて、二階が鐘撞き堂になっている山門だけを鐘楼門というんだと説明する。それにしても本堂に似合わず、山門はそれなりに立派である。

穴文殊のいわれは、境内の地下に海岸より二百メートルも入りこんだ洞窟があり、そこに文殊菩薩が安置されていたからである。慶長一四年に、時の堂守海心首座が堂宇を建立して遷仏したという。洞窟に入るのに舟しかないというのでは、たしかに不便であろう。が、お堂に安置されたのでは穴文殊の名が泣きはしないか。境内の裏側、絶壁の辺りは金網が張ってあり、上から洞窟の所在を確かめる法はない。

境内で里人が数人、ゲート・ボールに興じている。

「上から洞窟が見えますか」

返事いかんでは金網を乗り越えるつもりであった。

「海からでないとみえないネ。こう波が高くっちゃ、舟からでも無理だろ」

と、こちらの意気込みに舟を出せとでも言われかねまいと考えた答えが返ってきた。出鼻を挫かれた思いである。そして石仏を撮ろうと、草叢に足をふみ入れたら、こんどは六〇センチくらいの茶褐色の蛇が足下にうずくまっている。とたんに、蝮に噛まれたという話が本当のような気がして、思わず後ずさりしていた。

海岸近くに樹木の生い茂る大小幾つかの島が点在していると、必らずといっていいほど〇〇松島の名が冠せられる。そのほとんどが規模や景観の点で、本家の松島には全く及びもつかぬのだが、ほかの景勝地との抱き合わせで、人寄せには結構役にたつのだろう。ここ丹後半島にも丹後松島がある。例の如く、盆景のように入江のなかに五つ六つの島が散在する。

屏風岩は、名の通りあたかも屏風が立つように、板状の岩が屹立した感のあるもの。上からでは大きさが判然としないが、優に一〇メートルを越す高さがあるのではないか。

竹野神社の松並木が左側に見えてきた。延喜式内社の一つで、乗仁天皇に奉仕した大県主由碁理《ゆごり》の女竹野姫が天照大神を祀ったのに始まる古社である。この辺りはいわば丹後文化発祥の地で、附近に神名山《じんみょうやま》古墳、産土山《うぶすなやま》古墳、大成《おおなる》古《こ》墳がある。

竹野川を渡ると立岩がみえる。褐色の柱状節理の玄武岩からなる、平坦だが豪快な感じのする自然の巨岩。それが海岸線を断つように、岸近く横たわる。この岩にまつわる伝説があって、三一代用明天皇の后、穴穂部間人《あなほべはしうど》の第三子麿子《まろこ》親王がこの地で鬼退治をし、それをこの岩に封じこめたというのである。日本海から吹きつける風、打ち寄せる荒波がこの岩に当って発する音を、鬼の号泣にみたてて生れた鬼封じの伝説であろうか。

ここの地名、間人は間人皇后の帰京に因んでつけられたもので、「はしうど」といわず、「たいざ」と読ませたのは「退座」の音をあてたものといわれている。海に向かった山手の斜面にひろがる村落で、ちりめん機業の盛んなところである。

城島公園の駐車場の上斜面、木造二階屋から折しも機織りの音が聞えてきた。絶えて聞くことのなかった、あの懐しいリズムである。

城島は周囲二〇〇メートルに満たぬ小さなものだが、足利時代に一色式部大輔の家臣、荒川武蔵守が築いた城のあったところで、現在は自然公園となっている。岩礁が累々と延び、日本海の荒波がそこに砕け散る。海に張り出した松との取り合せは一幅の画をみるよう。あの浦島明神縁起の水江の浦の風景さながらである。風にふらつきながら、荒波の彼方に、ふと竜宮の幻をみたと想った。

長浜、遊浜、琴引浜、太鼓浜、八丁浜と、網野町までの一〇キロに、絶好の海水浴場が続く。

網野町には、島児神社（浦島子の屋敷跡）、静神社（静御前の出生地）があるが、立ち寄るひまがない。車は子午線塔を左にみて、浜詰砂丘の甘藷畑のなかを突っ走る。

「ここのさつまいもは日本一うまいですよ。買っていきますか」

お愛想のつもりだろう。甘藷をぶらさげて旅でもあるまいという返答は、したがって声にならなかった。

浜詰海岸の辺り、とくに夕日ケ浦は、名の通り夕陽の美しさで知られるが、生憎と一面の曇り空で、むしろ雨さえ降り出しそうな気配である。

ようやく久美浜湾に辿りついた。丹後半島はこれで終りか。ふと感慨がよぎる。

が、ここにも小天橋があった。湾の北端、日本海と接し三キロの砂嘴が、日間《ひま》の松原を背負って東西に延びる。これが小天橋である。日本海の荒波がこれで防がれ、湾内は穏やかなので、鮴《はまち》、牡蠣などの養殖が行なわれている。それでも少

如　意　寺

し汚れているなと思ったが、阿蘇海ほどではない。

久美浜は、古代、大和・出雲両勢力の接点に位置した。久美浜駅近く、神谷神社の本殿が出雲式建築の東限（丹後では唯一）をなすのが、その証拠である。

神谷神社にほど近く、その西南に宝珠山如意寺がある。北方に望まれる観音山に行基が開いたという古刹。昭和三九年にその末寺であった大円寺境内に解体移築されたのが現在の建築である。重層の山門は鎌倉時代の建立、左の丘に鐘楼、一段高く方三間宝形造の本堂がある。

「鐘楼門がある」とは、もういわなかった。

建物に比して、広い境内を埋める玉砂利の新しさが眩しい。本尊は十一面観音、ほかに弘法大師爪彫りと伝えられる不動明王、恵心僧都作と伝えられる阿弥陀如来がある。不動明王は日を切って祈念すれば霊験ありと信ぜられ、日切不動ともよばれている。

陽が落ちかかる、それに雨もぱらついてきた。気がせいていたが、

「もう一軒廻りたい寺があるんだけど、……」

と、未練がましくいえば、

「城崎までは二〇分ぐらいでゆけるから、廻れるよ」

本　願　寺

と、嬉しい返事である。

そのもう一軒は霊鳴《りょうでん》山本願寺、同じく行基が開いた恵心僧都中興の名刹である。

国道をしばらく逆行する。門前についたときは、雨も本降りとなっていた。しかも薄暮である。ともかくも写真を撮れるうちにと、車を飛びでるようにして、山門、鐘楼、本堂、祖師堂、勅使門と夢中でシャッターを切る。

折よく住職らしい御仁が帰宅された。来訪の趣を申しのべると、しきりにあおがり下さいと勧められる。が、無礼を詫びつつ、玄関で由来を伺うことにした。それによると、
当山は天平二（七三〇）年行基がこの地にこられたとき、大樹にとまっていた鴫《しぎ》が仏の姿となって飛び去ったので、深く感じて一寺を建立されたのが始まりである。このことから霊鳴山と号し、永く法相宗に属してきた。

二七〇数年後、寛弘元（一〇〇四）年に、恵心僧都が切戸の文殊に詣られた夜、久美の地に行基菩薩が開いた霊地が荒れているから、これを再興せよとの夢を見た。急ぎ来山し、本坊を始め幾多の坊を修理し復興された。それ以来天台宗に属し、信貴山と号した。

後鳥羽天皇の建久三（一一九二）年、法然上人が久美の

城主の願いにより当山に一夏をすごされたとき、先帝後白河法皇の大法要を修することを依頼され、それ以来一山六坊浄土宗に改宗し霊鳴山と復号し、今日に至っている。

本尊は行基作と伝えられる阿弥陀如来である。鎌倉時代の再建になる方五間入母屋造檜皮葺の本堂と、法然上人の大法会にさいし御鳥羽天皇から勅使を参向させられたときの遺構である勅使門が重要文化財に指定されている。また、池畔の自然石に彫られた六字の名号は法然上人の真蹟である。

二、三〇分は経っていたのであろう。運転手が迎えに来た。玄関先での無礼を詫びる住職に厚意を謝し、名号石を写真にと、池畔にたったが、すでに名号の弁別も叶わぬほどに秋は暮れていた。

城崎温泉は円山川に流れこむ小さな大谿川を挟んで、外湯を中心に発展した古い温泉街で、志賀直哉の「城の崎にて」あるいは「暗夜行路」によって広く知られている。河岸に柳並木が続き、外湯七湯の一つ、地蔵湯から一の湯まで、数メートルおきに石橋がかけられ、そのしっとりとした情緒がかもしだす風景は、掛け値なしに現代離れしたものといってよい。外湯めぐりのハシゴにつぐハシゴでふらふらになった運転手の話も、この華やいだ艶っぽいムードではそぞろ歩きもしたくなろうと合点がいった。外湯七湯にはそれぞれ由来もあるが、ここでは省略して寝につくことにしよう。

——但馬の小京都（兵庫）

夜来の雨はあがって、翌朝は快晴とはゆかぬまでもお天気はまあまあ。出石まで二〇キロ余の出発である。

円山川に沿って走る。川面が高い。昨夜の雨のせいもあろうが、この辺りはもともと海抜四メートルしかなく、満潮時には豊岡まで海水が上ってくるとか。その大昔は出石あたりまで入江であり、そのため現在の陸地も低いのである。

若狭から丹後、但馬にかけての海岸は、古代、大陸文化の伝来地であった。なかでも深い入江に臨む出石の辺りは、そういうときの上陸地として、定住地として、恰好の場所の一つであったに違いない。古事記（中巻明宮の段）によれば、新羅の王子天之日矛《ひぼこ》（天日槍）が妻の阿加流《あかる》比売を追いかけて来朝し、住みついたところが多遅摩国であり、そして土地の女前津見（日本書紀では義母）との結婚、伝えられた八種《くさ》

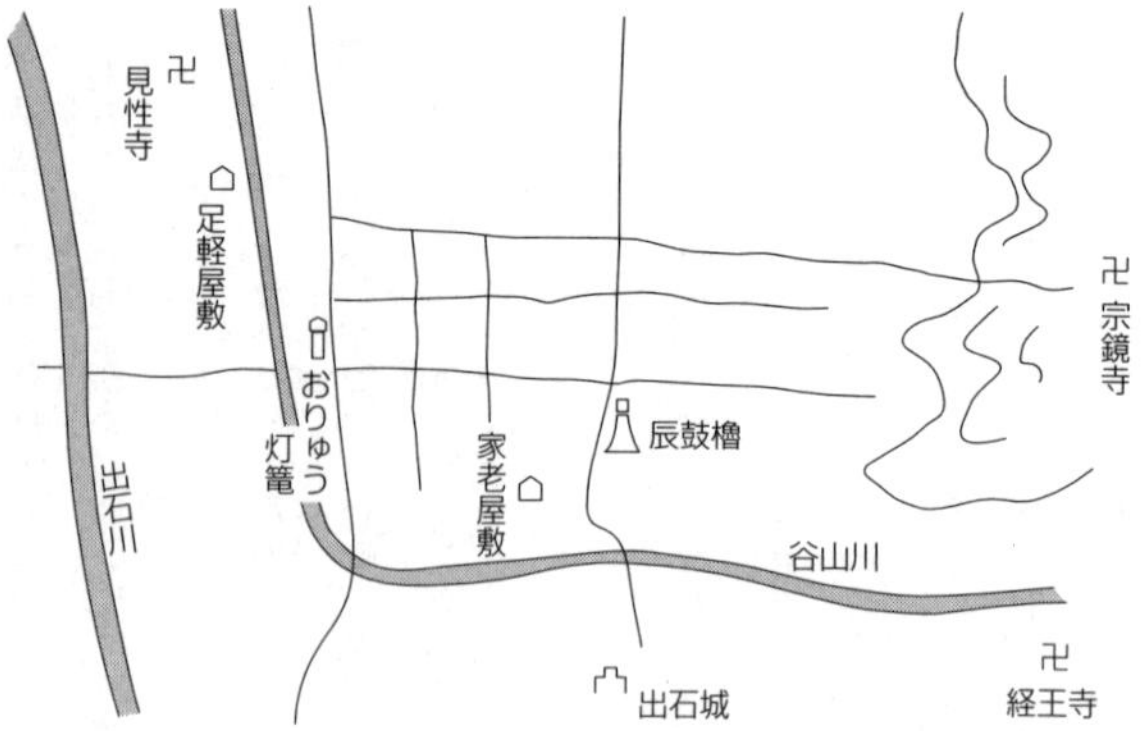

の玉津宝（伊豆志之八前大神）、その女伊豆志袁登売《いずしおとめ》の結婚をめぐる話を記す。加えて、播摩国の葦原志挙乎命《あしわらのしこおのみこと》との争いを伝える播摩風土記、垂仁天皇と天日槍の曽孫清彦との間に交された出石小刀のやりとりを伝える日本書紀をみると、出石開拓者としての天日槍の勢力の強さや大和との深い係わりを知ることができる。そして三世紀には、「くに」といえる規模の渡来人の集団が出石に存在していたといわれる。

かりに、統一政権がわが国で成立した時期を五世紀後半とした場合、それ以前においても、新天地を求めて朝鮮から多くの開拓民が流入しており、彼らは後の日本の政治社会の形成に深くかかわったのである。つまり、一般に帰化人の渡来といわれている事象は、少なくとも統一政権成立以前においては、移住者が新しいくにづくりをこの地で行なったと考えねばならないのではないか。そのころの日本列島は、アジア文化の吹き溜まりであり、出石は、まこと、このような古代における政治と文化の吹き溜まりの中心の一つであった。

出石の祖神、天日槍と八種の宝を祭神とするのが但馬一の宮出石神社、出石乙女を祭神とするのが御《み》出石神社である。

＊　＊　＊

車は玄武洞を円山川の左岸にみて、やがて豊岡町に入る。町の東、山麓にある中島神社も、天日槍の子孫、あの常世の国に橘を求めた田道間守を祀る。

円山川を渡り、出石川にであうところ、医王山東楽寺の標柱が左にみえてきた。ここは日本三大聖天（奈良の生駒聖天、香川の八栗聖天）の一つで、豊岡聖天ともよばれ、弘法大師

東楽寺

が開いた古刹である。突然、

「あれ、鐘楼門でしょ」

と、運転手。

　これは、まぎれもない鐘楼門。その何たるかが理解できた様子である。そしてしきりに堂塔伽藍の勉強を始めたいと話す。

「観光客に説明してあげなさい。功徳がありますよ」

と、これはお世辞抜きである。

　聖天は秘仏であるから、それはあきらめていた。目的は四天王である。延喜元（九〇一）年一山焼失後、延長年間の再建時（一〇六〇余年前）に造立された藤原中期の尊像といわれている。

　鐘楼門を入って、正面の庫裡で案内を乞うた。本堂から廊下を渡り収蔵庫に案内されると、白堊の壁を背景に、真黒な等身大の四天王が眼に入る。下半身ががっしりとした安定感のある四天王である。足下に踏まえた邪鬼ともども檜の一木造りであるが、漆の黒が年代を経て益々重々しく堂々とした感じを与える。気がつくと、広目天が左手に巻子、右手に筆を持つほかは、他の三天の持物がすべて失われている。戟や剣を持たぬせいか、堂々としてはいても武将の烈しさは消え

宗 鏡 寺

て、長い対面のあとでは、むしろ親しみさえ感じていた。
ほとんど知られることのなかったこの寺院に、こんな立派な仏像がと思いつつ境内をふりかえると、驚きと感激が絡まりながらこみあげてきた。

出石川の上流をめざせば、やがて出石の町である。古代はともかく、近世に入って室町時代、山名宗全の拠点となり、江戸時代は、小出、仙石、何れも五万石から六万石を領した城下町、出石。今はわずかに人口一万弱の小さな町にすぎない。東西一キロ、南北八〇〇メートルほど。西北を除いて三方が山に囲まれ、出石川が町の西側を南北に縦断する。

町に入って、壁土色の古い酒蔵の続く町並みを東進し、お目あての宗鏡《すきょう》寺に直行する。東福寺の大道一以禅師の開山による古刹で、円覚山と号し、臨済宗大徳寺派に属する。もともとは山名の菩提寺であったが、秀吉の但馬征伐によって山名が滅亡し荒廃していたものを、沢庵が元和二（一六一六）年に再興した。よって沢庵寺と通称する。

沢庵は、山名裕豊の重臣秋庭能登守綱典を父として、元正元（一五七三）年に出石に生れている。山名の滅亡により父が逆境に陥ったため、一〇歳のとき浄土宗唱念寺において仏

宗鏡寺庭園

門に入り、四年後に宗鏡寺の希先西堂の弟子となった。希先他界の翌年、二〇歳の折り、宗鏡寺に留錫した大徳寺の董甫宗仲との出合いが、彼の運命を決定づけた。文録三（一五九四）年、董甫の帰洛に随伴して大徳寺に入ることになったからである。

沢庵の道号は、董甫の他界後、大安寺で詩歌・儒学に励んだのち、堺の陽春庵に寓居していた一凍紹滴に随侍した折り与えられたものである。やがて一凍没し、父も亡くなったが、三六歳で大徳寺住持となった。その名望によって、時の出石城主小出吉英の依頼をうけ、荒れていた宗鏡寺を再建することになる。

大徳寺紫衣事件で出羽上の山に流され、また家光に迎えられて東海寺（東京都品川）を開き、結局正保二（一六四五）年一二月ここで七三年の生涯を閉じることになるが、自らを幕府の「繋猿《つなぎざる》」と自嘲した如く、幕府の厚遇をうけたというものの、それに縛られた晩年は、世俗的名利を嫌う沢庵にとって、意に満たぬ日々であったに違いない。わずかに宗鏡寺再建後、宗鏡寺の境内に自ら営んだ投淵軒という庵での七年間（四八歳から五四歳まで）こそ、一生のうちで彼が一番望んだ形での一ときを過しえた時期であったのではないか。

経王寺

宗鏡寺の山門を入ると、左から本堂・庫裡、離れて「夢見の鐘」を吊る鐘楼と並ぶ。これらの堂屋の裏手に、沢庵の作庭になる名苑と、そこから一段高く小出・仙石など歴代藩主の墓所がある。投淵軒はさらにその左奥、昭和四三年に復元されて、いま眼前にある。

投淵、敗北のなかで泊羅《べきら》の淵に身を投じた不遇の詩人屈原におのれをみたてて命名されたといわれる。しかし、幕府の統制に苦悶する大徳寺から逃れて、読書三昧と領主吉英との交遊に過したここでの歳月は、勝手気儘に閑静の境地に遊ぶことのできた時期であったろう。庭前の手植えと伝える侘助《わびすけ》は、そのような生活をいとおしんだ彼の心情を思いやるのにぴったりである。出石は、沢庵にとって心安らぐ文字通りの故郷であった。

宗鏡寺の真南、谷山川を隔てた経王寺に回る。開山当時は会稽山薬王寺と称し、真言宗の霊地だったが、四六〇年後永禄年間に日道律師によって日蓮宗に改宗し、一乗山経王寺と改めた。仙石の初代藩主政明が菩提寺と定めた由緒ある寺院であるが、その由緒よりも城郭造りの外観で注目をひく建造物である。

江戸時代の城下町で、町の入口に寺を造り、砦の機能を受

見 性 寺

けもたせる例が数多くみられるのは、江戸幕府の築城制限令に対する政略としてとられた措置であるが、経王寺の山門前に建てられた重層白堊櫓ふうの建物がそのことを明瞭に物語っている。ここは出石町東の外れ、京への丹波口に当る枢要な地点であった。

同様の北への出入口、とくに江戸時代の主要な交通路である河川の見張りに当る場所、出石川・谷山川に挟まれた出島の場所にも、見性寺《けんしょう》が建つ。白堊重層の鐘楼が、これも城郭の隅櫓然として、一見して物見台ふうである。しかし二層にみえる火頭窓が、わざとらしく、寺院であると言い訳をしているようにみえる。竜福山見性寺、天文三（一五三四）年実相大準開山になる曹洞宗寺院である。

砦の本拠、出石城の跡は経王寺の西、歩いて二、三分のところにある。城は始め背後の有子山山頂に築かれていたが、慶長九（一六〇四）年に小出吉英がその麓に移築した。本丸・二の丸・三の丸と階段状に築いたもので、今みる隅櫓二棟は昭和四三年に再建された。一五六の石段は、現在、本丸跡の稲荷神社の参道となっており、三七の赤鳥居がたつ。

そして、城を正面に見据える大手通りに、辰鼓櫓が。かつての大手門一隅につくられたもので、辰の刻（午前八時）に

総持寺・本堂と徳利塚

大鼓を打って、藩士に登城を知らせた見張り兼用の櫓であった。今は明治一八年オランダ渡来の大時計がはめこまれ、出石のシンボルとなっているが、針は止まっていた。

　辰鼓櫓にほど近く、大手通りを西に入ったところに家老屋敷が残る。仙石騒動で有名な仙石左京の屋敷跡といわれ、武家門と白壁の塀が昔のままの姿で残されている。文政七（一八二四）年急逝した仙石六代藩主政美に子がなく、政美の弟久利が継嗣となったことに反対し、分家である左京がその子小太郎をたててお家横領を図ったという、講談などでお馴染みのお家騒動である。天保六（一八三五）年のことで、出石藩はこのため三万石に減封され、仙石家は、久利のあと政固のとき版籍奉還を迎えた。

　時代劇などでみる家老屋敷よりは、だいぶ見劣りのする小ぶりな長屋門であり、芝居の大仰さを垣間見たような思いであった。

　見性寺を正門にみる小路に、時の流れを忘れたかのように足軽長屋が軒を連ねる。崩れかけた藁葺き屋根と千本格子の三軒長屋である。足軽という言葉から想像していたよりは広く、間口四間、奥行三間ぐらいはあろうか。しかも歴史的保存家屋かと思ったら、現在も人が住んでいた。観光ブームに

出石神社

乗り遅れたというよりは、頑固に現代化を拒否しようとする出石の心意気を感じたような気がして、むしろ小気味良いという思いが強い。

お柳灯籠と呼ばれる高灯籠が、谷山川大橋の東詰に残されている。日本海から千石船に積まれてきた物資が、豊岡で三十石船に積み換えられ、出石へと運ばれた、その船着場を照らす灯明台である。今の出石からは想像もできないほど、人の流出入と荷役が殷賑を極めていたのであろう。

桂小五郎が蛤御門の変後、かくれて一とき出石に住んでいたこと、東大初代総長加藤弘之が出石の生れであることは、ここに来て始めて知った。

町並みを抜けて、総持寺と出石神社に寄る。応峯山総持寺は行基が開いた古刹で、平安末期には七院十坊の塔頭を構えた但馬有数の大寺であった。山名がこの地を領して以来、その祈祷寺として尊崇をうけたといわれる。珍しい徳利塚があって徳利と盃が祀られている。出石神社は総持寺への途中、背後に山を負った自然林のなかに鎮座していた。一の鳥居、二の鳥居、拝殿を囲む廻廊をもつ延喜式の名社である。

出石神社から総持寺の辺り、山の懐に包まれた緑の閑寂境である。古来、出石の人々の憩いの地であったに相違ない。

古代から度々史書に現われる出石を考えると、今見る出石は、正しく今昔の感に堪えない。明治二五年山陰線の計画から外され、そしてまた昭和二〇年出石鉄道の撤去によって、出石は時代から取り残され、人々の記憶から消えたのである。しかし、近代化への立ち遅れが、紛うことなく、古く良きものを今に残した原因でもある。そして、そのような古い町並みの伝える情緒が、小京都の名で現代人に慕われ、そこを尋ねる人々に郷愁を抱かせもするということに思いいたると、時代の進歩とか町の発展とは一体何だろうと考えこまざるをえない。今昔の感を感ずれば感ずるほど、出石はまさしく小さな小京都の代表選手のような気がするのである。

この飽和感は心地よい。しかしいい映画をみたり、いい音楽を聞いたあとのように、神経が疲れた。城崎に戻って、そこから北に、日和山遊園でまたまた遅い昼食をとった。

風が強く、日本海の波頭は更に高い。海上、竜宮を模した経ケ島への観光船も欠航している。グラス・ボートの発着場に激突してあがる数メートルの波しぶきの変化のさまを、ぼんやりとどのくらい眺めていただろうか。

ガイド・ブックふうにいえば、城崎の町にも極楽寺と温泉寺の二古刹がある。帰りの列車までの二時間有余、温泉寺の本堂にだけ一礼し、極楽寺を拝観した。温泉寺は本堂と多くの仏像が重文指定をうける但馬切っての名刹であるが、大師山の東面全体が寺領という広さをもち、僅々の時間に回れるところではなかったからである。それにこれらの古寺をここで紹介することは、本稿の主題からすればいわば蛇足となろう。ただ、万年山極楽禅寺が、豊岡城主杉原伯耆守の寄進によって、あの沢庵が再興したということだけは付記しておきたい。

明日の祭礼を控えて、城崎は町中、宵宮に湧いていた。

（「書斎の窓」三一一・三一二・三一三号　一九八二年）

山陰の古都逍遙——雪舟に惹かれて——

——津和野に鷺舞を追う（島根）

今の世に広く知られた人でも、近世以前の人物の場合、その人が名の知れた家の生れでなければ、その出生の日や生地はもとより、青年期の行動についても明らかでないということの方が普通である。それというのも、それなりの人物について、広く意識的に記録に残されるようになったのは近世以降であり、かりにそれ以前の記録に記されている場合でも、その後消滅して今に残る例が少なく、そのため歴史的資料に欠けることが多いからである。

かの有名な雪舟等楊の場合もこの例に洩れず、最初の本格的な日本絵画史の著述である江戸中期の『本朝画史』(元禄時代に刊行され四〇〇人以上の日本画家の伝記を記す)や、江戸末期、弘化・嘉永年間に五一巻にまとめられ日本絵画史の基礎資料となった『古画備考』にも、雪舟の前半生についての記述はない。ただ『本朝画史』に、備中宝福寺にいた少年時代、画に夢中になって経を読まず、そのため和尚に柱に縛りつけられて泣きだし、落ちた涙でねずみの絵を描いたという話が記され、これが今も語られる逸話になっていることを知る読者は多いだろう。この話は、雪舟が宝福寺にいたという証拠がないところから、現在では、偉人にまつわる後世の付会伝説であるとされているが、彼の生地が宝福寺のある赤浜村、今の岡山県総社《そうじゃ》市であろうといわれていることから考えて、宝福寺と何がしかの縁があったとしてもおかしくはない。

前半生に比して、後半生はさすがに明らかである。それも、漂泊の画聖ともいわれたとおり、明から帰朝したのち、彼は豊後・美濃・能登・出羽などと、目まぐるしく旅に出てはいるが、結局、縁があって長く留まり、活躍の中心地となった周防山口・石州益田に、その確かな足跡が残されている。

先年、吉備路から総社を経て高梁に回ったさい、朱色鮮やかな三重塔におめにかかろうと、宝福寺に立ち寄った。その

宝　福　寺

森厳な境内に、雪舟碑――頼山陽が書いた吉備神社の藤井高尚の文と雪舟の肖像を刻んだ碑――をみたとき、一瞬、「秋冬山水図」が重なった。そして、数多くの四季山水図、あるいは山水図巻を想い起こしながら、心は西中国に飛んでいたのである。

しかし、周防にしても石見にしても、やはり遠い。やっとの思いで足を運んだのは、それから三年後であった。

＊　＊　＊

西中国観光旅行の目玉は、なんといっても萩・津和野。〝維新のふるさと〟〝山陰の小京都〟が醸すイメージがマス・コミにのって、いま、その人気は金沢・高山に勝るとも劣らず、旅行社の団体ツアーが連日繰り込むもてようである。それに、まだ広くは知られていないが、〝山陰の奈良〟防府の魅力も捨てがたいと思う。

ともかくこうして、山口・益田・萩・津和野・防府という欲張った、今回の目的地が決まった。が、どういうふうに回るかが問題である。小郡まで新幹線を使うのは当然として、山口・防府を基点に山口線を北上して萩に辿りつくか、逆にバスで萩に出、益田から山口線を南下するかである。

しかし、決定的要因となったのは津和野の鷺舞であった。

鷺舞とは、いわゆる民俗芸能の一つ、風流系統の仮装踊である。風流踊とは、意匠をこらし、きらびやかに飾った作り物・仮装をして、囃子に合わせ華やかに踊られるもので、御霊信仰や疫病信仰に源を発しているといわれる。悪霊や疫神をきらびやかな神座に誘い込み、踊りで慰め静めるのである。今日全国的にみられる盆踊や念仏踊も、この種の芸能の例であるが、鷺舞は数少ない動物仮装の風流踊の典型といわれ、国の無形文化財に指定されている。それが山口の八坂神社、津和野の弥栄神社の神事として残され、何れも七月二〇日（神輿渡御）・二七日（還御）の祇園会に行われるが、津和野のそれがよく知られている。

小郡に着くのは、二六日の午後遅く。このため、津和野に直行することにした。

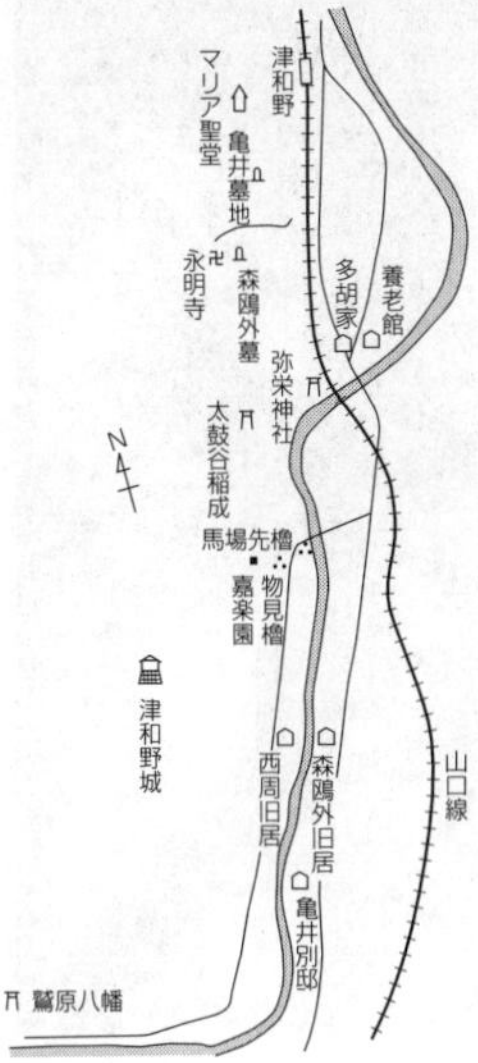

津和野は鯉の里。錦川から引かれた水は、堀割を流れ、家々の庭に入り、床下をめぐる。そこに群れる色鮮やかな大小の鯉。観光ポスターに描き出された津和野の風景である。それが旅人の旅情をかきたて、生活に疲れた心を慰めてくれることはよくわかる。しかし、人は鯉をみるためだけに津和野にくるのではあるまい。その魅力は何なのだろう。

何よりも、世にいう小京都である。それは、町は山に囲まれ川に沿い、歴史の重みを感じさせる旧い家並み、こういった景観が京都の俤を感じさせるところ。全国で二〇指に余る（補注・平成八年の「全国京都会議」に集まったものは五〇とか）が、津和野はそのなかでの最小ミニチュア版、歩ける小京都というところか。人口わずかに八、〇〇〇。角館（人口一六、〇〇〇）、出石（人口一一、〇〇〇）にしても条件はほぼ同じであるが、津和野の知名度は高い。それは、文豪森鷗外を始めとして、幾多の作家の残した津和野の思い出が、人々の琴線に触れ郷愁をかきたてたためであろう。それに、〝つわぶきの野〟を表わすその地名が、清楚で高雅な花の風情に重なり、とくに女性を魅了するのである。

宿についた私は、そそくさと体を一拭きして街にでてみた。殿町通りを歩きながら、いつもと違った不可解な感性に襲

藩校養老館前の殿町通り

われていた。ここは街の中心部、交通信号が点滅しているが、車はたまにしか通らない。しかも、藩校養老館の前でシャッターを切る一人二人がわずかな人ッ気である。閑散とした歩行者天国というのでは、都会に慣れた私の感性が戸惑うわけだ。

夕方の赤味がかった日射しが白壁の土塀に落とす街路樹の影を追いながら、文字通りの漫歩。この感性が呼び起した記憶は、中山道の真中を高歌放吟したかつてのわが姿であった。

しかし今はただ黙々と、神経だけが張りつめている。喧騒から杜絶した静寂のなかで、白い土塀が歴史の重みを語りかけてくる。塵がない。そして堀割りと錦鯉の潤い。私はやっと納得したのである。

いつのまにか、堀割りの回りに人だかりがしていた。近づくと、ガイドの声が聞えた。

「ここの鯉は、観光の皆さんが餌をやるので、太ってしまって、豚鯉などといわれます」

「豚鯉か」

という相槌とともに、一瞬、大きな笑い声が人だかりから起った。

永明寺

朝、目が覚めると相変わらずの快晴。慣れない強い紫外線が閉口である。しかし、津和野は歩くに限ると決めていた。

旅館から西へ五分ほど、踏切を渡り、突き当たりのだらだら坂を登ると、そこが覚皇山永明寺。津和野の歴史をみてきた古い曹洞宗の禅寺である。応永二七（一四二〇）年に藩主吉見頼弘が創建したもので、以後、吉見・坂崎・亀井の各津和野藩主の菩提寺として栄え、徳川時代には、加賀前田の大乗寺とともに、曹洞宗の二大僧堂といわれた石州の本山であった。

石段を上り、山門を入る。突然開けて、平地が広がった。正面に左右大小二つの石段、右に鐘楼門、左に中門がある。さらに左手に百基ほどの墓があり、そのなかの一つに「森林太郎墓」と刻まれてあった。

中門をくぐると、正面が総茅葺の堂々たる本堂である。裏の庭園は林泉配石が美しく、しばらく、滴る汗を拭った。

線路沿いの道を南に数分歩くと、殿町通りとぶつかり錦川に出る。左手をみると、亀井藩政の中心にいた国家老多胡家の表門が、いまに残る。

右に朱塗の大鳥居をくぐれば、あの鷺舞の弥栄神社である。これはまた、思ったより小さな拝殿であった。しかし境内の欅の大木をみると、この神社の古さが偲ばれる。弥栄神社は

弥栄神社

八坂神社に通ずるように、初めは祇園社といい、津和野城の鎮護のため、その鬼門に、京都のそれを勧請し建てられた。

鷺舞のルーツも京都の祇園祭にあり、それが山口から津和野に伝えられたという。今から四四〇年前に、吉見正頼が病除け祈願のため、山口の八坂神社から、祇園会のこの神事を移入したのである。坂崎時代に一時廃れていたが、亀井二代藩主茲政が京都に人をやって、この技芸を習得させ復活した。本家の京都では、山や鉾に趣向が移って、今はすっかり廃れているが、山口・津和野では、現在までこれを伝えているのである。しかも、津和野では、近年、少女たちによる小鷺踊りも踊られるほど盛んとなって、そのためこちらが世に喧伝されたのであろう。

鷺舞は、どこにいったのか。この時間、境内は深閑として、観光客が数人だけ。鷺舞の雛型が二体、ポツネンと立っているのが、いかにも侘びしげである。

弥栄神社の境内を抜けると、右に大鼓谷稲成神社がみえる。茶店や土産物屋が並んでやっと観光地の雰囲気がでてきたが、休みが多い。

神社に上る石段の入口に「崖崩れのためこの参道は通れません　高校脇の表参道を利用して下さい」と掲示板がたって

いる。頂上まで赤い鳥居が一一七四本トンネル状に続く、とあって興味を引くが、これは残念。先月来の山陰の豪雨のせいであろう、赤茶けた崖崩れの跡が下からみえる。しかし、長い石段の参道を見上げて、この暑さのなかに怯んだことも確かである。

川沿いの道から馬場先櫓を左にみて、嘉楽園に入る。ここは亀井藩邸庭園の跡。庭の一部がすでにグラウンドと化し、辺りは夏草が茫々。その俤は全くない。文字通りの「夢のあと」である。藩公庭園の保存がされている城下町の例は、全国的にも数が多いのに、津和野としたことが、これはどうしたことだろう。

私の脳裏には、いま、山陰の小京都というネーミングに対する疑念が頭をもたげ始めている。

殿町通り・弥栄神社の静けさ。四万三千石の城下町の、ここはかつての中心地。なのに、辺りは草いきれのなかで、眠るように物静かである。津和野は時の刻みのなかに埋まってしまったのか。それとも、こちらが観光地の殷賑さに慣れてしまったのか。築山跡にたつ亀井最後の藩主茲監像の胸中には、どんな想いが籠っているのであろう。

城下町として、藩政六〇〇年の歴史をもつ津和野。しかし、幕藩体制時を下まわる人口八、〇〇〇という今の寂れようは、この町が過去だけにしがみついて生きてきたせいなのか。町民を土地に結びつける精神的基盤の脆さに思いが及ぶと、城下町にしては寺の数が少ないことに気付く。歴史に埋もれた津和野。滅びの美学、この日本人特有の感性が、観光客を呼び寄せもするのであろう。

見上げれば、三本松城は眼前にある。吉見・坂崎・亀井の治世とともに歩んだ三本松城は、どんな津和野をみてきたのであろう。

＊　＊　＊

津和野の始まりは、能登にいた吉見頼行が、元寇再警備のため、弘安五（一二八二）年に、鎌倉幕府に命ぜられて石見に入った時といわれる。今から七〇〇年前である。三本松城はそれから一三年後に築城開始、実に三〇年の歳月をかけて、二代頼直のときに完成した。

吉見の治世は一四代、三一九年間続いたが、そのなかで戦史に名をとどめ、最も勢威を誇ったのが一一代正頼。史上有名な大内義隆に反逆した陶晴賢との闘い、それが彼であった。

南方に野心をもつ吉見氏は、そのため、従来より、大内の重臣で周防の守護代、陶氏と仲が悪く、すでに、吉見信頼は晴賢の祖父弘護と領地問題で刺し違えており、それに何よりも、当時、正頼の夫人は義隆の姉という関係にあった。

天文二〇年、義隆を長門湯本の大寧寺で自刃させた晴賢に対して、正頼は翌年、長州に出撃する。怒った晴賢は二三年山口を発して津和野城を攻めたてた。錦川を挟んで南方に聳える五八〇メートルの陶が嶽、それが陶軍の本陣のあったところである。

攻防戦は半年にわたった展開されるが、要害を誇る津和野城を陶軍は落とすことができない。やがて、吉見から援軍を頼まれた安芸の毛利が、安芸の大内勢力を抑え、その全土を抑圧するに及んで、晴賢は正頼と和睦した。その戦闘の場は、いま津和野に戦《いくさ》という地名として残されている。西中国における天下分け目の決戦、厳島の戦はその翌年のことであった。

正頼は萩（椿郷）を与えられ、隠居後は、指月に居館を構えている。

吉見による津和野史は、一四代広行で終る。それは、彼が関ヶ原の役で西軍に味方して敗れ、津和野を捨てて萩に退いたことによる。しかし、防長二国に減封された毛利が、指月に築城することになった。こうして吉見・毛利の確執が始まり、とどのつまりは、山陰の名族吉見は萩の平安古《ひやこ》に哀れな末路をとどめることになる。

吉見のあと、津和野に入ったのは坂崎出羽守直盛。大坂夏の陣で千姫を大坂城から救いだした、あの有名な武将である。家康との約束を反古にされ、千姫が桑名藩に再嫁することを知って、彼はこれを奪う計画をたてるが、柳生宗矩に説得されて自刃する。坂崎の治世は一代、一六年で終ったが、今に残る殿町の堀割りをつくるなど、城下町の整備に力をつくし、また楮《こうぞ》栽培の改良を行って、石州和紙の基礎をつくり、その功績は、後の津和野人から大きく評価されている。

坂崎のあとを継いだのは、元和三（一六一七）年、因幡の鹿野から移封された亀井政矩であった。代々家老職を勤めた多胡家の初代真清は、政矩の従兄弟に当る。三代茲親が『仮名手本忠臣蔵』にでてくる桃井若狭之助、加古川本蔵に当るのが江戸家老多胡外記真蔭で、家老の善処により、吉良上野介との間に事なきをえたという話は知る人ぞ知る。石見半紙の名が全国に知られるようになったのもこの頃からしく、四万三千石の津和野藩は、その売買によって実質一五万石の経済力をもっていたという。藩校養老館の創設は八代矩賢のとき（一七八六年）であり、儒学のほか、礼学・医学・数学・

西周旧居

兵学が講ぜられた。

一一代茲監《これみ》は、津和野藩の最後を飾るにふさわしい名君であったといわれる。慶応二年、第二次長州征討令が発せられ、幕府・長州のいずれに組するかの岐路にたたされたときには、福羽美静とはかってよく中立を守り、津和野を戦禍から救ったばかりか、王政復古ののちは、小藩ながら廃藩建白書を上申してわが国の近代化に協力し、また養老館教育の刷新によって、西周や森鴎外などの俊秀を育て、明治文化に貢献した。亀井藩政は一一代二二五年であった。

見上げる三本松城、その城壁の巨石が、津和野三家の治世を今に伝えるのである。

＊　＊　＊

嘉楽園から西周の旧居までは、わずか一〇分の道のり。しかし人家がまばらで、日陰が少なく、暑い。直接照りつける紫外線とアスファルトからの照り返しが、全身を包み、額から汗が路面に滴り落ちる。大手門に近いこの辺り、登下城で賑わう武士達は、どんな面相で往き来したのであろう。

家並みがたて混んできた。小路を廻ると、その一角に西周の旧居があった。彼が四歳から二一歳までを過した家である。父は藩の外科医、西時義、一〇〇石をもらっていた。

亀井氏別邸

「敷地は広いが、屋敷は狭いな。いや、百石ではこんなものか。しかし、御典医を勤めて、百石とは少なすぎる気もする。四万三千石の小藩では致し方ないか」

私の独り言である。

庭の片隅に土蔵が建っている。その階下、西側の三畳が、周の勉強部屋であった。一二歳で養老館に入った彼は、寸暇を惜しんでここで勉強したといわれ、その一辺倒の生活ぶりについては、さまざまな逸話が残されているそうな。

常盤橋を渡ると、森鷗外の旧居がある。彼が生れ、そして一一歳まで育った家である。父は藩の内科医、森静男、五〇石を給されていた。しかしここは、目下、解体修理中で、そのため一五分の一の模型が庭先に展示してあった。

「五〇石にしては立派な屋敷だ」

これも私の独り言である。

林太郎は父とともに一一歳で出郷し、ついに津和野には帰っていない。

この辺り、観光センターめいて、土産物屋や食堂が立ち並び、観光客の行き交う姿がさすがに賑やかである。大型バスも駐車場に何台か。団体旅行の交通機関もバスが主流になって、どうやら津和野は、萩↕山口コースの経過地になったら

鷲原八幡

しい。ちょっと津和野によって、殿町の鯉と鴎外の旧居をみる。これでは一、二時間。泊る必要もないのでは。確かに大きなホテル・旅館の類いは少ないのである。

団体予約の座席を横目でみながら、遅い昼食をとる。腹が膨れると、この暑いなかをもう歩く気はなくなった。亀井別邸、そして鷲原八幡宮と、季節がよければ、まだまだ恰好の散歩コースなのだが。

亀井別邸は、池泉回遊式の広い庭園を備えた明治期の和風建築である。石州瓦の赤い釉薬が、濃い緑のなかにきらきら輝いて美しい。築山から眺めた城山の遠望が、また印象的であった。

鷲原八幡までは一キロ。さすがに車内の冷房は心地好い。

鷲原八幡の起源は古く、正暦年間に宇佐八幡宮を勧請したものというから、約千年も前のこと。その後、吉見頼行が鎌倉八幡宮の分幣を勧請した。しかし何よりも、ここの八幡宮は流鏑馬の神事が行われることで有名とか。流鏑馬は古く矢馳馬といわれ、欽明帝が宇佐八幡宮を鎮座なされたとき、祈願のため、馬上から三つの的を射る神事を奉納されたことに始まるという。馬場は、吉見正頼が永禄一一年に造営したもので、南北一三八間（約二三八メートル）の横馬場である。

馬場入口に車が止まると、横長の馬場は一望に入る。左手の土堤は的場、右側傾斜面は藩主や藩士の観覧席だったところである。

「流鏑馬の流派は、武田流と小笠原流と二つあって、鷲原八幡のは小笠原流だそうです。徳川時代に盛んに行われていたことは奉納された額でわかるといわれてます。でも明治になって継承者がいなくなり、長い間途絶えていたのが、昭和五一年に小笠原清信という偉い先生が奉納を願い出、それから復活したという話です」

「奉納はいつ行われるの」

「四月一三日の祭日です」

馬場の砂利道を歩きながら、運転手はさすがに説明なれした調子で、得々と語る。

「やっぱり連れでもなけりゃ、汗をたらしてこんなところ歩く気にもなれない」

と、私はあらぬことを考える。

鳥居がみえてきた。それをくぐれば、正面は重層の楼門、桃山時代の建築様式を伝える、茅葺の立派なものである。

人ッ子一人いないと思ったら、茶店の奥から、

「お茶のんでいかんかネ」

途端、喉が乾いているな、と思ったが、話が長くなる、と思い直して、アタフタと通りすぎた。

「時間があるから、堀家庭園へ行ってみませんか」

これは知らなかった。説明によると、かつての石見畑迫《はたがさこ》村は幕府の天領で、大森銀山代官の支配下にあった。その天領の差配をしていたのが堀藤十郎であり、代々三百年に及ぶ名家で、池泉廻遊式の庭園をもつというのである。

「ちょっと距離がありますが……」

と遠慮した誘いであったが、食指は強く動く。

須佐へ向う街道をひた走る。

「三本松城の大手門は、吉見のころはこっち側だったんです」

「だったら、この辺りはむかし津和野の中心だったわけだね」

「ここが戦という部落です」

なるほど、バス停に「戦」と記してある。あの陶晴賢との主戦場である。大手門がこっちにあれば、と、戦の場所も合点がいく。

山峡に入って、まもなく部落がみえてきた。

堀　家

「天領の里、春秋峡です」

咄嗟にしては洒落たことをいうと思ったら、津和野八景の一つとして、昔からの言い伝えになっているらしい。桜、楓、樹々の様子からみて、さぞかし、春の花どき、秋の紅葉は美しかろう。

「本家が公開されるようになったのは近年ですから、余り知られていないのです」

入園受付の札のかかる小屋のなかで、老女がけだるそうに、こちらをみていた。ほかには誰もいない。両隣りが分家の上堀家・下堀家で、そちらは現在、当主が住んでいる。

本宅は古いと思ったら、天明五年の建築とある。薄暗い広い土間に、平伏する人夫の幻影をみたとき、

「庭はこっちですよ」

本宅の右手に二層の客殿があり、その東面に、心字池を配した立派な庭園が築造されている。人夫を搾取したんだろうな、という考えがよぎったのは、テレビの見すぎかも知れない。

町屋造りの粋を集めた客殿の二階からみると、道路を隔てて、庭園らしきものがある。階上からも庭を賞でようという趣向なのだろうか。いかにも、笠に着て贅をつくしたという

太鼓谷稲成

様子で、天領支配の権力を垣間見る思いがする。

車の便を幸い、街なかにとって返し、太鼓谷稲成にいっきに上る。

これが土地の自慢であった。

「全国に稲荷神社は沢山あるけど、稲成と書くのはここだけです……日本五大稲荷の一つです」

五大稲荷を聞いてみたら、伏見・笠間（茨城）・祐徳（佐賀）・竹駒（宮城）という。豊川稲荷が入っていないところをみると、ここは伏見稲荷系のものらしい。稲荷神社は伏見・豊川の二系統にわかれるのである。

安永二（一七七三）年の創立というから、意外に新しい。亀井矩貞が伏見稲荷を勧請したという。朱塗鮮やかな本堂と神門が眼を奪うが、どうも筆者の趣味ではない。しかし、ここからの眺めはなかなかのものだ。津和野川が蛇行し、町並みは一望の下にある。

いよいよ鷺舞を追う。津和野駅近くの四辻で、ようよう捕まえた。

頭上に鷺のかしらを着け、背に短冊型の白い羽数十枚を負い、それを拡げたり窄めたりして踊るのである。窄めるたび

鷺　　舞

に、和紙を張った白い羽が互いにぶつかり、「カチッ、カチッ」と小気味よい音をたてる。

橋の上におりた鳥は　何ん鳥
かわささぎの　かわささぎの
ヤー　かわささぎ
鷺が橋を渡いた　鷺が橋を渡いた

太鼓二人、鐘二人、笛二人、鼓二人で囃し、鷺二人、棒振り二人、羯鼓二人が舞うのだが、唄方数人が唄う、その調子は、まことに典雅な、いかにも京風の、のどかなものであった。歴史に埋もれた町では、時のたつのも鷹揚なのであろう。鷺舞の調子はそのリズムにぴったりで、暫くはタイム・マシンで藩政期に戻った気分であった。

――石見の雪舟（島根）

益田市が、いま観光の目玉として売り込んでいるのは、柿本人麻呂と雪舟である。双方、晩年を益田で過ごし、この地で亡くなったという言い伝えがあるからである。

歌聖といわれても、人麻呂ほどの古い人物になると、その一生は、彼の和歌から断片的に推測する以外は、土地に伝わ

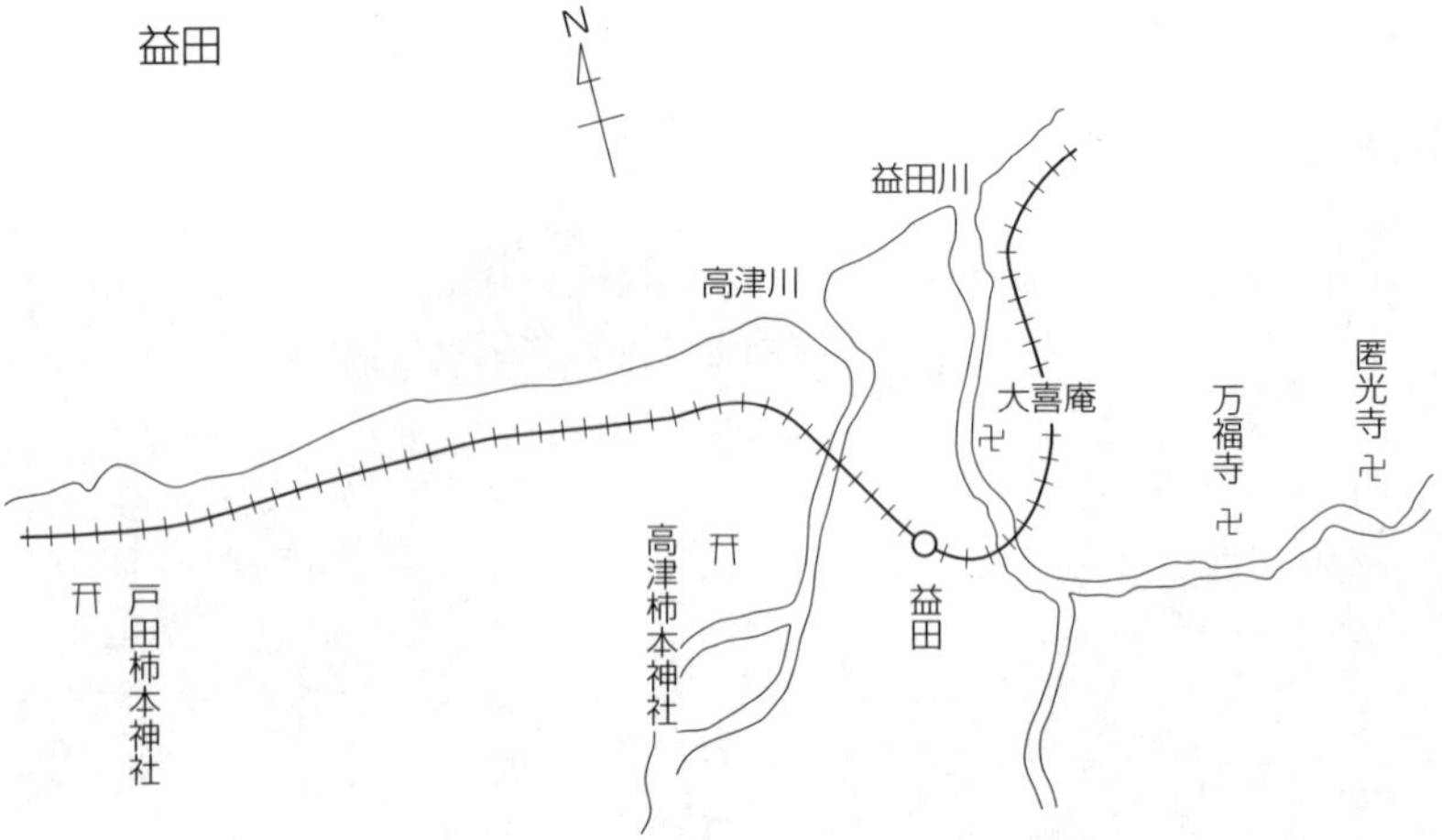

る伝承によって推察するほかはない。それによると、益田には柿本神社が二社あり、その一つ、戸田の柿本神社は出生を記念して建立したものとされ、いま一つ、高津の柿本神社は、彼の死後、鎮魂のために建立されたと伝えられる。出生地については、大和などの異説も存するが、死没については、かなり確かなようで、万葉集（巻二・二二三）に

柿本朝臣人麻呂、石見国に在りて死に臨みし時、
自ら傷みて作れる歌一首
鴨山の磐根しまける吾をかも
知らにと妹が待ちつつあらむ

とあり、終焉地鴨山については、古来、高津説が有力だからである。

それにしても、出生・死没の両方について、神社が建立されたという例は珍しい。人麻呂に対する住民の強い尊崇の念によって、人麻呂伝承が、住民の間に長く生き続けてきた証しともいえる。益田では「人丸さん」で通る、高津柿本神社、その八朔祭（九月一日）には、参道が人で埋めつくされるという。

人麻呂に比べれば、益田における雪舟の動静は、かなり明らかなほうだ。それは、明での晩い留学を終えて、帰朝後す

でに一〇年、如拙、周文を超えた新しい画風の確立により、その名声も広く知れ渡っていたからだろう。

彼が益田と初めて係わりをもったのは、それまで長い間、特別の庇護をうけていた大内氏のもとを一度離れて、放浪の旅に出ていたとき、大内と親密だった益田一五代の当主兼堯の招きを機縁としてである。兼堯は崇仏の念厚く、しかも益田の菩提寺、崇観寺の五代住職として雪舟を招いているので、雪舟の気持も強くこれに傾いたのだろう。時に文明一〇年、雪舟五九歳のときであった。

雪舟が、どのような経緯で、大内政弘の庇護をうけるようになったかは明らかでないが、四〇歳をすぎてから、それまで長年住みなれた京都を捨て、山口に身の置き所を求めた、彼の心情は十分に推測が可能だ。

雪舟が故郷の備中赤浜村を出て、京都の相国寺に入り、春林周藤の侍童になったのが何歳であるかは定かでない。それも禅の師である春林が、相国寺の住持となった永享四年（雪舟は一二歳）から、鹿苑院の塔主となった宝徳三年（雪舟は三一歳）の間というのだから、むしろ全く不明としかいいようがない。また、いつ京都を去ったのかも明らかではないが、史料によれば、寛正五（一四六四）年には、山口に来ていることが判っている。師の春林が亡くなったのが、その前年であるところから寛正四年であろうと、今ではいわれている。長ければ三〇年余、短くても十数年、彼は恐らく、春林の下で禅の修業に励んでいたのであろう。

しかし他方で、絵画に深い関心をよせる彼は、如拙、周文の画風を身につけていったに相違ない。それは、丁度この頃、相国寺の会計係であった周文は、画僧として高い評価をえており、当然に、雪舟は、周文に師事する機会をもちえたはずだからである。それに何よりも、当時の禅僧から彼に贈られた詩や文章によると、彼は如拙の画を所持して深く敬愛し、私淑していたという事実があり、そこには、如拙の孫弟子と書かれてあったという。周文は如拙の弟子である。

しかし、雪舟の相国寺における地位は、知客《しか》つまり接待係という低いものであった。揚知客というのが、僧侶間における彼の通称である（等揚は三七歳のとき春林からもらった諱で、雪舟と号するのは山口に来てのち四七歳からといわれる）。

地方の地侍の出身というのでは、当時の京都で、禅僧としてそれなりの地位をうるのは覚束なかったであろう。そこで、その画才が周囲に認められ始めたのを幸い、画人として生涯を全うしようと心に誓った。そして画僧として大成するために、明への留学を考えたことだろう。役目柄、いろいろの人物とも知り合う機会もあった。そんななかで、大内氏は当時の海外貿易の立役者であり、政弘の招き――あるいは自分からつてを求めたのかも知れない――に、容易に応じた彼の心境はわかりすぎるほどである。

やはり、それは彼にとって、幸運であった。幕府が第四次遣明使派遣を発表し（寛正六年）、細川・大内両氏がこれに参加することを計画して、三船団が組まれることになったとき、大内が仕立てた三号船・寺丸の乗船員名簿に、従僧の資格で、わが等揚の名を見出すことができた。

しかも幸運は続く。応仁元年、寧波に到着した雪舟は、あとから来るはずの幕府船の到着をまつ間、天童山景徳禅寺に参拝したが、そのとき、景徳寺第一座の称号を贈られ、また北京では、姚公に頼まれて礼部院中堂に壁画をかき、賞讃された。とくに景徳寺第一座の称号は、彼が生涯の誇りとしたもので、晩年まで「四明天童第一座」という落款として、これを用いている。

明にあった期間はおおよそ二年間にすぎなかったが、夏圭、馬遠、玉澗、牧谿などの真跡にふれ、明画院の画様を知るなど、収穫は大きかったに違いない。しかし、何にもまして、中国山水画の原景にふれたときほどの大きな衝撃は、ほかになかったであろう。そのとき彼は、周文派の観念的な山水画の限界を知ったからである。在明中の旅路風景のスケッチをみると、直観的に略画に収めようとする彼の意図が読みとれる。感じたままの実景描写、そこに山水画の真骨頂があると、彼はそのとき心に決めたはずである。

感じたままの実景を、自在に絵画に表現する。それは禅僧にとって、画禅一如の境地である。彼がのちに「四季山水図」に執念を燃やす素地は、この時に生れたといっていい。移りゆく自然の大きさと実景の強さを、禅的に圧縮したもの、これこそ「四季山水図」に外ならない。

中国から帰朝後五年、文明六年に、雪舟は、山水図巻の形式を取り入れた作品を、初めて発表した（京都国立博物館蔵のもの）。しかし、これとても、彼の作画意欲を十分満足させるものではなかったようだ。自由な構想を求めて、彼は文明八年から一〇年間の放浪の旅にでる。豊後の万寿寺、美濃の正法寺、駿河の清見寺、出羽の立石寺（異説あり）などなど。

益田に初めて来たのは、旅に出て二年後、豊後から筑紫を回ってである。万福寺・医光寺の雪舟庭園は、正にその時の遺跡である。

＊　＊　＊

益田の始まりは、実は、津和野のそれより古い。保安三年、石見の国司として赴任した藤原定通の子孫は、御神本（浜田市）に土着して、その名を称する土豪となっていたが、四代の兼高が、源平合戦の功名により——西国の武士のほとんどが平家に加担したなかで、源氏に加わった珍しい例——全石見国を賜わり、建久三（一一九二）年に、住みなれた御神本から益田に移った。こうして、益田は石見の中心となり、兼高は益田氏を名のって、爾後、石見の名族となった。そして二〇代益田元祥が、毛利の一家老として、須佐に転封されるまで、およそ四〇〇年続いた。

津和野との関係では、一九代藤兼が陶晴賢と縁戚関係にあったため、晴賢の津和野攻めでは、吉見正頼と戦っている。

現在の七尾公園は、益田城、別名七尾城の跡である。その山すそ、本町の旧街並みには江戸時代の俤が残り、城下町というには程遠いが、郷愁をそそられるものがある。

筆者が津和野から益田についたその夜は、土地の神社の祭礼とかで、駅南側の新しい街区の通りには、人口五万の町にしては可成りの数の夜店が出ていた。珍しく、燥いだ気持になって、

「土地の旨い物を食わせる店はどこかね」

などと聞いていた。

女性だけで商売する「田吾作」という店で、聞いたことのない魚の、美味な刺身を食べたのはその夜である。

明けて、まず、医光寺、天石勝神社、万福寺と廻る。

医光寺は、雪舟が益田と初めて係わりを持った禅宗寺院である。彼が益田兼堯の招きで、崇観寺五代住職となったことは前述したが、その崇観寺が、今の医光寺である。

「ええもんやろ、医光寺の門やろ」

と、童歌に唄われた総門は、七尾城の大手門を移築したもので、竜宮造り。太り二本の柱の上に、二段の瓦を葺き、力強い感じがする。中門の石段を上がると、本堂・開山堂・鐘楼の堂宇が、まとまった佇まいをみせる。

本堂にあがり、座敷から庭園を賞でる。裏山を背景に、右手に大きな枝垂桜、中央山すそ沿いは刈り込みのツツジを用い、その下に鶴池が広がる。池に浮かぶ亀島には三尊石を配

医光寺庭園

し、蓬莱を表現している。

何といっても際立つのは、四角に刈り込まれた角ばったツツジであった。直角的な線の強さは雪舟の筆法に通じようといわれれば、一理あるように感ぜられるが、禅風庭園としては、作為が目立ちすぎるという感も免れがたい。私にはどうも、後年の補修のように思えてならなかった。

万福寺は医光寺の西南六〇〇メートルほどのところ。その中間に、神亀二（七二五）年創建の古社、天石勝神社がある。本殿は重文指定ときいたので、立ち寄ることにした。

こんもりした木立のなかに、拝殿と本殿が並び、確かに神々しい雰囲気を醸し出している。再建時が、拝殿＝天正一二年、本殿＝天正一一年とほとんど違わないが、蟇股や手挟の透彫に桃山建築の華麗さをみせる本殿が、一歩先んじたというところか。三間社流造、檜皮葺である。

万福寺は、益田川の北畔にある。開山時は天台宗であったが、正和二（一三一三）年、遊行四代呑海上人が入寺再興のさいに、時宗の道場に転じたといわれる。時宗の寺院に、禅僧の雪舟が何ゆえ作庭を、という疑問が生ずるが、益田一一代兼見が現在地に移築し菩提寺として崇敬したことから、兼堯がその作庭を依頼したものであろうか。

天石勝神社

単層・寄棟造・桟瓦葺、七間四面の本堂は、正和年間の建立で重要文化財。回縁をめぐらし、雄大な、だが優美な感じもする本堂である。その優しさは寄棟から来ているのだろう。

早速、本堂に上る。

「このお寺は時宗ですね。石見では珍しい宗派でしょう」

「よくお気付きなされました。時宗と説明しても判らない方が多いのに……」

案内の御婦人に声をかけたのが、まずかった。多少お寺のことに詳しいと思われたのか、一遍上人のこと、踊念仏のこと、遊行寺のことなどなど、次から次と話しかけられ、小半時ほどになるが、まだ庭をみる暇がない。もっとも、対話のなかで、浄土教の一派でありながら、時宗は禅的傾向も強く、武士層にも人気のあったことが、雪舟にとって違和感を感ぜしめなかった理由かも知れない、と気付いたことは収穫であった。

中腹に力強い石組みを抱いた築山の前に、心字池を配した鑑賞庭園であるが、何しろ、石がふんだんに使われている。三尊石・坐禅石・明王石・須弥山石・不老石などなど。

いつになく、石の名前など、どうでもいいと思う反面で、「この庭は、本当に雪舟が作ったのだろうか。それぞれに理

万福寺庭園

由があっても、石の配りが複雑すぎて、反って思想性を失っているな」

と、あらぬことを考える。

築山から心字池の手前にかけて、余りに明るすぎるのは、夏の日差しのせいばかりでもあるまい。

「アレ、この緑は芝生だ」

と、大発見の心境になる。婦人に

「この庭は改修されていますよね」

と問うたら、

「先年の益田川の洪水で、庭の石が流され、並べ直していますから」

と、思わぬ答えが返って来た。

「心字池を囲む石組みの複雑さは、これで合点がいった。石組み全体の無思想性も、最近の補修だろう」

と、とんでもないことを考える。

本堂の納戸に、雪舟作と伝える山水の襖絵があるといわれ、拝見する。

雪舟が益田に残した絵は、「益田兼堯像図」「花鳥図屏風」「山寺図」（異説では出羽の山寺という）である。疑い深くなっていた私には、どうも真筆とは思われなかったが、そのとき、

「とことん雪舟の雰囲気に包まれている、この気分はなかなかいいな」

と、旅に出なければ味わえぬ感慨にひたっていたことは確かであった。

＊　＊　＊

雪舟が明から帰国したとき、彼は、幕府の御用絵師を勤めていた小栗宗湛（周文の弟子）の後を継いで、幕府の画院に入るようすすめられたが、辞退して、狩野正信を推薦したという話が伝えられている。事の真偽は明らかでないが、幕府のアカデミー画壇では包摂し切れない、彼のその後の、自由闊達で剛毅な独特の画風を考えるとき、この話は、事実としておかしくはない。それに何よりも、行雲流水の行脚のなかで画境を深めようとした彼の心情は、和歌の西行、連歌の宗祇に連なる日本文芸の本流をなぞるものであり、したがって、漂泊の画人という境遇においてこそ、その真髄を発揮できたのではなかろうか。他方、中央画壇が、禅僧から俗人画家に受け継がれたことが、近世絵画の確立を促したことを考えると、このことは日本絵画史からみて、双方にとり幸いであったといえる。

一〇年にわたる漂泊の時代、そのなかで比較的滞在期間の長かったのは、豊後大分と石州益田である。大分では万寿寺を根拠地として、近くにアトリエ天開図画楼を構え、多くの作品を描いた。現在そのなかでは、わが国における初めての実景図「鎮田の滝」が知られている。気鋭に満ちた実景の力強さは、のちの雪舟の画風を推察するに足るもので、この頃が、雪舟芸術のエポックを画す時期であったのであろう。

外に兵乱、内に数多の訪問客と、大分も安らぎの土地ではなかったようだ。筑紫を経て、益田に入ったのが、文明一〇（一四七八）年、翌年に「益田兼堯像」を描き、また崇観寺・万福寺に築庭した。

しかし、実景の写生欲止みがたく、一三年の秋から、風景の美を追い求めて行脚に出る。益田に帰ってきたのが一五年。「花鳥図屛風」を描いたのち、崇観寺を譲り、山口の本拠地、雲谷庵に戻ることになる。

爾来、十数年、今までの研究成果を結集した「山水長巻」「恵可断臂図」「天橋立図」の名品が生れるが、それについては山口に辿りついたときに述べることにしよう。

しかし、雪舟がそのまま雲谷庵で没したのか、はたまた三たび、益田を訪れ、そこで没したのかについては説が分かれる。益田では、文亀二（一五〇二）年東光寺に入山、永正三

大喜庵

（一五〇六）年ここで没し、崇観寺に火葬に付すと伝える。

『古画備考』に、「山寺図」として収録されている雪舟の絵がある。これまでは、この絵は通称山寺、つまり羽前の立石寺の風景ではないかといわれ、漂泊の旅で、立石寺まで足を延ばしたものと考えられてきた。ところが最近の研究によって、これは益田の山寺風景ではないかということになってきた。現在、模本しか残ってないが、それは益田の東方を望んだ風景で、右側の峻険な山は七尾城、中央の岩山と祠は天石勝神社、左手前の七堂伽藍が東光寺だという。東光寺、現在は大喜庵と称するこの寺は、当時、益田で山寺と呼ばれており、画は、立石寺よりも東光寺と見立てた方が実景に見合うのである。

彼の絵心をゆさぶった山寺、東光寺。その執着ぶりを考えると、最晩年の益田訪問は大いにありうる話である。因みに、明応八（一四九九）年、足利義尹が大内義興の保護を求めて周防に逃れてきているから、本拠地たりとも、きな臭くなった周防を捨てて、最晩年の安住の地を益田に求めたという筋書は、大いに真実らしい気がする。

「大喜庵にやってくれ」

大喜庵雪舟墓

「それ、なんです」
「雪舟の墓がある寺だが」
「あんまり聞いたことないですよ」
「乙吉町にあると書いてあるよ」
「ああ、あれ、あそこは何もないですよ」
「その、何もないところへやってくれ」

運転手は狐につままれたような顔をしたが、断られたら説明するのが面倒臭いと思って、わざと、つっけんどんにいった。

狭い小路をあがった高台のどんずまりに、その大喜庵があった。かつての東光寺は天正八年に出火で全焼し、その後一〇〇年ほどたって（元禄三年）、大喜某が庵を設けたのである。庵というから、余程のみすぼらしいものを想像していたが、広い台地にそれなりの本堂を構えていたのは意外であった。

雪舟の墓も、東光寺とともに荒廃していたのを、宝暦年間に、乙吉村の庄屋の援助によって改築された。本堂の裏にある宝篋印塔式のものが、それである。台石三段の上に石厨子が置かれた、高さ二メートル弱の立派なものであった。石室内部に「石州山地雪舟廟」の銘があり、旧墓石の煙波石を蔵

高津柿本神社

めるという。

国道九号線から高津大橋を渡り、「人丸さん」で有名な高津の柿本神社に向う。

柿本氏の本拠地については、古来、大和とする異説があり、櫟本付近（現在の天理市）、もしくは柿本神社のある新庄町柿本があげられている。しかし、石見で死没したという確かな史実からどんな縁で石見に来たのかを考えると、やはり、石見で生まれて近江朝廷に出仕し、爾来歌人として生きたものの、低い官位のまま過ごしたので、晩年は生まれ故郷に帰ったものと考えたらいいのだろう。その終焉地鴨山が、高津鴨島だというのである。

高津川の西岸の高台、朱塗の橋を渡り、鳥居をくぐって、長い石段を上ると、時代を感じさせる立派な楼門がある。「正一位柿本神社」の額がかかる。生前の位階は低かったらしいから、さすが万葉の歌聖だなあと、感心する。

さらに石段を上ると、荘重な古社が目に入る。創建は神亀年間（八世紀後半）のいにしえ、鴨島の地において。のち万寿三年、断層地震の大津波により社殿は流され、島も姿を消したので、松崎に再建。さらに延宝九年、ざっと三〇〇年前、

戸田柿本神社

亀井茲親が現在の高津城趾に移転したのである。変形春日造で、拝殿・本殿・幣殿と並ぶさまは、やはり風格がある。

境内に続いて、県立の万葉公園が整備されているが、国道にとって返し、戸田の柿本神社に向う。

途中、「連理の松」があった。二本の松の間で枝がつながったという珍しいもの。夫婦和合の象徴とされ、天然記念物に指定されている。

「一本はもう枯れていますから、そのうち連理じゃなくなりますよ」

日本海沿いの道、国道一九一号線を西に向けて突っ走る。凡そ五、六キロ。戸田小浜の駅の南、小径に沿って山ふところに入ったところに、戸田の柿本神社があった。

高津の柿本神社を見たばかりの目には、ここは、いかにもみすぼらしくみえる。四脚の控柱がついた朱塗りの権現鳥居をくぐり、十数段の石段を二度あがれば、いやでも小さな拝殿が目に入る。由緒記によると、拝殿は明治二九年の再建だが、本殿のそれは文政五年であるから、それでも一六〇年はたっている勘定だ。

茂った木立のなかにひっそりと建つ、この神社の趣も、しかし決して悪くはない。昼なお薄暗い境内にしばらく立っていると、津波に流された人麻呂の尊像が、どこからか現われてくるような気配すら感ずる。

その気配に包まれて、一瞬両足の動きが止まる。身じろぎも出来ず、拝殿を凝視していたとき、

「あの人丸さんは、こんな辺鄙なところで生まれたんですかね」

我にかえって、

「謎の歌人にとっては、似つかわしい誕生地だと思うよ」

判ったのかどうか、運転手はしきりに頷いていた。

石段をおりながら、彼は、

「ここから益田に戻って列車で行くより、このまま走った方が萩に早く着きますよ」

という。

そうとも思えなかったが、海岸のドライヴも悪くないなという気がしたし、それに、あてにしていなかった須佐に寄れるという望みも湧いた。須佐湾は、山陰では珍しい多島海風景を形造っていると聞いていたからである。

＊　＊　＊

山陰本線江崎に入れば、もう本州の西端、長門の国である。

ガイド・ブックをみながら、

「江崎に、西堂寺（済度寺）という曹洞宗の寺があるようだけど」

「いやあ、聞いたことないです。大した寺じゃないでしょ」

「六〇〇年前、網にかかった地蔵さんを祀るため、村人が堂宇を建てたのが始まりと書いてある……」

室町時代の建築と伝える六角堂がある、という文言に食指が動いたが、地蔵さんは入水自殺した長者の娘の化身と伝えられ、現在秘仏として非公開と書いてあるのにためらいを感じているうちに、車は江崎の町を通りすぎてしまったようだ。

「時間の節約になったから、この分では、今日中に椿東（萩の東）を廻れるかも知れない」

という慰めの言葉は、胸の内。

須佐の町に入ると、「ホルンフェルス大断層」の標識が目に入る。湾岸沿いにしばし走れば、湖のように蒼く静かな海に、老松におおわれた小さな島が、点々と浮かんでは消える。ちょっとした松島風景である。

ホルンフェルス断層は、千畳敷と呼ばれる岩の広場の真ん中を割れ目が走り、変成岩が白・黒・黄などの縞模様をみせたもので、二〇メートルの断崖が露出する。

ごつごつした岩場と波静かな群青の海のコントラストが素

晴らしく、暑い日差しの下、滴る汗を拭うことも忘れるほどであった。

阿武町に入る。この辺りの海岸線は北長門海岸国定公園の白眉であろう。国道は、その海岸線をひた走る。

海に倦きたころ、例の病が頭をもたげる。

「奈古（阿武町の中心）に大覚寺という寺があるね」

「……」

「尼子義久の墓があるらしい」

「……」

「創建は九〇〇年前だ」

「寄りますか。行ったことないけど聞きゃわかるでしょう」

問答のあいだで、気持はしぼんでいた。

「いや、いいよ。それより萩で時間を過ごそう」

――歴史の化石（山口）

萩の町に入ってきた。萩港を右にみて町なかに入り、東萩駅を左に見過ごすと、やっと萩に来たんだ、という実感が体中を駆け巡り、朝からの強行軍の疲れも忘れて、燥いだ気持になった。

この辺り、「椿東」といい、椿郷東分の意味である。「萩」というのは室町時代以後の名で、それ以前は「椿」と称されていたからである。

明るいうちにと、奥の東光寺に向う。

護国山東光寺。萩三代藩主毛利吉就が、元禄四年、宇治の万福寺に範を求めて開いた黄檗宗の巨刹である。その規模は、黄檗三叢林の一と称えられ、大照院と並ぶ毛利家の菩提寺で、奇数代藩主の墓所を擁する。元禄期の建立が総門・鐘楼・大雄宝殿、三門が開山一二〇年後の文化九年の建立で、何れも国の重要文化財に指定されている。

正面に「護国山」の額を掲げた総門。ベンガラ塗りの、中央が左右の門で持ち上げられた珍しい形の建築である。

それをくぐると、大雄宝殿まで長い長い石畳道が続く。左右両側には松、紅葉、椎が茂り、それが森厳な趣をつくる。

「さすが三七万石の大名、いや、それ以上の力量だね」

三門は重層入母屋造り、左右に山廊をつけた桁行一一・六メートル、梁間六・七メートルの豪壮な楼門で、欅の白木造である。いわずと知れた唐様、どことなく万福寺の三門に似ているとみたのは穿ちすぎか。

桜の並木、そして左側に鐘楼、正面が大雄宝殿である。単

東光寺三門

層入母屋造、二層にみえるのは裳階、五間に四間の、壮大の一語に尽きる唐様建築。

　右に廻り、大方丈書院の前を抜けると、殉難烈士の墓。蛤御門の変の責任をとって切腹した三家老、その他の志士の墓所である。

　石畳道は、さらに深く森のなかにのび、毛利家墓地に至る。奇数代藩主、つまり三代吉就・五代吉元・七代重就・九代斉房・一一代斉元と夫人・側室などの墓石が並ぶが、圧観は墓前に献上された石灯籠の列。同寸・同形のもの五〇〇基が、左右に四列ずつ並び、シンメントリックな造形美をつくっている。

「いやぁ、これは百万石だ」

　私は、加賀前田家の菩提寺、大乗寺を思い起こしながら、東光寺の大きさに唸っていた。

　それに比べ、松下村塾の狭く粗末なこと。開講期間もたかだか二年余。この事実は、教育のもつ恐ろしい力を物語っているといえよう。

＊　＊　＊

　明治維新に果した長州藩の大きな役割はいまさらいうまでもない。維新史を語ることは、したがって長州藩の城下町、

東光寺大雄宝殿

萩を語ることにもなる。萩が〝維新のふるさと〟と呼ばれる所以である。それにしても、萩が維新のふるさととなった経緯はどうだったのだろう。

萩の地名が歴史に登場するのは室町時代以後のことであり、しかも守護大名大内が滅亡したあと、毛利から与えられて吉見正頼が指月の地に居館を建てたころも、人が住み寺院も建立されてはいたが、まだまだ未開地だったようだ。したがって、萩の本格的な歴史は、やはり毛利輝元が広島城を明け渡して、指月に新しい本城を築き始めた時に始まるといってよい。いうまでもなく、輝元は秀吉の五大老の一人としての恩義から、関ヶ原合戦では西軍に加わり、そのため徳川家康によって、中国八ケ国百十二万石から、防長二国わずか三六万九千石に減封されて、萩に移って来たのである。

もっとも、萩を本拠地と決めるまでには曲折があった。当初、輝元は防府の桑山を考えていた。砂山という不安はあるものの、山陽道に位置して瀬戸内海に面する港をもち、経済・交通上の要地たりうる。それに引きかえ、萩は山に囲まれて交通の便悪く、町としての機能が発揮しにくいのである。しかし、幕府側との折衝で防府案が蹴られたのは、けだし当然であった。そのときの幕府側の言い分がふるっている。桑

山は節処がないから戦略上不利な場所ではないか、と親切ごかしである。

しかし、この幕府案が、後年、幕府の命脈を断つ原因をつくろうとは、何と皮肉なことか。つまり、長州征伐の幕府軍が益田口で一敗地にまみれたのは、節処の多い、交通不便な萩の地の利（不利?）であった。

浜田から益田、横田を経て須佐に向う長州古道、萩に至る道は遠くて難儀極まる道。これでは勢い盛んなころの幕府でも、萩城を抜くことは叶わなかったのではないか。維新の成る遠因は、毛利藩の城地選定にあったと、現地に来てしみじみ思う。

輝元が、山と海と二本の川に囲まれた天然の要害に、石垣と堀を加えた壮大な城を完成させたのは慶長一三（一六〇八）年六月のこと。築城と同時に城下の町割りも進み、城の東南、デルタ地帯に整然とした城下町が現出した。維新のふるさとの誕生である。

防長二国に減封された毛利氏は、長府（五万石）、徳山（四万石）、岩国（六万石）、さらに長府から分れた清末（一万石）の四支藩を領内に配した。長州藩は全体の俗称である。

百十二万石から三六万九千石への減封。それに加えて築城のための莫大な出費。藩の財政、家臣団の生活が苦しくならないわけはない。ちょうど百年たった五代吉元のころ、負債は一万二千貫に、それから五〇年後の七代重就《しげたか》のころには三万貫から、さらに四万貫に、藩の年間収入を優に超える数字に膨れ上がっていたという。そのため、藩士には禄の半減が命ぜられ、農民には臨時の租税が課せられた。まさに、にっくき徳川幕府である。その怨念が幕末に倒幕のエネルギーに化したであろうことは想像にかたくない。

他方、重就は一世一代の財政改革を断行した。宝暦一三（一七六三）年、城内「獅子の廊下」（のち藩政改革の本拠となったことで有名）に、そのプロジェクト・チームともいうべき撫育方を設け、また利息の高い大阪の金融商人と手を切るため、金融御用商人の育成にふみきった。撫育方は特産物の増産に拍車をかけ、また港湾整備と商港開発に力をつくした。御用商人には熊谷五右衛門が起用され、彼は藩の全面的応援をえて、豪商にのしあがった。

こうして蓄えられた撫育金は、危急の場合に備えて蓄えられ、藩のかくし財源となって、幕末期、軍艦や小銃などの武器購入費にあてられ、その機能を最大限に発揮することになる。廃藩置県のとき、撫育金の残高は百万両というのだから凄い。長州藩が倒幕運動の先頭にたって、あれだけのエネルギーを発揮しえた裏には、まさにこの撫育金の支えがあったからであろう。生活苦のなかでのこの莫大な資金の蓄積、この辛苦もまた、徳川への怨念のなせるわざであったろう。

長州の倒幕運動を成功させた要因はもう一つ。財政改革のための一連の人材登用にある。すなわち、撫育方の坂時存をはじめとして、天保の改革における村田清風、坪井九右衛門、そしてそれぞれにつながる周布政之助と椋梨藤太がいる。村田、椋梨はわずか五〇石、周布は七八石にすぎない。

村田・周布は急進派、坪井・椋梨は俗論党（緩和派）、双方は清風当時の「八万貫の大敵」（負債）をめぐって対立し、血を流すほどに抗争するが、結果的には緩急交代の妙をえて、長州は改革の実をあげる。こうして才能ある人材が藩政の中枢に躍りでるという経験は、維新時において十分に生かされ、その効果がいかんなく発揮されたことは知る人ぞ知ろう。

幕末期、外敵の上陸を防ぐために、指月城近くの菊ヶ浜で土塁工事（女台場）が始まったころ、藩主敬親は、萩を出て山口に居舘を定めた。居舘とはいうものの、現在、県庁の敷地内にのこる大手門をみてもわかるように、これはちょっとした城郭である。幕府への事後報告によれば、指月城は異国船対策に不便な場所であるから、攘夷方策のため山口に本拠を移すが、手近に召し使う家臣だけを山口におく、というのである。しかし重臣はすべて山口に集まり、長州藩の本拠は、このときに、事実上、萩から山口に移転したことになる。

城郭の修理でも幕府の許可が必要だった時代に、移城を無断で行ったというこの事実は、当時における長州の高姿勢と幕府の弱体化を示して余りあるものがあろう。

ともかく城下町萩は、こうして二六〇年にわたる長州藩の本拠としての使命を果し、当時の姿そのままに、土地でいう

花江茶亭

〝歴史の化石〟となったのである。

萩の町を歩くと、喧伝される史蹟のほとんどが幕末期のもので、萩にはそれ以前の歴史がないような錯覚さえおぼえる。しかし、〝維新のふるさと〟という言葉が示すように、日本の近代化は萩からという自尊心と、幕末期の街並みが、他に例をみないほどの広範囲にわたって、そのままに遺されているという自負から、市民の心情としては、そのことを強調したいのであろう。

＊　＊　＊

まず、萩城跡に出向く。城は明治七年に解体され、今は石垣だけが残るにすぎないが、そこにかつての建物を移築し、今は指月公園として整理されている。

御本丸橋を渡ると、林のなか左に、手前から、花江茶亭、福原家（永代家老）書院、その後ろに梨羽家（寄組＝準家老）茶室が見えがくれする。

花江茶亭は、藩主敬親がその別邸花江御殿につくった書院風の建物、入母屋造茅葺で四畳半と三畳からなる。敬親が茶会を催したおり、討幕の密議をこらしたところともいわれている。縁に腰かけて一休みすると、真夏日のもと、木々をわたる風が心地よい。

厚狭毛利家萩屋敷長屋

茶亭前の凹地は、石の配置などからみて、もと庭園の一部であろうか。このあたり、桜が多い。

南、公園の外に出れば、観光センター。萩焼の店が立ち並び、駐車場には大型バスが数台。

突き当たりに、目に入るのが旧厚狭《あさ》毛利家の萩屋敷長屋である。厚狭（現在の山陽町）に知行地のあった毛利分家の萩屋敷は、大手門の南に、南北六九メートル、東西一五〇メートルの広さがあったという。現在残る長屋も、出格子五ケ所、格子窓六ケ所、式台・縁付、仲間部屋を含む全長五一メートルという長大なもの。さすが八千三百石の分家だけのことはある。萩に残る武家屋敷のなかでも最大のものである。

萩の武家屋敷町は、大きく二つにわかれる。

まず城の東南に接する堀内地区。ここの大部分は旧三の丸で、高級家臣の住宅が九八軒もあったとか。今も立派な屋敷門が数多くのこされている。筆者が回った効率的な道順でいうと、萩高校のグランドを右に見て南に下り、口羽家（一、〇一八石）宅門〈重文〉、二宮家長屋門、児玉家長屋、福原家（一一、三二四石）萩上屋敷門、周布家（一、五三〇石）長屋門、繁沢家長屋門、益田家物見矢倉と回って、堀内地区を一周し、外堀に出る。

碁盤の目に道は通るが、道幅は狭く、見通しの悪いT字路が多い。広くもない地域なのに、やや迷路めいているのは、軍事上の必要からで、他の城下町の場合と同様である。

ついで、東西に通る昔の御成道、今の呉服町大通りの外堀を出た南側に、中級家臣の屋敷が立ち並ぶ南古萩地区がある。

南古萩には、呉服町通りから南に三本の路地が延びる。西から菊屋横丁・伊勢屋横丁・江戸屋横丁と呼ばれ、角地を占めた豪商の名に因む。

菊屋横丁は観光ポスターにものる、いわば萩の顔。菊屋家の白いなまこ塀が続く通りは、さすがに美しく、観光用の人力車も似合うたたずまいである。

菊屋。毛利輝元に従い、山口から萩に移り、城下の町造りに尽力した藩の御用商人である。代々大年寄格を命ぜられ、藩の御用屋敷にも借り上げられた豪商の住宅は、それにふさわしく立派で広い。一七世紀後半に建てられたもので、母屋・金蔵・米蔵・釜場・本蔵の五棟が国の重文に指定されている。座敷の縁先には駕籠を置く巨石が配され、御用屋敷の名残りを留めている。驚いたのは雪隠で、三畳ほどの広さに畳がいっぱいに敷きつめられており、濡れたらどうするのかと、いらざる心配を抱かせた。

天保一〇（一八三九）年、そこで生まれた高杉晋作の旧宅は、この横丁にある。父、小忠太は小納戸役で二百石。玄関の構え、部屋割りなど、さすがにそれなりのものはある。晋作は久坂玄瑞と並んで村塾の双璧といわれ、のちに奇兵隊を結成、俗論党椋梨に対するクーデターを成功させたことは有名。

江戸屋横丁に廻る。ここには桂小五郎と青木周弼の旧宅がある。小五郎は藩医和田昌景の長男、八歳のとき桂家の養子となったから、厳密には和田家旧宅である。九十石。

「歴代藩主が家臣に辛抱を強いたにしては、西周・森鴎外の津和野藩医の旧宅にくらべても立派だ。敷地がやや窮屈なのは、デルタ地帯の城下町という制約からくるのだろう」と、これは独り言。

周弼の場合、敷地はよりいっそう広く、毛利家の医学館長を勤めただけのことはあると感心する（維新後に明治天皇の大典医となる）。

ここから南に下った数軒先の円政寺は、高杉晋作が度胸試しをしたことで知られる。その大きな赤い天狗面が、今もお堂に掲げられていた。

木戸孝允旧宅

いわば萩らしい雰囲気のあるところとしては、堀内地区に指を屈しよう。重なりあったT字路を隈なく歩けば、その延長は優に五キロに達するという。そのうちのかなりの部分が土塀の道である。

玄武岩の石垣を基礎に土塀をめぐらせてあるが、なかには崩れかけたものもある。住んでいる人には申訳ないが、この方が旅情をそそるというもの。その赤茶けた土塀越しに、生活の支えに植えられたという夏みかんが顔をのぞかせて、えもいわれる風情である。

私は、故郷金沢の長町・武家屋敷通りを思い起こしながら、あの手入れの行き届いた見事な街並みと比べて、この泥臭いまでに素朴な趣に、これこそ武家屋敷だ、と感じ入っていた。これは、文句なしに〝歴史の化石〟である。

しかし、長屋門・宅門の内側はどうなのだろう。母屋が残るのは、九八軒のうち、口羽家のほかにいくつあるのか。それに比べると、南古萩地区には、母屋を残す旧宅が圧倒的に多い。崩れかけた土塀こそないが、それがかえって生活の息吹きを感じさせ、生々しく歴史の姿を垣間見せてくれるのである。これは、維新そのものである。

人はいずれに、より強い郷愁を感ずるのだろうか。

堀内・土塀の道

いずれにしても、萩・津和野と一口にいうが、萩の城下町としての情趣は、またひとしおだ。その魅力を〝日本人の心のふるさと〟というならば、現代日本人はまた、何と古臭いものを引きずっているのだろうか。それを伝統というならば、広い意味での「文化」（日本人の感じ方・考え方）を考えるさいにも、この伝統は無視できない。このことは、法や政治の文化の場合も同様であって、近代化の陰に見えがくれする伝統型思考は、「日本人の精神のふるさと」なのであろう。

＊　＊　＊

毛利氏の系譜を辿ると、鎌倉幕府草創期の功臣、大江広元にいたるというから、これは名門である。毛利姓の起源は、広元の四男季光が相模国愛甲郡毛利荘（現厚木市）を領して、毛利を名のったのに始まるという。

季光は三浦泰村の乱に巻き込まれて自刃し、その子経光は越後国佐橋荘に難を逃れたが、経光は、乱に関与せずということで、のちに佐橋荘北条・南条、および安芸国吉田庄を安堵された。彼は、わが子基親に北条庄、時親に南条庄・吉田庄を譲り、時親は吉田庄に移り住んだ。これが毛利の中国発展のスタート台となった。

時親を初代とすると、九代弘元の次男に生まれたのが元就。

彼は、兄興元が若死にし、その遺児幸松丸も病死したあと、彼の弟元綱を推そうとする一派と争い、元綱を殺して、まず、自力で毛利の当主の座を確保した。が、戦国大名大内と尼子に挟まれて、情勢は厳しかった。結局、大内の傘下に組み込まれた元就は、天文九(一五四〇)年、尼子晴久を郡山城に撃破して武名をあげ、ついで天文二四(一五五五)年、大内を倒した陶と安芸厳島に戦い、これを破って、ついに戦国大大名にのしあがったのである。

元就の長男が隆元、その子が輝元である。輝元は関ヶ原の戦の責任を負って隠居しているから、その子秀就が萩藩の初代藩主ということになる。

秀就の没後、二代綱広が亡父のために、椿郷にあった大椿山歓喜寺(延暦年間に建てられた月輪山観音寺を、建武の頃、鎌倉建長寺の義翁和尚が再興したもの)を改築して、霊椿山大照院と改め、そこに葬った。これが、偶数台藩主菩提寺の始まりとなる。

他方、三代吉就は、彼が深く帰依する黄檗宗のため、本山万福寺に範を求めて、椿東に広壮な堂宇を建立し、萩出身の慧極道明を開山に迎えた。奇数台藩主菩提寺の始まりである。

こうして萩には、臨済宗と黄檗宗二派の菩提寺が併立することになった。

しかし、藩主菩提寺の立派な割りに、町なかに大きな寺はない。寺町にある海潮寺、長寿寺などの名は知られるが、とくにみるべきものはない。わずかに、築城のさい輝元が宿所とした常念寺の表門は、秀吉から与えられた聚楽第の裏門を移築したもので、重文の指定をうけている。本瓦葺の四脚門である。

また、常念寺から南に一キロ下った萩市役所に向いあわせて、明倫館跡がある。明倫館は五代吉元が三の丸内に創設した藩校で、嘉永二年、ここに移転、拡張された。その規模は、水戸の弘道館、鹿児島の造士館と並ぶものだったという。現在は、武道場の有備館と水練池、聖賢堂が残るのみ。

藩政時代の面影を残す地域は、もう二ケ所。一つは、阿武川が松本川と橋本川に分流するところ、二つの川に挟まれた川島地区。もう一つは松本川の河口部西岸、三角洲の東北部を占める浜崎地区である。

川島地区の風情をつくるのは藍場川だ。川幅二、三メートルの用水路で、深さも五〇センチほど。数多くの鯉が放流され、そのさまは津和野殿町の堀割りとそっくり。いや、ある

藍場川・湯川家

いはそれより情緒があるといえるかも知れない。白壁の代りに武家屋敷の羽目板、川筋に変化があり、岸より高くかかる石橋がある。流れを屋内に引き、今も利用している民家があって、電柱がなければ、絣の着物に木綿袴の若侍がいまにも目の前に現れてきそうな雰囲気なのである。

何より人ッ気が少なく、静かなのがいい。中心地からは小一時間はかかる距離があるので、観光客もここまでは足を延ばしにくいのであろうか。桂太郎の旧宅がこの一角にある。

常念寺から北に向って一〇分ほど歩けば、浜崎地区に出る。ここは、かつての港町、魚問屋が軒を並べていたところだ。そして、今も残る多くの海産物問屋。その古い家構えや格子戸に、昔の街並みの面影を忍ぶことができよう。

御船倉がある。藩主の御座船を納めた格納庫である。両側を高い積石で囲んだ九メートル四方の入口をもつ、たわいない建物にみえるが、面積二一八平方メートルの広大な建物で、重文指定。が、鉄柵で固く閉ざされ、中をのぞくすべもない。今は民家の立ち並ぶなかだが、かつては河岸に面していたのであろう。

その裏手が、堺の住吉大明神を勧請した住吉神社。もちろん、海の神を祀る。

海岸に出た。長く緩やかな弧を画く菊ヶ浜が左手に延び、その尽きたところに、指月山が立ちはだかる。

陽光が、海面に指月山の影を長く描き、やがて、山かげからの残照がきらきらと海面に輝いた。

＊　＊　＊

萩二泊という計画は当った。歴史の化石を堪能するのには一泊では無理である。少々の余裕のあるのを幸いに、萩の北側に突き出た越ヶ浜半島、笠山に回り、途中の反射炉に寄る。

笠山は標高一一二メートル、その頂上に噴火口がある。口径三〇メートル、深さ三〇メートルという小規模なもの。生れて始めて噴火口の底に降りてみた。火山の火が消えたのは遠い古代のことらしいが、赤茶けた岩肌に、熔岩が噴き出した跡がわずかに見てとれる。

ここからの、小さな島々を浮かべた萩湾の景観が素晴らしい。そして、眼下におさめる広々とした日本海。その眺望に、滴り落ちる汗を拭うことも忘れる思いであった。

熔岩台地のせいで、風穴がある。岩の間から冷たい風が吹き出てくる。一三度と書いてある。なるほど、ここは涼しい。汗が、いっぺんにひっこんだ。

そして、熔岩でせき止められてできた明神池。外海との間を海水が出入りする鹹水湖で、天然の水族館とでもいうべきもの。水面近くに群れをなして泳ぐのが鯔《ぼら》、その下に真鯛が光る。鱸《すずき》がいる。黒鯛もみえた。その種類、二〇種、数万匹とか。

餌をやると、狂ったように躍り上がる鯔の丸い頭が可愛い。

歴史の化石にとって、笠山は一服の清涼剤である。

反射炉は国道に面してあった。

黒船来航によって、対外危機感をつのらせた幕府は、諸藩に沿岸警備を命じた。その時、大森海岸に出動した長州藩の機敏な行動が、この藩を幕末劇の舞台中央に押し出すことになり、これを契機に、長州は軍備拡充につき進む。安政三（一八五六）年、小畑浜恵は比須ヶ鼻に軍艦製造場を設けて、丙辰丸（同年）、庚申丸（安政六年）の木造洋式帆船をつくり、また兵器製造のため、安政五年、その近くに反射炉をつくった。肥前藩の嘉永三年を最初に、薩摩藩（嘉永六年）、水戸藩（安政三年）につぐ、反射炉である。因みに、幕府が韮山に反射炉を設けたのは安政二年のこと。

現在、わが国でその形をとどめる幕末の反射炉遺構は、伊豆韮山と萩の二ケ所だけである。萩のそれは玄武岩と粘土を用い、基底は長方形で、上部が二本の煙突にわかれる。高さ

明神池

一二メートル。

　しかし、この反射炉は未完成である。それは、財政上と技術上の理由によるらしい。松と雑草に囲まれて、文字通りの立ち腐れという現況は、いかにも侘びしいが、黒船来航におびえて、その対応に狂奔した当時の人々の姿を垣間見る思いもするのである。


　萩の中心街に別れを告げて、大照院に向う。橋本川の南は、萩の地名の出所、椿地区（ツバキのツがとれてハギになったと土地でいう）、大照院はそこにある。

　橋本川を渡ると、古い家並みの街に入り、左側に朱塗りの社殿をもつ金谷天神がみえてくる。この辺りは城下町の入口で、昔、大木戸が設けられていたところという。

　突き当たりが萩駅だ。こちらは東萩駅にくらべ閑散としている。その手前を右折すれば、やがて大照院の前に出る。

　霊椿山大照院は臨済宗南禅寺派。初代秀就、二代綱広、四代吉広、六代宗広、八代治親、一〇代斉熙《なりひろ》、一二代斉広の七代藩主夫妻を祀る（輝元は萩の天樹院）。

　石段を上がると、重層の鐘楼門。壮大な東光寺をみているので、もう驚かぬぞという気持ち。しかし、これは意外と質

大照院本堂

素な漆喰の楼門である。境内も広大というには程遠い。正面の本堂はさすがに大きいが、これも豪華というわけにはまいらぬ。

延享四（一七四七）年に全山火災にあい、今の建物は六代宗広の再建になるが、

「あの東光寺の風格にくらべると、これは鄙俗な風情だ。二代目と三代目の違いかな」

といえば、

「何しろ、ここは萩の中心から随分離れているから、さびれているんですよ」

と、やや見当違いな答えが返ってきた。続いて

「裏の石燈籠は立派ですよ」

経蔵を巻くようにして、本堂の後にでる。

なるほど、藩主廟への参道の両側に、東光寺の場合と同じように、家臣によって献上された石燈籠がびっしりだ。その数六百余基とか。

「石燈籠の数は東光寺より多いね。これで双方優劣なしか」

いや、それだけではない。東光寺殉難烈士の墓に見合うのが、初代秀就に殉死した八名の家臣の墓（うち一名は家老梨羽への殉死者）である。それが秀就の墓前の両側に並ぶ。

大照院藩主廟

幕府が殉死を禁じたのは寛文三（一六六三）年だから、秀就が亡くなった一六五一年には、追腹なる遺習が残っていたわけだ。

こうまで平仄《ひょうそく》を合せた二つの菩提寺。何か、そこに、長州の底力をみるような気がするのは、筆者だけではあるまい。

大照院の東、一キロほどのところにある椿八幡宮は、萩の古名「都波岐」の由来を示す古社であろう。また、ここからさらに半道ほど東に行ったところ、山口へ通じる街道沿いにあるのが、この地域における古代文化の表徴、南明寺である。

日輪山南明寺、萩最古の天台宗の古刹である。いずれも木造の、聖観音・千手観音の立像が重文指定をうけているが、公開は年一回、千日参りの八月九日だけという。しかし、山道を五〇〇メートル登った山腹に、観音堂と参籠堂があるときいて食指が盛んに動くが、

「かなりきつい坂道ですよ。それに荒れたお寺で何にもみるものはありませんよ」

と、運転手は止めた方がいいという表情でいう。

しかし、逆に「荒れたお寺」という言葉に気持ちがそそられると、

「往復に一時間はかかりますよ」

と、さらに水をさす。

「じゃ、あきらめるか」

と、あきらめ切れないという面持ちで答えたが、彼は、納得したかという表情だけで、無言であった。

私は、やけくそで、

「じゃ、秋芳洞にでも寄るか」

すると、

「その方が、いいです。山口に来て秋芳洞に寄らない人はいませんよ」

と、「にでも」という言葉にひっかかったのか、変ったお客だという顔付きをする。

こうなれば、秋芳洞に一直線である。

が、全国に知られた秋吉台地の景観は、さすがに素晴らしかった。

ゆるやかな曲線をみせる広大な草原に、灰白色の石灰岩が点々と露出し、一見したところ、牧草地に群れる羊のよう。

彼は得意気に、秋吉八景の説明をする。そのさまは、この説明のしたさに、秋吉台に連れてきたのだといわんばかりである。

確かに、南山展望台からの眺望は、日本離れのする見事さ。

そして、台地の下に点在する大正洞・秋芳洞などの大小石灰洞窟群。

准胝観音、宵の明星、紫雲台、五百羅漢、青天井、百枚皿、洞内富士、南瓜岩、苞柿岩、千町田、傘づくし、空滝、千畳敷、黄金柱。これらは、石灰岩の溶解によって洞内に造型された、鍾乳石、石筍、石柱、石灰華による第二次形成物の形状に見合って付けられた渾名である。

その呼称はまことに至妙、名付け親の知恵に感じ入っていると、かたわらから

「どうです、来てよかったでしょう」

と、語りかける彼のしたり顔に、私は否応なく頷くのみであった。

暗い洞窟から出た眼に、真夏の紫外線が痛いほど眩しい。

いよいよ雪舟の本拠地に向う。

――雪舟の故地（山口）

わが国の絵画が、その発達の当初から中国の影響を強くうけてきたことはいうまでもないが、水墨画の場合は、それが

いっそう濃厚である。

　中国の絵画、それは現代に至るまで、墨の芸術であり、筆の芸術であったといってよい。しかも、墨と筆とのかかわりのありようが、様式の変遷や流派の盛衰をもたらし、中国絵画史の時代的性格を特徴付けてきたのである。

　古くは白画。素画ともいわれ、素描の輪郭線から発達したもので、線描の墨絵である。六朝以来行われた単純な表現法でありながら、彩色画に対抗して、唐・宋・元の各時代においても盛んに描かれた。わが国には奈良時代に伝わり、平安時代を通じて絶えなかったが、武家政権による古代芸術克服の風潮の前に、急速に萎縮していった。

　これに代ってとり入れられたのが水墨画である。水墨画は、その語源が唐末の画家荊浩《けいこう》の画論に「水暈墨章《すいうんぼくしょう》」とあるのに由来し、そのころに生まれた画法で、宋代にいたって完成の域に達した。線よりも面に重点をおいて、墨の濃淡浸潤により広がりや奥行きを表すという、文字通りの墨の芸術である。わが国には、日宋貿易、留学僧、宋末禅僧の亡命などによる宋文化の輸入とともに、鎌倉時代にもたらされ、中世絵画における新境地開拓のための生新な画風として受容された。

　水墨画が日本絵画の主流として発展したのは室町時代であるが、それも、当時を禅宗芸術の成立と総括するように、平安時代以来の絵師の系統を引く専門画家を主体とするものではなく、禅林内で余技としてその才能を発揮した画僧の活躍によるものであった。

　まず、先駆者たる南北朝期の黙庵、可翁、愚渓のあとをうけ、室町初期に名を成した東福寺の殿主《でんす》吉山明兆が現れる。退蔵院の如拙がいる。この如拙に続いて禅林画壇の中心となったのが天草周文。そして周文の弟子、われらの雪舟等楊が、宋画風水墨画の域を脱した画才によって、日本絵画に近世への曙光をみせてくれたのである。

＊　＊　＊

　雪舟が行脚の旅から山口に帰ったのは、文明一七年とも一八年ともいわれている。いずれにしても、文明年間のほとんど、風景美を追いて求めて日本の各地を歩き、山水画について深く思索するところがあったにちがいない。

　彼は画家である。しかし単に宋画の形式や様式を踏襲するだけでは満足できず、実景に春夏秋冬の季節感を加えることで自然の美に迫れるのではないかと思った。と同時に、彼は禅僧である。行の峻烈が美の極致に至りついたときに、観る者の内心に強く訴えかけられるのではないかと思った。

十余年空き屋であった山口の雲谷庵に戻ったときは、何か悟得するものがあったのであろう。そのときから、日々、庭を掃き、花を差し、香をたく悠々自適の生活が始まった。そうしたなかで、彼の脳裏に刻み込まれた多くの自然の景物が

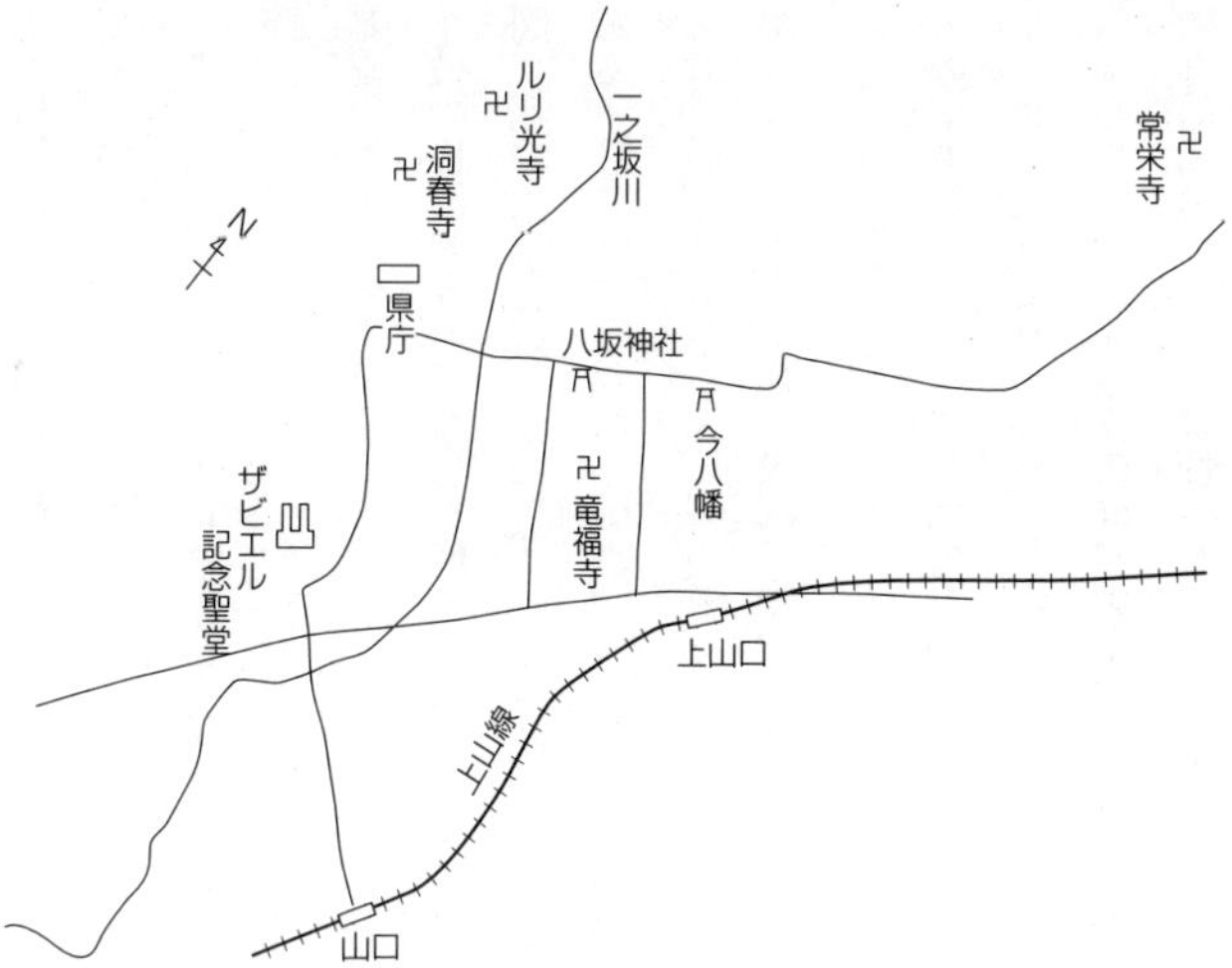

思想をもったのである。

文明一八年の暮、徹底した思索の境地を画布に描いたとき、彼の画集のすべてを圧縮した「四季山水図巻」(「山水長巻」)が完成した。

平坦かと思えば断崖に阻まれ、しかし岩をうがち、鋭く屈曲しながら続く道。途上に見える人、一人二人……、雪舟自身であろうか。すればこの道は、彼の生涯を表わす一本の道。道にそって描かれた四季山水のさまは、気韻生動として厳しい魄力を秘める。これは、まことに個性的な水墨画である。

幅四〇センチに、長さ一六メートル半という長大な画巻。自らの哲理をこのような大作に表現しえた画家がかつていただろうか。いま、大観の「生々流転」を知るのみ。時に雪舟、六七歳であった。

彼が単なる山水画家でなかったことは、現在残されている多くの人物画や花鳥図が、特筆すべき名品であることによっても知ることができる。そのなかでも、「四季山水図巻」完成ののち、大画面形式の絵画に意欲をもやして、「花鳥図屏風」や「猿鷹図屏風」を描いたのは、畢生の画業をなしとげたあとの心のゆとりであったろう。それにもかかわらず、右

隻の松と鶴、左隻の竹と鶴、飛翔する雁の姿は、やはり尋常ではない。

このように、彼は多方面にわたって、その練達した技を発揮し、在野でありながら、のちに雲谷派と称せられる流派の基礎を築いたのである。

彼の作品のうち、筆者が好んで鑑賞するのは、「秋冬山水図」「四季山水図巻」のほか、「慧可断臂図」「天橋立図」である。最も好きな「秋冬山水図」(製作年代不明)の双幅(もとは四幅対といわれる)、とくに、その冬景には、天に向って切りこんだような鋭い表現に画禅一如の境地をみることができるし、「慧可断臂図」に描かれているのは正しく禅境そのものである。達磨への入門のため臂を断つという壮絶なテーマを誰が描き切れようか。しかも、両者の鋭い眼光に凄まじいばかりの気迫が漂うのは、画家それ自身の気魄であろう。雪舟の画境には人を戦慄させるものがある。

これらに対し、「天橋立図」は雪舟最晩年、八二歳の作といわれ、落ち着きと安定感がある。横に大きく広がる構図にみる描写力の闊達さ。老年とは思われぬ緻密さと正確さ。この年齢を越えた作品は、長年にわたる着実な写生体で日本の景観をみつめてきたことの賜物であろう。

これらの作品に、まことの画聖をみる思いがするといっても的はずれではないであろう。

＊　＊　＊

秋吉台を出た車が湯田温泉の町なかに入れば、雪舟の第二のふるさとは、もうすぐそこである。

私の心は、すでに、常栄寺と雲谷庵に向いていた。

常栄寺。縁起はなかなか複雑で、大内二六代盛見が父弘世、母三条氏および兄義弘の菩提寺として創建した国清寺が、のちに毛利輝元の菩提寺となって常栄寺と改称され、盛見の孫大内政弘の別荘地に建てられていた政弘の母妙喜尼の菩提寺たる妙喜寺の地に、文久三(一八六三)年移されたものである。ここには、政弘の請いに応じて作られた雪舟庭園と雲谷等益の雪舟画像がある。

三門を入ると、すぐ目に入るのが前庭。それを巻くように右に行けば鐘楼門、左に行けば勅使門である。

鐘楼門を抜け、本堂への渡り廊下に出ると、庭園はすぐ眼の前だ。

何と気宇壮大な庭園であろう。広い庭の手前、全面を芝生でおおい、鋭い線をもつ石が各所におかれ、一木もない。いや、石の傍にわずかに枝がみえるのは、つつじかさつきか。

常栄寺鐘楼門

石の配置は八ツ、九ツ。

「あの左の奥の石は富士山に似てるね。そうすると、他の八ツは中国の三山五嶽か。なるほど、考えたものだ」

「……」

「その先に水を湛えているのは心字池。そうすると池中の石は鶴島、亀島……」

俗人にわかるのはこの程度である。しかし、二つの余計な石。

あわててパンフレットをみれば、舟島、岩島とある。その奥に縦長に並ぶ数体の石は十六羅漢、手前にひときわ大きいのが仏岩である。

これは石の芸術、石の造形美である。

石のもつ鋭い線は彼の山水画に見合うが、この明るさはそれとはやや異質である。あるいは、真夏の陽光のなせる悪戯か。

「雪のなかで、この庭をみれば、また感じが違うかも知れないね」

突然の感想めいた言葉に、怪訝そうな顔が横にあった。

周囲に高地が巡り、廻遊式となっている。そこは、林の中。妙喜尼の墓がある、雪舟の筆塚がある。

常栄寺雪舟庭園

上から俯瞰する庭の眺めは、また雄大である。

しかし、雪舟がここにかけた思いは何であったのだろう。益田の雪舟庭園の場合といい、先入観にとらわれた私には、彼の心がつかみかねていた。

本堂に上ると、そこに雪舟画像が展示されている。その面持ちは、「慧可断臂図」を描いたそれではなく、花鳥をみる柔和なもの。七一歳というから、確かに「花鳥図屏風」を構想する面貌であろう。ただ心なしか、凝視する眼光に鋭さが感じられる。筆者は雲谷等益、等顔の子である。筆顔は、毛利輝元から雲谷庵と「四季山水図巻」をもらい、雲谷派を再興した人物。始祖顕彰の意味で、等益が当寺に寄進したものである。

雪舟画像には、このほか、狩野探幽が模した雪舟自画像など、現在数幅が残されているが、そのなかでは、この絵がわれわれに一番馴染んでいるものだ。

本堂の南に目をひく石庭は、昭和に入ってつくられた新しい庭である。

常栄寺から雲谷庵に向う途中に、今八幡宮と八坂神社がある。

今八幡宮

今八幡宮、創建年代は不明だが、現在の社殿は文亀三（一五〇三）年の建立で、一直線に連なる楼門、拝殿、本殿は重要文化財となっている。

八坂神社、あの鷺舞で有名な社。嘉応三（一三七〇）年、大内弘世が京都の八坂神社から勧請して建てたもので、本殿はこれも重文である。さして広くもない境内だが、祇園まつりもすんだいまは物静か。本殿の長く尾を引く日陰のなかで、数人の子供が戯れていた。

急いで雲谷庵に向う。八坂神社から北に、車で数分。天花《てんげ》の部落に、それはある。

雪舟が長年住みなれた京都を離れ、大内政弘の庇護をうけて山口に来たのは、ほぼ四四歳のころである。それから、明にいた二年と行脚の旅に出ていた十余年を除けば、没年（近く）まで——ここ山口では天花にて雪舟没すと伝える——の二〇年近く、ここは彼の故郷にも比すべき地であった。

むろん、雲谷庵はすでになく、今はその跡に、恐らく当時を模したのであろう入母屋造の庵が建てられている。明治一七年、近藤某によって雪舟顕彰のために造作されたものだが、雪舟の生涯を追う筆者にとっては、そんなものをみているだけでも感一入であった。

八坂神社

なかに、常栄寺雪舟画像の模写が掲げられている。

大内政弘と面識をえなければ、明に行く機会はなかったかも知れない。またその庇護がなければ、その後の画業達成も覚束なかったろう。雪舟水墨画の完成にとって、政弘の存在は不可欠であった。もともと政弘は、『大内家壁書』に明らかなように、政治家としての資質に長けていたことはいうまでもないが、他面、宗祇の『新撰菟玖波集』編集に惜しみない援助を与え、その恩顧に報いたものとはいえ、七五句も採用されていることなどからみると、文化人としての一面も兼ね具えていたものとみえる。彼のこのような文化に対する強い関心が、雪舟の才能に深い理解を示したことは、容易に察知することができよう。

しかし、他方で、文明後期から延徳、明応にかけて、周防の大内文化は京都にも比すべき様相を呈しており、その一翼を荷ったのが雪舟画壇であることも確かである。こうしてみると、この二人の出会いは、日本文化史にとって重要な意味をもっていたといわざるをえない。

ともあれ、山口は西国の守護大名大内氏の本拠地である。雪舟にかまけすぎて、大内氏を語らぬというのではいささか片手落ちであろう。

＊　＊　＊

伝承によれば、大内氏の始祖は百済二六代聖明王の第三子琳聖太子という。推古朝一九（六一一）年、太子は周防の多々良浜（今の防府市）に上陸して摂津にのぼり、聖徳太子に謁見して、周防国大内県を賜ったというのである。興隆寺（山口市大内氷上）は太子の創建と伝える。

奈良時代には、和銅開珎を鋳造する鋳銭司《すぜんじ》が置かれて、早くから文化の開けた土地柄であったようだが、大内氏が歴史に登場するのは、一六代盛房が周防権介に任ぜられたのに始まる。彼は源平合戦において、その子弘盛とともに源氏に加担し、その功によって、弘盛は長門国を賜った。以後、大内氏は国衙機構のなかにありながら国衙領を侵犯して、武士団の統領としての地位を築いてゆく。

古都山口にとり、忘れてはならないのは二四代弘世である。彼は足利氏に属して防長二国の統一を達成し、大内繁栄の基礎を築いた人物であるが、同時にいわゆる大内文化のはしりを成した人物でもある。すなわち、彼は足利義詮に謁見のため上京したおり、京都の町並みに心ひかれて、大内から山口に本拠を移してからは、京都をモデルに町づくりに専念し、加えて八坂神社、北野天神（古熊神社）を勧請して、庶民生活に京の祭礼の彩りを添えた（一三六〇年ごろ）。また、名産大内人形、色漆と金銀箔粉を施した球形の夫婦雛は、都から迎えた彼の夫人を慰めるために作らせたのが起源だとされる。

これらを土台に、弘世の子義弘は、九州探題今川了俊が失脚すると、朝鮮に使節を送って通交を求め、朝鮮貿易を開始する。琳聖太子後裔説は、朝鮮貿易を有利にするため、このころ主張されたものともいわれており、彼はその実力を背景に、周防・長門・石見のほか、豊前・和泉・紀伊の守護職を兼ね、大内氏は大いに発展した。

これから以後、明や朝鮮との勘合貿易によって大内氏はいよいよ栄え、山口は西国の経済・文化の中心地となり、しかも応仁の乱によって、焦土の京都を逃れた公卿・文人が、相次いで山口に移り住み、東山文化を移植したため、大内文化はみごとに開化することになる。政弘の時代とは、このような時期であった。

そして三一代義隆のころ、フランシスコ・サビエルの伝道と相まって、大内文化は異国情緒豊かなものにもなったという。

大内二四代弘世が山口の町造りを始めた一三六〇年ごろより、三一代義隆が大寧寺で自刃する一五五一年までのほぼ二〇〇年は、大内一族の全盛時代である。とくにその後半は、商業都市博多を擁して対外貿易に活躍したため、経済的に大いに繁栄し、そして京にも匹敵する大内文化を開花させた。〝西の京〟ともいわれた所以である。

丁度、同じころ、ヨーロッパではイタリアの都市国家において、ルネッサンス文化が花を競っていた。守護大名の割拠という当時の政治状況を考えると、イタリアに似て、はからずも、大内文化はルネッサンス文化に比せられそうである。たしかに、後世に与えた影響に強弱の差はあるにせよ、大内氏も、かの国同様、多くの文化事業を行い、その遺産をこんにちに残している。

そこで、社寺関連の大内治政を探ってみよう。

二二代重弘＝乗福寺の創建。

二三代弘幸＝永興寺の建立（現在は廃寺、弘幸の墓がある）。

二四代弘世＝住吉神社本殿（下関）の造替、京都から八坂神社・北野天神（古熊神社）を勧請。

二五代義弘＝香積寺（のち萩に移る）・禅昌寺・妙光寺（堺）の創建。

二六代盛見＝香積寺五重塔・国清寺・観音寺観音堂・漢陽寺の建立、宇佐神宮の造替、朝鮮から大蔵経・高麗国高宗勅版大般若経の請来、「蔵乗法数」の開板。

二九代政弘＝法華経の開板。

三〇代義興＝伊勢神宮から勧請した山口大神宮・凌雲寺（現在は廃寺）の建立、今八幡宮の造替。

三一代義隆＝筥崎宮（博多）の再建、「聚分韻略」の開板。

これだけの社寺建立にかかわった大名家が、今までにあっただろうか。このことは、一方で大内の財力の豊かさを物語り、他方で、文人領主が輩出し文化に深い理解を示したことの証左ともいえる。

＊　＊　＊

さて、今日はどの古寺を訪ねようか。山口市内の現況を調べてみよう。

乗福寺＝御醍醐天皇のときに勅願寺となり、室町時代には十刹に加えられ、塔頭三六、末寺八六を数えるほど栄えた。琳聖太子供養塔、重弘・弘世の墓があり、もみじの名所。

香積寺五重塔＝応永の乱をおこし堺で戦死した兄義弘の菩提を弔って、盛見が建立した国宝建造物。元禄三年瑠璃光寺が香積寺の跡地に移り、現在は瑠璃光寺五重塔として広く知られている。

国清寺＝毛利時代に隆元の菩提寺として常栄寺と改称され妙喜寺の地に移り、そのあとに元就の菩提寺である洞春寺が移された。現在の洞春寺には国清寺時代の山門（重文）と観音寺から移築された観音堂（重文）がある。それに大内盛見・井上馨の墓が。

八坂神社の本殿、古熊神社の本殿・拝殿、および今八幡宮の本殿・拝殿・楼門が重文の指定をうけているが、山口大神宮は伊勢にならって建て替え、現在の社殿は昭和三五年の造営である。

なお、弘世が京をモデルに町造りをしたさい、賀茂川にみたてた一ノ坂川の傍らに、百間四方の濠をめぐらせて建てた大内館の跡がある。今は、毛利隆元が義隆の菩提を弔って元治三（一五五七）年に建てた竜福寺があり、その本堂は興隆寺釈迦堂（重文）を移築したものである。

ホテルから瑠璃光寺へは、北に向かって一本道。

市役所をすぎると、左に二本の尖塔がみえてくる。サビエル記念聖堂である。昭和二七年建築のカトリック教会だが、ロマネスク調の優美な建物で、異国情緒好みの日本人の心をかきたて、聖堂内には、布教するサビエルの姿を描いた二五枚の美しいステンドグラスがあって、今は観光名所となっている。しかし、この日は折悪しく神父を祝うミサがあるとか、多数の信者が群れていた。

県庁前に出ると、そこに毛利藩当時の藩庁表門がある。ここは萩から山口に移った藩庁の跡である。

左に行けば山口大神宮、北上すれば洞春寺の前に出る。

洞春寺、臨済宗建仁寺派。元正元（一五七三）年、毛利輝元が祖父元就の菩提寺として、国清寺跡に建てたもので、毛利家の運命そのままに、創建は安芸吉田城内、関ケ原役後（慶長八年）山口に移り、三年後萩城内に移転、山口に戻ってきたのは明治二年であった。

国清寺時代の山門をくぐると、きれいに白砂を敷きつめた境内に入る。元就の護持仏を祀る本堂が正面、文政九（一八二六）年の再建である。

左側の観音堂は、永享二（一四三〇）年創建された滝の観音寺の仏殿を移したもので、三間四方、重層入母屋造、銅板葺の唐様建築である。屋根の反りが大きく、はね上り、いかにも中国風の、しかしいかつさのない、優美な建築だ。

寺宝を拝観する。あの大内義弘像、大内盛見像がある。

洞春寺観音堂

「山口に来ると、大内と毛利がゴチャゴチャだね。この寺はその典型だ」

「……」

と、運転士は無言。

木喰の釈迦如来像があった。木喰行道は、晩年、長門に来ているから、その像がここにあっても不思議ではないが、格式のある毛利の菩提寺との取り合わせは、いかにも不自然であった。

洞春寺の境内を東に出ると、毛利家の墓所、香山公園。薩長連合の密約が結ばれた処といわれる沈流亭の辺りから、早や瑠璃光寺の五重塔が見えがくれする。

「あの五重塔は山口の誇りです。なにしろ日本一美しい塔ですから」

と、日本一に力を込めていわれると、今度はこちらに返す言葉がなかった。


全国に五重塔の数は四二。うち、木造でないのが一一あって、何れも戦後のもの。それは論外として、残り三一について考えてみよう。

古い順に辿れば、法隆寺（飛鳥）、室生寺・醍醐寺（平安）、海住山寺（鎌倉）、明王院・羽黒山・厳島神社・興福寺・法観寺・瑠璃光寺（室町）と一〇番目。あとは、本門寺（桃山）、妙成寺・法華経寺・仁和寺・寛永寺・教王護国寺・最勝院・大石寺・興正寺・東照宮・妙宣寺・吉備国分寺（江戸時代）と続き、以上二二、いずれも国宝か重文である。

　高さの順では、教王護国寺の五四・八メートルを筆頭に、興福寺五〇・一メートル、善通寺（明治）四五・五メートルと続き、三一・二メートルの瑠璃光寺のそれは一九番目。

瑠璃光寺五重塔

　屋根は、宝生寺・厳島神社・瑠璃光寺が檜皮葺、羽黒山・妙成寺が杮葺のほか、あとは瓦葺か銅板葺、もしくは銅板瓦葺で、法隆寺・海住山寺には初重に裳階がある。

「元和二年に、毛利が香積寺を萩に移したとき、この五重塔も解体されようとしたんですが、山口の町民が、五重塔は大内義弘の墓所だから残してくれと嘆願して、山口に残ったんです」

「確かに美しい塔だね。檜皮葺だから瓦葺のような重苦しさがないのが原因だろう。そのうえ、屋根の勾配がゆるやかで、深い軒の先が反り上っている。いわれてみると、この軒反りの曲線の美しさは日本一かも知れない」

　厳島神社のそれも軒反りが大きいが、こちらは、三層以上に縁・高欄がないため、塔身がよりしまってみえるのである。なるほど、日本一といわれるほどの美的条件

瑠璃光寺鐘楼門

は具わっている。

「深い軒の出と軒反りの曲線、それにしまった塔身、これは非の打ち所がないね」

と、重ねていえば、「やっと日本一だと判ったか」という顔をした。

それをしおに、広い境内を幸い、前後左右に歩を進めて、ためつ眇めつした。

池がある。それが前景となって、ここからの眺めが最高だ。しかもバックはなだらかな稜線をもつ緑一色の山。やや絵葉書めいてはいるが、こんな塔風景は今まで見たことがない。私はしばらく、キャンバスの構図を確かめでもするかのように見据え、視野一杯の塔風景に見惚れていた。

瑠璃光寺から一ノ坂川沿い道を下る。

「この辺りは源氏ボタルの発生地ですよ。五月末から六月初めにかけてホタルの乱舞がみられます」

「ほう……、この桜並木も花どきは綺麗だろうね」

竜福寺に出た。大内館のあった処というだけあって、さすがに境内は広い。現在の本堂は、前の本堂が明治一四年の火災で焼失した後に、大内の氏寺だった興隆寺（琳聖太子の創建と伝える）釈迦堂を移築したものである。

「古熊神社はどうします。天神橋を渡った椹野川の向う側だけど」

と、時計をみながら、止めた方がいいのではという調子である。

私もその気配を察して、やや未練がましく、

「じゃ止めて……、うん、防府に行こうか」

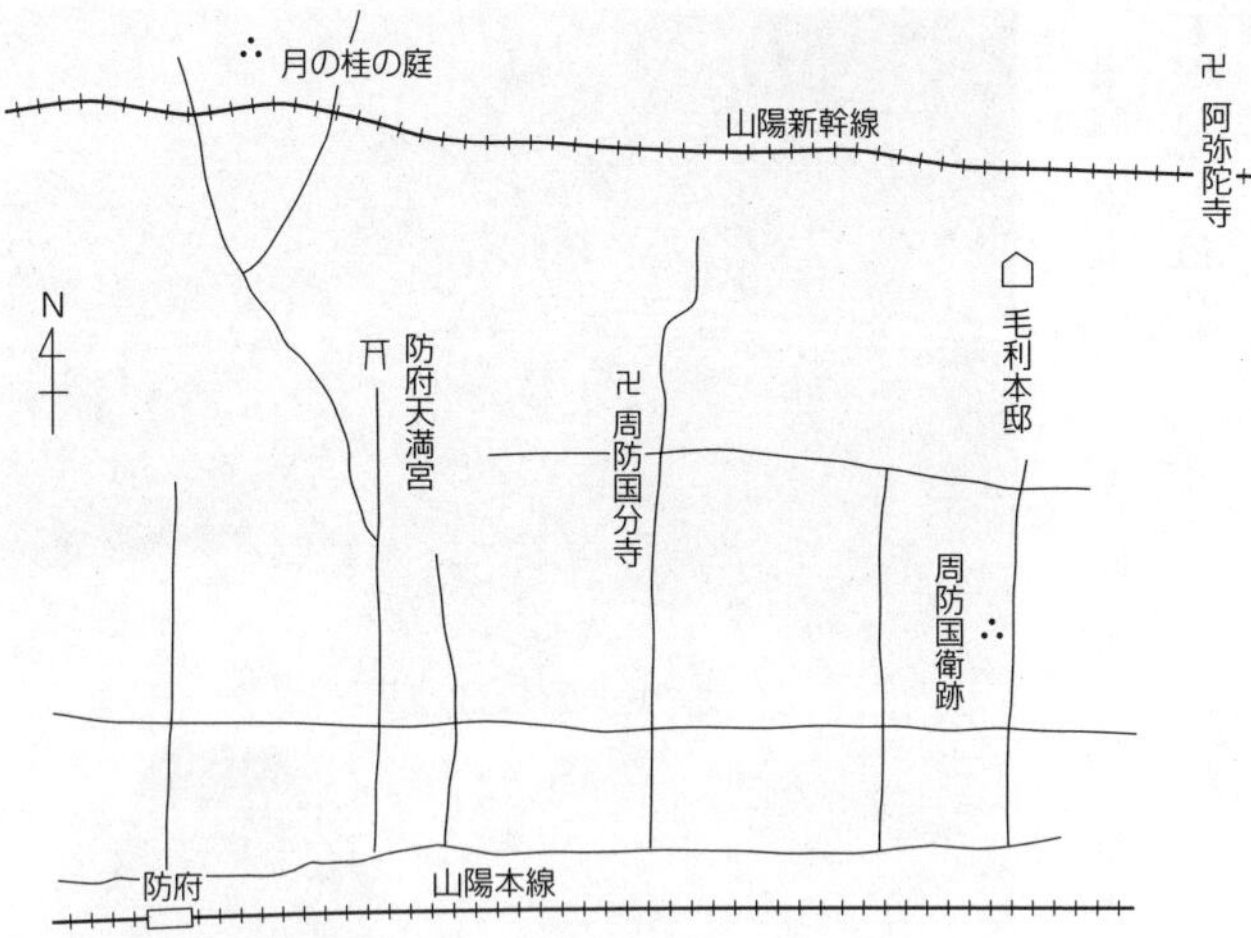

――山陰の奈良（山口）

防府は周防の国府の意である。因みに、長門の国府は長府。古代、国府のあったところだから文化が栄え、当時の遺産が数多く残されている。

周防国分寺、防府天満宮、東大寺別院阿弥陀寺などなど。山口を西の京というなら、ここはさしずめ〝西の奈良〟というところか。

山口より国道二六二号線を走り、新幹線と交差するところ、その近くに「月の桂の庭」と称する石組みの名園がある。作者は桂忠晴、右田毛利家（元就の七男元政を養子とした右田の天野氏がのちに毛利姓をなのった）の家老である。時は正徳二（一七一二）年、山を背にし、南面の小高い場所に、天神山・桑山・三田尻湾を見通せる、恰好の借景をもつ武家屋敷の書院の庭として設えられた。南から東に矩折れに築地塀で仕切られた、一庭二景の枯山水平庭である。

月の桂の庭

東庭・南庭、何れにも白砂が敷かれ、奇妙な形の立石・臥石が点々と置かれている。

「南を御覧下さい。立石は三山を表し、臥石は十州を表わしています。左の石組みは須弥山、右の石組みは般若の舟を象徴しています。ここは神仙境です。

　東を御覧下さい。ここは智門般若体を象徴したものです。左の二個は陰陽石、中央の二段組みは兎子懐胎を表します。毎年旧暦一一月二三日の夜半、この兎石の上に月のかかるのを待って月待行事を行います。そのため月の桂の庭といいます。右の臥石は蚌《ぼう》（蛤）です」

　作者の寓意は、その命名の絶妙さほどには、こちらの胸にひびいてこないが、しかし、石ぶりのみごとな選択と卓越した配置に、何か宗教味を帯びた思想を仮託していることはよくわかる。

「こりゃ、半日ぐらい座っていても判らんね……。とにかく、月の桂の庭という語感がいいや」

　妙に心にかかるのは、東庭中央の二段組みの石。台石の上にのったL形の石の方が大きくて不安定極まりない。が、それが反って、破綻のない完成された造型に揺さぶりをかけているように覚えて、石組みのどれもが動き出しそうなのである。

「それにしても、大胆な石組みを考えたものですね」

防府天満宮

と、この家の夫人に言えば、

「桂忠晴は、文芸の才に長け禅を修めた武人だったといわれますから、定型にとらわれないこんな形を思い付いたんでしょうか」

と、要領をえた返事がかえってきた。

座すこと暫し。真夏日の昼日なかであることを忘れた一刻である。


月の桂の庭から防府市内に入る。新幹線のガードをくぐったところで、

「右側に入ったところに国指定史跡の大日古墳がありますよ」

「アアー、あの琳聖太子の墓とかいう前方後円墳だね」

全長四二メートル、高さ五メートルの後円部の横穴式石室に家型石棺が置かれているという、大きくて珍しいもの。当時の名ある豪族の墳墓であることは確かだ。これが大内氏の始祖だというのである。

市街地に入ると、防府天満宮、周防国分寺、毛利本邸と、西に向って、おおよそ徒歩一〇分ずつの間隔で続く。これらは古代、中世、近代を語る史蹟であるから、防府のもつ歴史

の深みは、古墳時代から明治に及ぶことになって、この一見めだたぬ防府の顔のかくれた表情に驚かされる。

最初に訪れた防府天満宮は、北野・太宰府のそれとともに、日本三天神の一つ。しかも創建は、これらのうちで最古だ。

道真が太宰権帥に左遷され、筑紫に下向の折、同族の周防国司土師信貞の舘に滞在し、「身は筑紫にて果つるとも、魂魄は必ず此の地に帰り来らん」と告げた。それから三年後の延喜三年、道真死去と伝えられて、信貞がその霊を祀り、翌年八月、現在地に松崎の社を建立したのに始まる。

一の鳥居をくぐると、表参道の石畳が長く延びて、二の鳥居に至る。左側が別当寺酒垂山万福寺の大専坊の跡。毛利元就が防長を平定するまでの間、牙営が置かれていたところである。

五十数段の石段を昇りきると、正面に朱塗りの重層の楼門と廻廊が現れる。社殿と共に、これらの建造物は近年の造営で、それ以前のものは、寛政元（一七八九）年毛利重就によって造営されたが、惜しくも昭和二七年の火災によって、すべて灰燼に帰した。

社殿は入母屋造銅板葺権現様式。だが、彩色をさけた古式豊かなもの。華麗な楼門と対照的であり、全体として、近年の造営とはいえ荘重な美的空間を形造っている。

「さすが、三天神といわれるだけあって、豪華なもんだねえ」

「何しろ当時で二億円かかったそうですよ」

廻廊の西側に建つ楼閣様式重層の堂は春風楼。毛利斉熙が五重塔建立に着手したが、幕末多端な政情のため工事中止のままになっていたのを、明治になって、塔の一層軒下の組物を床下に組み入れ建造された。一層吹き抜けの珍しい重厚な楼閣である。

しかし、いかに壮麗とはいえ、新しいものに感激が薄いと感じたのは、古寺名刹に対する先入観によるものかも知れないと反省しきりであった。

うだるような暑さである。天神前の食堂にとびこんで、クーラーの前で一息入れる。

遺跡としてはともかく、現存する国分寺のなかで、創建当初の遺構をそのまま保持するものは極めて珍しく、周防国分寺はそのような珍しいものの一つに数えられている。

まず、仁王門の前が大きな広場のようになっているのは南大門の跡。現在の仁王門は、毛利輝元の再建（一五九六年）

国分寺仁王門

で、重層入母屋造、三間一戸の堂々とした楼門である。ついでこの門を入ると、正面の本堂まで広く長い参道が続くが、このあいだに中門があった。東には塔の跡。創建時の七重塔の跡に五重塔が再建されたが、これも応永二四（一四一七）年に焼けた。

広大な境内の、人気のない、シーンとした雰囲気に気押されて、さて拝観をどうしようかと迷っているとき、本堂前の水場で水を使う若い婦人の姿が目に入った。

訊けば、ここの御住職の夫人とのこと。最速、本堂に案内を乞う。

本堂は、天明七（一七八七）年毛利重就の再建になり、重層入母屋造の壮大なもの。建坪百十余坪とか。内陣もさすがに広く、しかも、そこに大小五十近くの仏像が居並ぶさまは、まるで仏像博物館のよう。

須弥壇中央に金色の丈六薬師如来座像、両脇に日光・月光、前面に十二神将、四隅に四天王が配され、文字通り薬師軍団の勢揃いである。十二神将が少しく小ぶりなほかは、二メートル前後の堂々たる仏像。この六躯はそろって藤原初期の秀れた作品で、何れも重文である。

いや、まだまだ。須弥壇の右手に不動明王と十二天が並び、

国分寺本堂

左手に阿弥陀如来、地蔵菩薩、不動明王、毘沙門天、愛染明王、随求菩薩が並ぶ。

　これでも足りずに、後堂に薬師如来二躯、阿弥陀如来二躯、阿閦如来、大日如来、宝生如来、延命菩薩、普賢菩薩のかずかず。

「いったい、何体いらっしゃるのでしょう」

「四八体でございます」

　このように聞いては、一つ一つ拝観する気力も消え失せ、ただ呆然として、視線も定まらない。が、たまたま、立像の阿弥陀如来のみごとさに目がゆくと「鎌倉時代　伝安阿弥作」とある。ふと、

「真言宗のお寺に阿弥陀さんが二体も……」

「持仏堂にも半丈六の阿弥陀さまがいらっしゃいます。藤原中期の作とかで重要文化財になっております」

「……何故でしょう」

「難しいことは存じません。……お嫁に来たばかりですので……」

　内心忸怩たるものを感じながら、私は勝手な推測をも交えて、覚ばん上人の念仏堂の例にみるように、高野山においても浄土信仰・念仏信仰を唱えるものが出、とくに高野聖のな

かには、庶民の求めに応じて念仏聖として歓進する大きな勢力があり、阿弥陀仏がつくられたのではないか、それが持仏堂の阿弥陀如来であり、他は廃寺のそれを引き取ったものであろう、などと語りだした。

それは、蝉時雨で喧しい屋外に反して、諸仏に囲まれた薄暗い堂内は森厳そのものであり、その重圧感を破るものは二人の声だけだと、頭のすみで意識していたからでもあった。

加えて、とどのつまりは、高野山における御住職とのラブ・ロマンスまで聞き出す無礼をあえてすることになったのは、若い御婦人の仏教によせる関心が奈辺にあるかを知りたくなったせいでもあったろう。

それにしても、他に類をみないほどの多数の仏の造像は、代々の領主による並々ならぬ保護がなければ叶わぬもの。当寺の格式の高さを語る物証（?）でもある。

どれくらいの時間がたったろう。外から呼ぶ声に我に返る。運転手が迎えに来たのだ。

仁王門を出て未練気に振りかえるわが目に、入るときは気がつかなかった長々と延びる築地塀の白さが、焼きついて離れなかった。

周防国衙跡の北の山麓に、広大な敷地を有する毛利邸がある。毛利氏が、萩から山口に本拠地を移してまもなく、明治の廃藩置県により藩庁が山口県庁となったのに伴って東京に移住したのちに、井上馨らの努力によって旧領国に設けられたその本邸である。完成は大正五年、当時における建築・造園技術の粋をつくしたものだ。

「阿弥陀寺に行くんだったら、三〇分ぐらいにして下さい」と、急がされて、まず庭園を一周する。

なるほど、名園の名にふさわしい見事な設えだ。初めは、大名華族の贅をつくした生活に感じ入っていたが、やがて、同じ大名庭園の兼六園や後楽園を想い出し、維新まで名園といわれるものを持たずに、蓄財に励んだ歴代藩主の治世を賞讃すべきかも知れないと思うようになっていた。大正になって、やっと大名並みになれたのだ。

本邸の一部に、藩主が代々伝えた文化財が展示されている。紀貫之筆「古今和歌集巻八」、大江家国筆「史記呂后本紀第九」などの国宝があるが、お目当ては、雪舟の、あの「四季山水図巻」であった。

しかし、真筆の公開は一一月だけとある。常時公開は雲谷等顔・狩野古信の模写いずれかによって代用され、いまは等

毛　利　邸

顔が展示されている。絵については、もう何も言うまい。ただ巻末の款記「文明十八年嘉平日、天童前第一座雪舟叟等楊六十有余歳筆受」の墨書銘が目についたので、一言。

彼が雪舟叟等楊と明記した作品は、この山水図巻と「金山寺・育王山図」しかない。このことは、彼が自信を込めてこの作品を描いたことを意味するものに外ならない。また年齢を記した作品は、これが最初である。それは、彼が画人として新しい出発点にたったことの主張なのであろう。そして「筆受」とは、範として書いたものの意であり、それが南宋の夏圭であることはすでに明らかにされている。が、夏圭を超えた作品であることも確かだ。この作品は、雪舟にとって、他の作品とは異なる意味をもつものであった。

いよいよ最後の目的地、阿弥陀寺に向う。

毛利邸から東北に向い、車で一〇分ほど。新幹線をくぐり抜けて大平山にかかり、その中腹に、それはある。大平山は、山頂までロープウェイがかかる標高六三〇メートルの山であるから、阿弥陀寺は、いわば山のお寺である。

東大寺別院周防阿弥陀寺と称する。

東大寺が平重衡の兵火にかかって焼失したのち、その再建のため、朝廷は周防の租税を東大寺に寄付し、再建の大勧進となった俊乗坊重源が周防国務管理を命ぜられた。彼は、殊遇をえ、かつ東大寺再建に力をつくした御白河法皇の安穏を祈って、文治三（一一八七）年に、阿弥陀寺を建立した。これが東大寺別院を名乗る所以である。よって、地方に珍しい華厳宗の寺。

かつては、多くの子院僧坊を擁していたが、今は本寺を残すのみ。しかし、さすがに境内は広そうだ。

車は、仁王門を右にみて、山を左に巻くように、一気に庫裡の前に乗り入れた。仁王門の脇で車を降り、長い石段を上って、山のお寺の雰囲気に浸りたいと思ったのだが、時間を気にして言い出しかねていたからである。

ところが、

「小一時間はありますから、ゆっくりどうぞ」

と、いう。それなら、帰りに歩くことにしよう。

阿弥陀寺庭園

庫裡の前に書院、それに面して池がある。この辺りは植込みもあって、庭園になっている。

その奥に護摩堂、向うに本堂、開山堂と続き、石段を上った一段高いところに、経堂、念仏堂、鐘楼と居並ぶ。盛時には及びもつかないが、それでもかつてを偲ばせるほどの境内、建物のありようである。一番古いのが、仁王門（一六八五年）、ここに安置される金

阿弥陀寺仁王門

剛力士二躯は、鎌倉時代、快慶一派の作で重文指定をうけている。ついで経堂（一七一九年）、本堂・護摩堂（一七三一年）の順で、念仏堂は明治のもの。

日差しは少し弱くなったものの、飛び交う蜂や虻の群れに、いささか僻易しながら、人気の全くない境内をそぞろ歩く。

夏の山の寺の静寂感は、だるさのなかに見せる時折の緊張感に似て、一種独特のものだ。夏休みに古寺巡礼の機会が多い私には、肌が知りつくしている感触のはずであるが、新しい出会いのたびに異なる感動があって、暑さを忘れさせてくれる。

ここは、蝉の声が喧しいのはいわずもがな、しかしそのなかで、虫の息までが聞こえるのである。

庫裡をたずねた。予感が当って、住職は留守とのこと、寺宝の案内は致し兼ねるという。日本最古の鉄宝塔（一一七九年、国宝）はともかくとして、重源上人座像（重文）と木喰の十一面観音には未練が残る。

思いあぐねて玄関に佇んでいるうち、私は東大寺の重源上人座像について話し始めた。双方とも鎌倉時代、ほぼ同寸法の慶派の作品。対話のなかで、この寿像の印象を得たいという願いからであった。

しばらくたって確かめ得た映像は、かたや迫真的な写実性、で合点していた。こなた老僧の風格をよく表わすという、甲乙つけがたいものであった。

長い石段を仁王門まで下りる。

丁度二〇〇年たった茅葺の仁王門は、いかにも古趣があって、山の寺にふさわしい。文化財は宝物館のなかにしまいこむ古寺が多いこのごろ、阿弥陀寺の仁王、金剛力士は、処を得、仏の守護仏として、山門にましrます。

このほのかな感銘は、小郡駅までの車のなかに、長い余韻を残していた。

（「書斎の窓」二五三―二六一号 一九七六年四月―一九七七年一月）

＊　＊　＊

雪舟に惹かれて五つの古都への旅。そこには、六〇〇年の歴史に埋もれる町や、万葉や漂泊の文芸の足跡が残る町があり、また近世から近代への激動の震源地となった町があった。そして、京に比せられる文化圏を誇った町と、遠い古代にいざなう町があった。

五つの町の旅は、奥深い歴史との出会いである。

そして、萩・津和野の殷賑さに引きかえ、観光客の姿は全くといっていいほど目に入らない防府の旅、物見遊山客のいない古社寺の巡歴は、旅の終りを飾るにふさわしいと、独り

〔補遺〕本州の古社寺めぐり

「はしがき」で述べたように、資料も準備し書きあげるばかりになっていたのに、活字にできなかった古社寺は数多い。そのうちにと思いつつ、時の経過と共に記憶も薄れ、今後に期待をかけることも難しそう。

そこで、旧著『古寺のある風景』をガイド・ブック代りに使っているという読者の便宜を考えて、筆者が訪ねた本州の古社寺を、地域別に北から簡単に紹介することにした（著名な観光地・大都市は省略、また四国・九州は十分に回り切れていないので省略した）。

一　みちのく

(1)下北半島

何といっても本州最果ての地にふさわしい恐山が圧巻。〝死者と語る〟がテーマ。〈むつ市〉に泊まれば、〔常念寺〕（源信作の重文阿弥陀坐像）・〔常楽寺〕（初期円空作釈迦立像）・〔円通寺〕にも寄ればよい。恐山から本州最北端の大間崎に出て名勝仏ガ浦に下る途中、〈佐井村〉に〔長福寺〕（初期円空作十一面観音像、高さ一八三センチ厚さわずか一一センチの前面だけの半彫り）がある。

〈青森市〉の県総社、〔善知鳥《うとう》神社〕は大同年間の創建と伝える古社だが、現社殿は戦後のもの。

(2)津軽地方

鎌倉以降の十三湊《とさみなと》の安東氏、桃山以降の津軽氏、五能線深浦の北前船が三題噺のネタ。したがって、歴史を遡る毎に話題にこと欠くことがなく、それに民謡の宝庫ときているから、紀行文を書くにもってこいという楽しい地域。根拠地はいうに及ばず、〈弘前市〉である。五月連休前後は弘前城の枝垂れ桜が満開で有名。真先に行きたいのが〔最勝院〕、その五重塔は銅板瓦葺だが軽やかで誠に優美、寛文七年完成。津軽氏の菩提寺は〔長勝寺〕、堂々たる三門が重文、〔誓願寺〕の山門も同様である。〔革秀寺〕には初代為信の極彩式霊屋（重文）がある。二代信枚《のぶひら》が勧請した〔八幡宮〕は慶長一八年建立の本殿と唐門が桃山風の華麗な建物で重文、手前右手の〔熊野奥照神社〕の本殿も同時期の和様建築（重文）で、

円 覚 寺

ほかに〔東照宮〕・〔袋宮寺〕〔背高観音〕がある。南の外れには、イタコで有名な〔久渡寺〕が。

足を東にのばすと、〈尾上町〉の〔盛美園〕は池泉回遊式の名園、〔猿賀神社〕は大同二年創建の古社で蓮がみもの。南の〈大鰐町〉では乳井神社〔福王寺〕・〔大円寺〕〔平安後期の重文阿弥陀坐像〕、〈碇ガ関村〉の〔古懸不動尊〕。西の方、岩木山麓〈岩木町〉に〔高照神社〕〔老樹に囲まれた広い境内に堂々とした拝殿〕と〝奥の日光〟とよばれる〔岩木山神社〕〔重文の楼門・拝殿と豪華な本殿〕がある。

北、五能線に沿ってゆけば、日本海に出たところ〈鯵が沢町〉の〔高沢寺〕〔池泉回遊式庭園〕、そして北前船の寄港地〈深浦町〉の古刹〔円覚寺〕〔大同二年創建〕に重文の厨子のほか、北前船の大絵馬と珍らしい女性の頭髪で刺しゅうした仏画がある。

マイカーなら、大湯のストーンサークに寄り、東に向かえば〔天台寺〕〈岩手県浄法寺町〉も近い。

十三湖方面に行く機会を失い、三題噺は未完成となった。

(3)庄内周辺

ここの三題噺は芭蕉・山岳修験・本間家である。天童温泉〈天童市〉を根拠地に、地元の〔若松寺《じゃくしょう》〕〔和同元年創建の

慈恩寺大本堂

古刹で、民謡『花笠音頭』に唄われた「めでためでたの若松さまよ」のそれ、観音堂・懸仏が重文）と〔仏向寺〕〈寒河江市〉、それに通称山寺〔立石寺〕〈山形市〉と〔慈恩寺〕〈寒河江市〉、湯野浜温泉〈鶴岡市〉を根拠地に〔出羽三山〕〈羽黒町〉、酒井藩の城下町〈鶴岡市〉と豪商本間家のある〈酒田市〉、北に足を延ばして〔蚶満《かんまん》寺〕〈象潟町〉とくればネタとしていうことはない。立石寺・蚶満寺が『奥の細道』ゆかりの地であるからである。

慈恩寺は神亀元年創建、聖武・鳥羽・後白河三帝の勅願所で最上氏の庇護をうけたという由緒ある巨刹。四八坊を誇ったが、現在でも三院一七坊が残る。真っ先に目に入るのが二九米の三重塔だ。そして、壮大な楼門、茅葺単層入母屋造の大本堂〈重文〉、薬師堂〈快慶作薬師三尊・十二神将〉、阿弥陀堂〈湛慶作の重文阿弥陀如来〉などの堂宇が並ぶ。砂地の境内で乾いた感じ、荘重さにやや欠けるのが惜しまれる。

出羽三山、六世紀末崇峻天皇の子蜂子皇子の開山による羽黒山寂光寺が始まりで、のち月山・湯殿山が開かれ合体して羽黒三所権現となった。神仏分離令で神社となり寺坊は破壊されたが、三山信仰は今日まで続き、六体の即身仏を残す〈湯殿山大日坊・本明寺・注蓮寺〈朝日村〉、南岳寺〈鶴岡市〉、海向寺〈酒田市〉(二体)。帰りは杉並木の石段道を下り、国宝五重塔をみてほしい。なお〔玉川寺〕には江戸初期の名園(池泉回遊式蓬莱庭園)がある。

鶴岡には酒井藩の居城趾・藩校(致道館)、郊外南東に〔水上八幡〕(茅葺三間社流造の本殿は重文)、そして海沿いの丘陵地に巨刹〔善宝寺〕が、龍神説話に彩られて天慶年間に龍華寺の号で創建された。豪壮な楼門を入ると左に五重塔(一八九二年創建、彫刻の多いにぎやかな塔)右に五百羅漢堂、正面右段を登りつめると寄棟造の大本堂、裏手に縁起の竜神をまつる竜王殿がある。そこから老杉の小道をまわると伝説の貝喰の池に亀(スッポンも?)がうじゃうじゃ。これは一見もの。

庄内の商業都市酒田では、山居倉庫、「本間様には及びもないが　せめてなりたや殿様に」とうたわれた日本一の大地主本間家本邸・別邸美術館はいわずもがな、〈松山町〉まで足を延ばせば小堀遠州作庭の〔総光寺〕がまつ。

―― 二　関東地方

筆者は、ほとんど日帰りでこまめに行ったところが多いので、地域別に古刹の名だけをあげておく(日光・鎌倉・秩父札所は除く)。

(1)北関東

佐竹寺・正宗寺・西山荘〈常陸太田市〉、薬王院〈水戸市〉、笠間稲荷・楞厳《りょうごん》寺・「教行信証」ゆかりの西念寺〈笠間市〉、重文三重塔のある小山寺〈岩瀬町〉、一〇万石の格式ある薬法寺(雨引観音)〈大和村〉、薬王院・伝正寺〈真壁町〉は茨城県。妙心寺派の名刹雲巌寺・大雄寺〈黒羽町〉、法輪寺〈湯津上村〉、加蘇山神社・古峰神社〈鹿沼市〉、磨崖仏の大谷寺〈宇都宮市〉、重文三重塔のある西明寺・地蔵院・円通寺・綱神社〈益子町〉、勝道上人開基の満願寺・大平山神社〈栃木市〉、唐沢山神社〈佐野市〉、足利学校・足利氏の菩提寺鑁阿《ばんな》寺・関東の高野山浄因寺・鶏足寺〈足利市〉は栃木県。天狗の弥勒寺〈沼田市〉、水沢観音〈伊香保町〉、上州一の宮貫前神社〈富岡市〉、それに上州三山〈赤城・榛名・妙義各神社〉は群馬県にある。

埼玉県では、東側から時計回りに金鑚《かなさな》神社(遥拝宮が本庄市にある)・大光普照寺〈神川村〉、百体観音堂(成身院)〈児玉町〉、変型切妻造の貴惣門をもつ歓喜院(妻沼聖天)〈妻沼町〉、熊谷寺・竜泉寺・安楽寺・集福寺・常光院〈熊谷市〉、総願寺〈加須《かぞ》市〉、慈恩寺〈岩槻市〉、泉福寺〈桶川市〉、武蔵一の宮氷川神社・薬王寺〈大宮市〉、玉蔵院・調《つき》神社・氷川女体神社・吉祥寺〈浦和市〉、三学院〈蕨市〉、西福寺・長徳寺〈川口市〉、妙顕寺〈戸田市〉。比企丘陵には、慈光寺・岩殿観音・吉見観音の板東札所、法恩寺・竜穏寺〈越生《おごせ》町〉、出雲伊波比神社〈毛呂山町〉、高麗王若光を祀る高麗《こま》神社・聖天院〈日高町〉、高山不動・子ノ権現・神仏習合の竹寺・福徳寺阿弥陀堂・智観寺・能仁寺〈飯能市〉、高倉観音堂〈入間市〉と南に延び、ついで都下だが〈青梅市〉にツツジの古刹塩船観音・天寧寺・金剛寺がある（因みに〈東大和市〉に都内唯一の国宝建造物〔正福寺地蔵堂〕が）。川越の北に広徳寺〈川島町〉、そして江戸城内建造物が残る喜多院〈川越市〉、山口観音・中氷川神社〈所沢市〉、武蔵野を残す平林寺〈新座市〉と続く。

(2)南関東（東京は省略）

まず千葉県。時計回りに、本土寺〈松戸市〉、東海寺〈柏市〉、長禅寺〈取手市〉、不動院〈伊奈村〉、〈印旛周辺〉に松虫寺・栄福寺薬師堂・宝珠院観音堂・竜角寺、〈香取・鹿島周辺〉に観福寺・長勝寺・息栖《いきす》神社・東大社・無量寿寺（一部茨城県）、外房に沿って、円福寺〈銚子市〉、観音教寺〈芝山町〉、東身延の藻原寺・鷲山《しゅぜん》寺・四方懸造の笠森寺〈茂原市〉、妙楽寺〈睦沢村〉、行元寺〈夷隅《いすみ》町〉、大聖寺〈大原町〉、妙覚寺〈勝浦市〉、日蓮ゆかりの清澄寺と誕生寺〈天津小湊町〉、小松原法難の鏡忍寺〈鴨川市〉、石堂寺・真野寺〈丸山町〉、内房に入って、安房一の宮安房神社・小網寺・板東札所の結願那古観音・磨崖十一面観音のある崖ノ観音〈館山市〉、妙本寺・千五百羅漢のある日本寺〈鋸南町〉、房総三国の氏寺神野《じんや》寺〈君津市〉、一二間四方の本堂のある高蔵寺〈木更津市〉、鳳来寺観音堂・西願寺・飯香岡八幡〈市原市〉、千葉寺・大厳寺〈千葉市〉、『立正安国論』がある法華経寺・弘《ぐ》法寺〈市川市〉がある。

ついで神奈川県。まず湘南では、神武寺〈逗子市〉、浄楽寺〈横須賀市〉、時宗総本山遊行《ゆぎょう》寺・竜ノ口法難の竜口寺〈藤沢市〉、相模一の宮寒川神社〈寒川町〉、大久保の菩提寺大久寺・飯泉観音・曽我兄弟ゆかりの城前寺〈小田原市〉。相模野から箱根にかけて、無量光寺〈相模原市〉、星谷《しょうこく》寺〈座間市〉、金剛寺・飯山観音〈厚木市〉、比々多神社・大山信仰の阿夫利神社と大山不動・鉈彫像のある日向薬師〈伊勢原市〉、大日堂〈秦野市〉、寒田神社〈松田町〉、道了が活躍した巨刹最乗寺〈南足柄市〉、北条氏の菩提寺早雲寺・アショカによって仏舎利が伝わる阿弥陀寺・箱根神社〈箱根町〉がある。

三　富士山周辺から伊豆・駿河路へ

東に浅間《せんげん》信仰、西に遠州三山、なかをとりもつのが、武田信玄・源頼朝・徳川家康という三人衆である。

(1)富士山周辺

山容秀麗にして自ら神気を蔵する富士山に神格を求め、これを崇拝したことは、わが国の山岳信仰の例に洩れない。その神名が浅間大神であり、それを祀る里宮の神社が浅間神社（富士宮・大同元年）とよばれた。浅間は信州の例にみるように噴火する火の神の名である。正史が記す例では「真観六年五月二十五日庚戌、駿河国言。富士郡正三位浅間大神大山火。その勢甚熾にして山を焼くこと方一二許里。火炎の高さ二十許丈。雷有り、地震三度、十余日を歴て火なほ滅せず」（三代実録）とある。万葉集にうたわれた石花《せ》の海が二つに分かれて精進湖と西湖になった貞観の噴火である。これを契機に周辺に浅間神社が建立され、のちに木花之佐久夜比売が祭神とされた。火炎のなかで三児を生んだという彼女の伝説が、火災禁圧の神威として崇められたからであろう。浅間神社の分布は、太平洋岸に岩手県から三重県にまで拡がる。江戸を中心に広まった富士講と勧請による小社の量的発展が理由だが、格式の高い社の数では静岡県が首位、山梨県がそれに次ぐというのは理の当然。なかでも、甲斐一の宮から南へ、富士吉田・須走・総本山の富士宮（駿河一の宮）、そして静岡へと延びる浅間神社は大社の名にふさわしい。

中央本線で山梨県（☆印は武田氏ゆかり）に入ると、☆棲雲寺〈大和村〉、☆大善寺〈勝沼町〉、☆向岳寺・☆恵林寺・放光寺・☆雲峰寺〈塩山市〉、大井俣窪八幡・清白寺〈山梨市〉、山梨岡神社〈春日居町〉、☆善光寺・東光寺・☆長禅寺・塩沢寺・金桜神社〈甲府市〉、長谷寺〈八田村〉、☆武田八幡〈韮崎市〉と武田氏ゆかりが踵を切する。夢窓国師作の恵林寺庭園、雲峰寺の本堂・庫裡・書院は重文、八棟の重文建築が並ぶ大井俣窪八幡、国宝の清白寺仏殿（鎌倉末期）、重文の山梨岡神社の本殿、山門・本堂・阿弥陀三尊が重文の善光寺、仏殿が重文の東光寺、弘法大師作の地蔵を安置する塩沢寺地蔵堂、重文の長谷寺本堂・武田八幡本殿というように、ここは宗教建築の宝庫である。

身延沿線では、〈下部町〉に木喰仏が一〇余体、日蓮宗総本山久遠寺・本遠寺〈身延町〉のほか、最恩寺仏殿〈富沢町〉が重文。

(2)伊豆

頼朝ゆかりの伊豆では、源氏再興祈願の〔三島大社〕〈三島市〉、北条時政建立の〔願成就院〕〈韮山町〉（運慶作の諸仏像）、範頼・頼家ゆかりの〔修禅寺〕〈修善寺町〉がある。ほかに、お万の方の〔妙法華寺〕〈三島市〉、文覚上人の国清寺〈韮山町〉、珍らしい東司（便所）の守護神烏瑟沙摩《うすさま》明王をまつる〔明徳寺〕〈湯ケ島町〉、漆喰彫刻の〔浄感寺〕〈松崎町〉。

(3)駿河路へ

まず観月の名園と五百羅漢石像のある〔清見寺〕・山岡鉄舟再興の〔鉄舟寺〕・大ソテツのある〔竜華《りゅうげ》寺〕〈清水市〉、家康が幼年時代をすごした〔臨済寺〕・宗長が住んだ竹の寺〔柴屋《さいおく》寺〕は別名吐月峰《とげつぼう》（灰吹きのこと）・権現造の社殿（重文）をもつ〔久能山東照宮〕〈静岡市〉、杉の巨木に囲まれた〔智満寺〕〈島田市〉（本堂・千手観音が重文）・〔石雲院〕〈榛原《はいばら》町〉と続き、遠州三山〈袋井市〉に到達する。

遠州三山、まず東海屈指の曹洞宗巨刹〔可睡斎《かすいさい》〕、面白い寺号は家康の命名で、秋葉三尺坊大権現を祀る本堂の前庭は花でいっぱい、牡丹の名所としてしられている。同じく袋井駅の北、可睡斎から東に二キロのところに〔油山《ゆさん》寺〕がある。天平年間の創建で、孝謙天皇の眼病治癒という寺伝により篤信の患者で賑わう。もと掛川城の大手門を山門（重文）とし、静岡県唯一の三重塔（重文）をもつ。三つ目は駅の東南五キロに法多山《はったさん》の呼び名で通る〔尊永寺〕。こちらも信者が多く

油山寺三重塔

摩訶耶寺復元庭園

本堂の前は線香の煙で目が痛いくらい。重文の仁王門から長く続く杉並木の参道には石仏が居並び、雰囲気漂う平安の古刹である。正月には広い境内が初詣客で埋めつくされる。

袋井の北〈森町〉には、大社造の大建築を社殿とする遠江一の宮〔小国神社〕と森厳な境内に建つ〔大洞院〕がある。火防の秋葉信仰で名高い〔秋葉神社〕は、更に北の〈春野町〉にある。

―― 四　浜名湖から三河へ

筆者の印象から、やや主観的になるが、ここでの三題噺を小堀遠州、松平・徳川、漂泊の円空としよう。

(1)浜名湖周辺

浜名湖の周辺には一見の価値ある古刹が並ぶ。まず北側、〈引佐町〉〔竜潭寺〕と〈細江町〉〔長楽寺〕は小堀遠州作の池泉鑑賞式庭園をもつ。その北五キロほどの通称奥山半僧坊〔方広寺〕は東海を代表する臨済宗の大寺、老杉茂る広大な寺域に三〇余の堂宇を誇る。さらに北に山道を走ればブッポウソウの名所〔鳳来寺〕〈鳳来寺町〉も近い。蜜柑で有名な〈三ケ日町〉には庭園で有名な〔摩訶耶寺〕・〔大福寺〕がある。前者には近年復元された鎌倉前期作庭という東海屈指の蓬莱式庭園があり、その石組みは（昔の惨状を知るものにとって）実に見事というほかはない（しかしどこか復元ください）。因みに大福寺庭園は江戸期山田流茶道の元祖宗編の作である。湖西の新居関所跡近くに、かつては十万石の格式をもった〔本興寺〕〈湖西市〉がある。本堂は茅葺五間四方の寄棟造で重文、本坊にはこれも遠州作の庭園があり、谷文晁の壁画・襖絵がある。

(2)三河

豊橋から岡崎に向う。〔正宗寺〕（応挙の弟子長沢芦雪の大作をもち、芦雪寺の異名がある）・〔普門寺〕（重文仏像六体）・〔東観音寺〕のある〈豊橋市〉を抜ければ、〈豊川市〉のお稲荷さん。このお稲荷さん、実は曹洞宗〔妙厳寺〕の鎮守神で、山門に吒枳尼《だきに》天を祀ったところから庇を貸して母屋を取られることになったのである。しかし、古寺マニアにとっては、飯田線をはさんで東側にある〔三明寺〕を逸することはできない。豊川弁天の異名をもち、室町時代の三重塔（重文）は禅宗建築の妙をよく現している。同じ室町期の神社建築として、三間社流造檜皮葺の本殿（重文）をもつ〔八幡宮〕（三河国分寺の鎮守）もある。

いよいよ松平・徳川の本拠地〈岡崎市〉に入る。その菩提寺は〔大樹寺〕。家康が松平八代の廟所をつくり、家光が堂宇を整えた。家康の旗指物に掲げられる〝厭離穢土　欣求浄土〟の文字は、義元の死によりこの寺に逃げ帰った家康が自害をはかろうとしたときに、住職登誉上人に諭された教えである。彼の位牌と木像が安置され、多宝塔と大方丈障壁画が重文。ここから五キロほどの丘陵地に〔滝山《たきさん》東照宮〕がある。境内は狭いが、直列に並ぶ鳥居・拝殿・幣殿・中門・本殿は家光創建になる重文、社殿は銅瓦葺朱塗の柱で、彫刻と彩色が美しい。西隣が〔滝山寺〕、拡声器で唱える読経が賑やかなお寺だが、天武天皇創建という古刹で、五間四方檜皮葺寄棟造の本堂（重文）はさすが。大樹寺から南二キロに〔伊賀八幡宮〕があり、松平・徳川両代の出陣時の祈願所で、蓮池を前にして広い境内に、鳥居・御供所・随身門・拝殿・幣殿・本殿（何れも重文）が建ち並んでいるさまは正に絢爛、極彩式の豪華な造りである。ほかにゆかりの社寺には、名鉄東岡崎駅のすぐ南に〔六所神社〕（本殿・幣殿・拝殿・御供所・楼門が重文）、北東に家康の祖父清康の菩提寺〔随念寺〕、家康が八才の時に修学した〔法蔵寺〕（遺品が現存）、北に松平初代親氏・二代泰親の菩提寺〔信光明寺〕（室町中期の観音堂は禅宗様式の重文建築）がある。

市外に出ると、北の〈豊田市〉には、松平八代の廟所〔高月院〕と老杉茂る長い参道をもつ〔猿投神社〕があり、さらに北に位置する〈足助町〉も寄ってみたいところ。今は香嵐渓で有名だが、モミジの名所〔香積《こうしゃく》寺〕と本殿が重文の〔足助八幡〕がある。南、〈安城市〉の〔本證寺〕は家康に敗れた一向一揆の本陣があったところ。西、〈知立市〉の通称〔地鯉鮒《ちりふ》大明神〕は景行天皇の時代に創建された古社で菖蒲の名所である。

〈名古屋市〉はとばす予定であったが、〔興正寺〕（県下唯一の重文五重塔があるからであるが、瓦葺が重苦しい感じを与える）と〔荒子観音〕（多宝塔が重文）を拾っておく。とくに後者は円空仏千体余を残し、木端仏が多いが、山門仁王像によって三題噺が全うされるからである。

――五　一転越後へ

ここは親鸞・良寛・謙信という三人男の出番。妙な取り合せだが、まず、親鸞ゆかりが新津と新発田の中ごろにある〔梅護寺〕〈京が瀬村〉と〔無為信寺〕〈水原町〉、および長岡の西、〈三島町〉の〔西照寺〕（親鸞の木像が重文）。とんで、直江津駅の西、日本海に面した居多《ごた》が浜は配流の人親鸞上陸の地であり、〔五智国分寺〕〈上越市〉（五智如来と三重塔）に住家となった竹之内草庵（土地の豪族の娘と結婚）がある。関東への布教の基地となったところ。

良寛の場合は、いわずとしれた〔国上寺五合庵〕〈分水町〉と生地〈出雲崎町〉の〔良寛堂〕である。備中の円通寺から越後に帰った彼が、一所不住の生活から庵を結んだのが前者であり、やがて山を下り唯一の弟子貞心尼との淡い想いの歌のやりとりをしたのが、生家の跡に建てられた後者の近く、和島村の木村家の庵であった。

直江津に越後の国府がおかれたことは五智国分寺の所在によって明らかだが、のちに統一を果したのが上杉謙信であることは周知の事実であろう。彼の拠点、春日山城は国分寺の北西三キロにあって、現在の城跡には空堀・土畳・門跡などが残っている。謙信の祖父長尾能景《よしかげ》の建立した名刹〔林泉寺〕〈上越市〉は城の東麓にあり、謙信が幼時に修学参禅したところと伝える。

このほか残した社寺名を拾うと、北から、村上と新発田のなかほど〈中条町〉に〔乙宝《おっぽう》寺〕（三重塔は重文）、国上寺の北に広大な境内をもつ越後一の宮〔弥彦神社〕〈弥彦村〉がある。後者は延喜式の名神大社という古社である。南に下って、〈小出町〉の〔円福寺〕（奈良時代創建の古刹）・〔西福寺〕〔大浦開山堂〕、〔浦佐毘沙門堂〕（普光寺）〈大和町〉、〔雲洞庵〕〈塩沢町〉と列なる。開山堂の三間四方の天井と欄間には、石川雲蝶の極彩式の彫刻が彫られており、こんな片田舎にと一驚すること請け合い。また毘沙門堂の山門天井に谷文晁描く九竜図がある。それに引きかえ、雲洞庵は杉の巨木におおわれた幽すい漂う曹洞禅道場で是非訪ねたい名刹（「雲洞庵の土ふんだか」の里諺が残る）といえる。

大法寺三重塔

佐渡は未見ゆえ省略する。

――六　信州へ

(1)信州の鎌倉

信州はJRの路線に沿って歩いてみよう。

まず信越線沿い。追分分去れの先、〈御代田町〉の〔真楽寺〕の広い境内に三重塔ほかの諸堂が並ぶ。が、圧巻は何といっても、〝信州の鎌倉〟（別所温泉の周辺）である。〔生島足島神社〕〔長福寺〕から始まって時計回りに、〔前山寺〕・〔竜光院〕・〔塩野神社〕・〔中禅寺〕〈上田市〉、〔虚空蔵堂〕〈丸子町〉と続き、温泉地内に入って〔北向観音〕・〔安楽寺〕・〔常楽寺〕〈上田市〉、少し離れて〈青木村〉に〔大法寺〕・〔安宮神社〕がある。

こう立て込んでは簡単な紹介でも煩わしく感ぜられようが、まず生島足島神社は延喜式名神大社に列せられた国魂神を祀る古社。前山寺・安楽寺・大法寺にはそれぞれ特徴のある三重塔があって、前山寺は「未完の完」といわれるように、二・三層に窓・扉・回縁・勾欄がないのに調和がとれており（重文）、安楽寺はわが国唯一の八角三重塔（国宝）で広く知られ、大法寺には去るのが惜しまれるほど屋根の反りが絶妙な「見返りの塔」の綽名をもつ美しい塔がある（国宝）。中禅寺の薬師堂は鎌倉初期の建立で方三間茅葺宝形造で本尊の薬師とともに重文、北向観音は愛染カツラで有名だが、南向きの善光寺と向きあいこの名がある。安宮神社は修那羅峠の石仏群で名を知られ、幕末から明治にかけて村人が奉納した千体近くの石仏が境内裏に置かれているが、生活臭のある願いがよく現われていると思う。ほかに、上田市内に〔信濃国分寺〕（俗に八日堂といわれ、重文の三重塔がある）・〔大輪寺〕（曹洞禅林独特の落ち着きがある）・〔呈蓮寺〕がある。

(2)長野まで

戸倉上山田温泉から松代周辺をみよう。三題噺は姨捨《おばすて》伝説・アンズの里・真田藩という珍奇な取合せである。温泉街の北西に冠着山、通称姨捨山がある。今昔物語の話が『楢山節考』に蘇ったことは知る人ぞ知る。麓のリンゴ畑の道筋に〔智識寺〕〈上山田町〉、ここに寄棟茅葺の重文大御堂が建ち、三メートル大の一木造十一面観音立像（重文）が安置されている。〈更植市〉に入ると周辺一帯はアンズの里である。四月半ばに行ったときは満開で、桜と見紛うばかり。ここに〔長楽寺〕（〝田毎の月〟の名所）・〔長雲寺〕（寄木造愛染明王像は重文）・〔竜洞院〕（借景式庭園をもつたたずまいの静かな寺）がある。少し離れているが、〈麻積《おみ》村〉の古刹〔福満寺〕は藤原期以降の仏像の宝庫。

篠ノ井の〔典厩《てんきゅう》寺〕（川中島合戦の死者を弔って建立）に寄って松代にでれば、そこは上田から転封された真田藩十万石の城下町。第二次大戦下大本宮跡（敗戦で工事中止）で知られているが、真田家の菩提寺〔長国寺〕には幸村父子の墓がある。面白いのは〔清水《せいすい》寺〕、ここと保科の二ケ所にあって紛らわしい。松代は坂上田村麻呂の建立（重文仏像三体）、保科はそれ以前の建立（二〇数体の仏像中重文七体）という古刹である。以上〈長野市〉。

(3)南信へ

南下して松本から、飯田線そして中央本線と回る。まず〈松本市〉。鉢伏山の中腹にある〔牛伏《ごふく》寺〕は善光寺有縁の名刹で、杉木立の長い参道を登り山門をくぐると数多くの堂宇が居並ぶ。本尊の十一面観音ほか藤原末期八体の仏像が重文

永保寺

という豪華さ。それに北アルプスの展望というオマケまでがつく。

天竜川に沿って南下しよう。〔無量寺〕〈箕輪町〉（本尊阿弥陀坐像が重文）、うっそうとした杉木立のなかに諸堂宇のある〔仲仙寺〕〈伊那市〉、内藤藩の城下〈高遠町〉にある〔建福寺〕、〔光前寺〕〈駒が根市〉（平安初期の創建になる信濃有数の大寺で広い境内に三重塔ほか壮大な伽藍が建つ、庭園は国指定名勝）、〔瑠璃寺〕〈高森町〉（薬師が重文）と続き、堀藩の城下町〈飯田市〉に入ると、椎古朝の開創になる古刹〔元善光寺〕・鎌倉期創建の〔文永寺〕・〔開善寺〕（山門が重文）がある。

今度は木曾路に沿って南下すると、奈良井の〔大宝寺〕〈楢川村〉（蓬莱式庭園がいい）、〈木祖村〉の〔極楽寺〕（遠州流の庭園）、〈日義村〉の〔徳音寺〕（木曾義仲・巴御前の墓がある）、〈木曾福島町〉の〔興禅寺〕（木曾氏代々の墓があり、庭園が素晴らしい）。寂覚ノ床を過ぎた〈大桑村〉に、桃山風だが簡素な風格をもつ〔定勝寺〕（山門・本堂・庫裏が重文で庭園も一見の価値あり）、円空仏一一体を納める〈南木曾町〉（妻籠宿で周知）の〔等覚寺〕、〈山口村〉（馬籠宿で知られる）の〔永昌寺〕と旅足が延びる。

(4)東濃から名古屋北辺

中央本線を岐阜に入ると、〈中津川市〉の〔東円寺〕(薬師坐像が重文)、うっそうとした杉木立に囲まれた古社〔恵那神社〕(日本書記に載る)、〈多治見市〉の名刹〔永保寺〕(疎石が庵住し水を隔てて神仙境を望むという名園が残る、観音堂・開山堂は国宝)、愛知に入って〈瀬戸市〉の巨刹〔定光寺〕(尾張藩祖義直の菩提寺で本堂・廟所が重文)、〈春日井市〉の〔密蔵院〕(多宝塔・薬師立像が重文)・延喜式内社〔内々《つつ》神社〕(夢窓国師の庭)がある。

名古屋の北、木曾川までの間にも古社寺が多い。木曾川のほとり、〈江南市〉には関ガ原合戦で軍議が開かれた〔曼陀羅寺〕(参道に塔頭が並び、正堂・書院が重文建築)があり、〔音楽寺〕には一六体の円空仏が納まる。〈一宮市〉の繁華街にある〔真清田《ますみだ》神社〕は尾張一の宮で広い境内に諸殿が建ち、巨刹〔妙興寺〕は広い境内に八塔頭を配置した臨済禅の道場(数点の重文彫刻絵画)、〈稲沢市〉の〔尾張大国霊神社〕は楼門と回廊をめぐらせた拝殿が重文で、通称尾張総社または国府宮といわれる大社である。名鉄津島線にある古刹〔甚目寺〕〈甚目寺町〉は南大門・東門・三重塔が重文、欽明朝の創建になる〔津島神社〕〈津島市〉には檜皮葺の重文本殿・楼門がある。北にとんで〈犬山市〉について参考のために記すと、国宝の茶室如庵のある〔有楽苑〕・〔瑞泉寺〕(犬山城大手門を移築)、小牧に近く〔大縣《おおあがた》神社〕(尾張二の宮)・〔宗栄寺〕(尾張信貴山の異名あり)がある。

―― 七　北陸路

(1)越中

富山県の古社寺の分布は、立山西麓、富山周辺、高岡から砺波平野へという三区分が妥当だと思う。立山修験道の〔雄山神社〕が山頂に、その祈願殿=芦峅《あしくら》寺・前立社壇(本殿は重文)=岩峅《いわくら》寺〈立山町〉、〈上市町〉の〔日石寺〕(不動石仏が有名)・〔立山《りゅうせん》寺〕(曹洞宗一派の本山として栄えた面影は全くない)が立山西麓に、〈富山市〉内に〔光厳寺〕(越中前田の菩提寺)・〔来迎寺〕(元立山権現別当寺)・〔大法寺〕とあるが、おすすめ品は五百羅漢の石仏がある〔長慶寺〕で、市内を眼下に立山が望める。〈婦中町〉に〔常楽寺〕(平安初期十一面・聖観音立像が重文)がある。

これに対し西部が圧巻。何よりも〈高岡市〉には〔瑞龍寺〕・〔国泰寺〕という曹洞・臨済の二大巨刹が存する。前者は駅のすぐ南に、総門(重文で城門のよう)・山門・仏殿(江

瑞竜寺

戸期仏殿建築の白眉で重文〕・法堂（二〇〇坪近くの大建築で重文〕が一直線上に並び回廊を巡らす（近年修復が完成）。後者は大伴家持に万葉集で詠われた二上山の北麓にあり筍料理で有名、国泰寺派本山。本願寺派の〔勝興寺〕も二四間四方の本堂をもつ巨刹、蓮如の越中布教・一向一揆の拠点であった。〈小矢部市〉の〔護国八幡〕は義仲の祈願所で本殿・釣殿・拝殿・幣殿が重文。

〈砺波市〉に入ると、〔常福寺〕（小ぶりな寺だが鎌倉初期の阿弥陀坐像が重文）・〔千光寺〕（白鳳様式の金銅観音立像あり）、〈福野町〉に〔安居《あんご》寺〕（深い杉木立のなかの観音堂には重文の秀麗な聖観音立像）、〈福光町〉に〔光徳寺〕（大谷派、棟方志功の作品あり）、〈井波町〉に越中一の宮（ほかに気多神社・射水神社・雄山神社の四社があるという珍しい例）の〔高瀬神社〕（簡素な古社）・〔瑞泉寺〕（井波彫刻の粋をこらした山門と大本堂を配置、こんな片田舎にという大谷派の巨刹）、〈城端町〉に別院〔善徳寺〕（これも大谷派の巨刹）と点在し、砺波平野が真宗王国であったことを思いしらされる。五箇山〈平村〉には泰澄が創建した〔白山宮〕（本殿が重文）があり、〝越の大徳〟（後述）の足跡に出会う。

(2)能登から加賀へ

能登は総持寺の例にみるように、その開基瑩山紹瑾《けいざんじょうきん》の根拠地である。また加賀から越前にかけては、時代は異なるが、吉崎御坊の蓮如と永平寺の道元および白山信仰の泰澄がその名を競うことになる。必竟、曹洞宗・真宗・白山信仰がここでの三題噺というわけ。それにしても大物揃い。

まず口能登の〈羽咋市〉は国造がおかれた文化の中心地で、〔豊財院〕（瑩山紹瑾が開く、十一面観音・聖観音・馬頭観音の各立像が重文）・〔永光寺〕（瑩山紹瑾の開山でかつては総持寺より大きかった）・古社〔羽咋神社〕に、能登一の宮〔気多《けた》大社〕（神宮寺正覚院は泰澄開山の古社で阿弥陀坐像が重文）は旧国幣大社らしく宏壮を誇り、室町末の摂社本殿・江戸初期の拝殿が重文。日蓮宗の北陸総本山〔妙成寺〕は前田利常などが七〇年かけて建立した伽藍完備の名刹で、二王門・五重塔・本堂・祖師堂など一〇の堂宇が重文指定、とくに柿葺の五重塔（一六一八年建立）は装飾の多いしかし均整のとれた優美な塔として必見のもの。

そして北、輪島に近く〈門前町〉に〔総持寺祖院〕がある。いわずと知れた鶴見の総持寺の元祖、永平寺とともに曹洞宗の大本山で諸堂宇が建ち並び往時の面影を伝える。〈七尾市〉では、〔妙観院〕（空海開山の古刹だが小ぶり）・〔長齢寺〕（前田利家の建立、七尾前田家の菩提寺）、奥能登に入ると、〈穴水町〉の〔明泉寺〕（七メートル近い石造五重塔あり）、〈輪島市〉の〔上・下時国家〕（平時忠の子時国を祖とする二百石の大庄屋で江戸初期の大きな茅葺平家建の住宅は重文）、突端、禄剛崎近くに、延喜式内社の〔須須《すず》神社〕〈珠洲《すず》市〉（深い社叢に囲まれた参道の奥に諸殿が建ち、重文の鎌倉期男神像五体を納める）がある。

兼六園・長町武家屋敷・忍者寺〔妙立寺〕で観光客とよぶ〈金沢市〉に入ろう。筆者の故郷（生家がそのまま残っているのに感激）で紹介するのに少々気がひけるし、時々訪れて驚くのは、鮮やかとは、とてもいいかねるその変貌ぶりである。メイン・ストリートを歩けばコンクリート・ジャングル、裏通りの古い街並みには地上げのあとの駐車場がここかしこ、あの旧東廓や主計町も観光客向けに整備され、北陸の小京都の面影をどこに求めればいいのだろう。が、観光都市の名に恥じず、共倒れが懸念されるほどのホテルの数とそこに置かれたガイド・パンフレットも数知れず。尾崎神社の裏手、大手堀沿いに旧検事正官舎に出合ったときの感慨は忘れ難いし（いずれ取壊しになるか?）、加賀における曹洞宗の拠点〔大乗寺〕と真宗の拠点〔本泉寺〕はなお必見である。

那谷寺本堂

手取川に沿って上る。〈鶴来町〉には〔一閑院〕に磨崖の不動明王があるが、やがて加賀一の宮〔白山比咩神社〕に出る。白山信仰二七一六柱の総本社で白山遥拝所として創建されたもの。多くの国宝・重文を所蔵する。白山信仰と泰澄については後述することにして、〈白峰村〉に入れば、泰澄創建の古刹〔林西寺〕（明治になって預かった白山の本地仏数体のうち十一面観音銅像が重文）がある。加賀温泉郷に向うと、〈小松市〉の名刹〔那谷《なた》寺〕（紀伊那智寺と美濃谷汲寺の頭文字から命名、泰澄開山、懸崖造の本堂・檜皮葺の小さな三重塔・書院・庫裡などが重文）、〈山中町〉の〔医王寺〕（日本三薬師の一）、〈加賀市〉の〔全昌寺〕（五百羅漢が揃う）がある。

(3)越前

いよいよ越前、蓮如・道元・泰澄の本格的出番である。まずは県境の〔吉崎御坊〕〈金津町〉、蓮如北陸布教の拠点であり、現在、西別院と東別院の二派に分かれる。いわゆる〝嫁威肉付面〟のある〔願慶寺〕は大谷派、〔吉崎寺〕は本願寺派でここにも嫁威し面があった（?）。智山派だが、東尋坊の近く、〔滝谷《たきだん》寺〕〈三国町〉の丘陵斜面に築造された名園は一見の価値がある（八方睨みの襖虎が自慢）。こうして福井・鯖江・武生に入ると、真宗各派と泰澄が拮抗することになる。

吉　峰　寺

まず、俗に真宗一〇派といわれるが、ここに四派の本山がある。〈福井市〉の〔専照寺〕（三門徒派）、〈鯖江市〉の〔誠《しょう》照《じょう》寺〕（誠照寺派、境内は広いが簡素）・〔証誠《しょうじょう》寺〕（山元派、大師堂門という四足門に甚五郎作の竜）、〈武生市〉の〔豪摂《ごうしょう》寺〕（出雲路派、一万坪の境内に諸堂宇が建ち、本堂の阿弥陀は泰澄作と伝える）がそれである。これらに対し、泰澄開創の古刹としては、その生家跡に建つ〈福井市〉の〔泰澄寺〕（簡素な寺で泰澄自刻像がある）・〔糸崎寺〕、〈鯖江市〉の〔中道院〕、〈朝日町〉の〔大谷《おおたに》寺〕（泰澄入寂の地、その墓碑石造九重塔と不動明王立像が重文）、越前岬近くの〔玉川観音〕〈越前町〉（洞窟のなかにある）、〈河野村〉の〔円光寺〕（鎌倉期の十一面観音がいい）、〈丸岡町〉に入って〔弥念寺〕（新田義貞の遺骸を葬ったところで大型の五輪塔がある）とあるからである。しかしここまでくれば、また、〔永平寺〕〈永平寺町〉、〔吉峰寺〕〈上志比村〉が近く、その奥に〔平泉寺〕〈勝山市〉というふうに、道元と泰澄のオンパレードが始まる。越前仏教の何と奥深いことよ。

道元に関しては、永平寺は別格として、忘れてならないのは吉峰寺。吉峰川に沿って山道を登ること小一時間、そこに庫裡・法堂・観音堂・開山堂がコの字に並び、老杉に囲まれ

平 泉 寺

た境内に佇めば寂静の境地に浸ることになる。永平寺開山以前の本山と知れば頷かれること請け合い（ところが開山は泰澄という面白さ）。また、日本曹洞第二道場の扁額を掲げる〔宝慶《ほうきょう》寺〕（道元について来朝した唐僧寂円の開山）はさらに奥越〈大野市〉に、〔竜泉寺〕〈武生市〉は本多藩の菩提寺で寺域周辺は国府跡。

さて大物、平泉寺。白山信仰は大化以前に始まる民間宗教と考えてよく、登頂し修行して開祖となったのが〝古志の大徳〟といわれた泰澄である。六九六年十四才のとき、夢告により越知山で十一面観音を念じながら修行をつみ、のち鎮護国家の法師に任ぜられた。白山登頂は三六才、五年後元正天皇の不予を加持し、その法力を慕って行基は白山に参詣、両者相まみえることになる。平泉寺・那谷寺を始め美濃・飛騨にかけ五〇近い寺社を開創して古志（越）の大徳とあがめられた。時代・志は異なるが、本文の「徳一」とともに在野仏教の世界で大きな足跡を残した名僧の双璧と、筆者は常々考えて詳細な資料も蒐めていたが、書く機会を失してしまったことが悔やまれる。

白山信仰は登拝路の起点をもとに三馬場（加賀・越前・美濃）をもち、加賀馬場の中心が白山比咩神社、越前馬場が白山神社（平泉寺はその別当寺の名）、美濃馬場が白鳥町の長滝寺である。おのずと明らかなように、典型的な神仏習合の形をもち、白山三所の垂迹神・本地仏も明確である。平泉寺は泰澄の地元（泰澄廟がある）・白山登拝の正面口という地の利をえて最も栄え、寺領九万石・四八社・三六堂・南谷三六〇〇坊・北坊二四〇〇坊を有したという。湖北から湖東にわたって盛んになった十一面観音信仰（「観音みち」との俗称さえある）は、その本地仏が都への経路に沿って普及したものと考えられよう。

ほかに、大陸からの玄関口〈敦賀市〉には、越前一の宮〔気比《けひ》大社〕（大鳥居が重文）・浄土宗の名刹〔西福寺〕（仏画・経巻の多数が重文、名勝の庭園がある）がある。

——八　湖北から湖東へ

井上靖『星と祭』の舞台となった、いわゆる観音みち紀行である。

十一面観音みちは木之本・高月に始まるといえようか。鶏足寺・石道寺、そして渡岸寺は本文で紹介済であり、南に下って甲賀までの十一面観音をまず紹介しよう。湖東三山の金剛輪寺（重文）、近江八幡の長命寺（重文）・円満寺、守山の東門院（重文）・福林寺（重文）、甲西の正福寺（重文）・上乗寺・永照院、日野の西明寺、甲南の正福寺（重文）・伊勢《いせ》廻《ば》寺（重文）、甲賀の櫟野《らくや》寺（重文）・常光寺というように、圧巻というほかはない（櫟野寺だけが坐像）。まこと近江は、京都・奈良に次ぐ古寺名刹の数を誇る証の一端がここにある。それだけ難儀はあるが、ともかく湖北から始めよう。

(1)湖北

まずは〈長浜市〉の〔大通寺〕、本願寺別院の通称どおり東本願寺の湖北拠点で、本堂・含山軒（山楽・山雪の障壁画と枯山水の庭園）・蘭亭（応挙の曲水宴図と池泉庭園）が重文である。また鎌倉期の重文、阿弥陀坐像・愛染明王像を有する豊山派の〔舎那院〕・天平期開創の古刹〔総持寺〕（聖観音立像が重文）、遠州作庭をもつ〔神照寺〕（千手観音・毘沙門天が重文）、浅井三代の菩提寺〔徳勝寺〕は、それぞれ市の東・北・南の郊外にある。京都大徳寺孤蓬庵に対する〔近江孤蓬庵〕（小堀遠州の菩提寺、近江八景を模した庭園あり）は〈浅井町〉、竹生島の〔宝厳《ほうごん》寺〕（日本三弁天の一で西国札所の三〇番、国宝の唐門と観音堂・石造五重塔ほか多数の重文）・〔都久夫須麻神社〕（本殿は国宝で永徳の天井画をもつ桃山建築）は知る人ぞ知る。〔菅山寺〕〈余呉町〉は道真ゆかりの寺で、うっそう

西明寺三重塔

とした樹林に囲まれて諸堂が建つ。〈山東町〉の古刹〔円来寺〕(重文仏画あり)、〈米原市〉の〔青岸寺〕(枯山水の名勝庭園)・〔蓮華寺〕(かつては時宗一向派の本山)、そして彦根から多賀大社を経て天台宗の湖東三山に至る。

(2)湖東

〈彦根市〉では、まず国宝の彦根城、隣接する楽々園・玄宮園は別格として、井伊家の菩提寺〔清凉寺〕、蕉門十哲の一人許六の襖絵・遠州の茶室・白砂の石庭をもつ〔竜潭寺〕が隣接し、北に彦根日光といわれる〔大《おお》洞《ぼら》弁財天〕、城の南に檜皮葺三間社流造の重文本殿をもつ〔千代神社〕、東に木造五百羅漢を祀る〔天寧寺〕がある。「伊勢へ七度熊野にや三度お多賀さんへは月参り」と謡われた〔多賀大社〕〈多賀町〉、みやげ物屋が並ぶ門前通りをすぎ反橋を渡ると社殿が並ぶ。多賀講が組織されるほど信仰が盛んだった。

いよいよ湖東三山。〈甲良町〉の〔西明寺〕は紅葉の名所で、檜皮葺の美しい鎌倉期の三重塔(国宝)がある。静寂な自然環境に埋もれた境内に本堂(国宝)と宝塔(重文)、それに一〇体近い重文仏像と名園を擁し、是非一度は訪れたい巨刹である。下って〔金剛輪寺〕〈泰荘町〉は、長い参道を登りつめると仁王門・塔頭常照庵(重文)・本堂(国宝)・三重塔と姿をみせる。ここはさらに多い一五体に余る重文仏像をもち、本坊の明寿院には池泉回遊式の三庭園というように、三山の名に恥じない。さらに下って、〔百済《ひゃくさい》寺〕〈愛東町〉は、名の通り百済僧恵慈のため聖徳太子が建立した古刹で、曲りくねった杉木立の参道に古い石垣を残す頑丈な構えはやや城廓ふうであった。本坊の喜見院はさらに五〇メートル登ったところにあり池泉回遊式の庭園をもつ。この三山だけでも一日で拝するには荷が重い。だから、西明寺のすぐ北、〔勝楽寺〕（ばさら大名道誉の菩提寺で恵心作の大日如来が重文）は真先に訪ねるにこしたことはない。

〈近江八幡市〉周辺も古寺名刹の多いところだ。何しろ安土城の膝元、近江商人の本拠だから。まず、駅に近い西光寺（地蔵坐像が重文）から、左義長祭《さぎちょうさい》・たいまつ祭で知られる八幡山麓の〔日牟礼八幡宮〕（八幡の祭神誉田別《ほんだわけ》尊＝應神天皇・息長足姫《おきながたらし》＝神功皇后の坐像と男・女神像が重文）、そしてロープウェイで村雲御所、〔瑞竜寺〕（日蓮宗では珍しい門跡寺院）に上る。北の山に臨むのが西国札所三一番の名刹〔長命寺〕だ。八〇〇段近い急な石段、二五〇メートルを登る。車で入れる脇道はなく、その時（いまはある）若いうちに来てよかったと思ったことを思い出す。重文として本堂・三重塔・護摩堂のほか一〇体の仏像を遺す大寺で、正面七間檜皮葺入母屋造の本堂が崖に向かい、朱塗の三重塔が美しい。本線の南に、ささやかながら藤原期の重文仏像七体を伝える〔冷泉寺〕、桃山様式の庭のある〔福寿寺〕（重文千手観音立像）、少し離れて空也の開基になる〔荘厳寺〕（四体の重文仏像）がある。

安土の周辺がまた見どころ多数。が、とりあえずは、瓦屋寺から太郎坊宮〈八日市市〉、そして北に上るがよい。箕作山頂近くの本堂まで一直線に続く石段の参道の両側は緑に囲まれるという雰囲気の〔瓦屋《かわらい》寺〕、楓が多い境内に本堂が立つ。本尊は重文の千手観音。すぐ南西にあるのが〔太郎坊宮〕、京都鞍馬の天狗次郎坊に対する太郎坊天狗が守る社で、急な長い石段を登ると巨岩夫婦岩が姿を現わす。巾一メートルもない二つの岩の間を通ると本堂という趣向、最澄創建といわれる興味深い神社である。新幹線の手前、〔奥石《おいそ》神社〕（三間社流造の本殿が重文）に参り、線路をくぐると観音正寺への道。塔頭教林坊の池泉回遊式庭園を愛でて、またも急な石段を登る。繖山の山頂近くに聖徳太子創建と伝える西国札所三二番の〔観音正寺〕がある。観音寺城跡の石垣の上に檜皮葺の本堂（本尊千手観音は重文）・太子堂が並ぶ。珍しくもおかしくも人魚のミイラと称するものがあった。ここから〔桑実《くわのみ》寺〕までは降りの多い完全な山道、四〇分余りのハイキングコースののち、縁起絵巻で知られる古刹にでる。室町末期の建立、花頭窓・蔀戸・板扉のまじる本堂は珍らしい〔重文〕。参道を下り、東海道本線を渡ると、安土城跡の〔摠《そう》見《けん》寺〕〔仁王門と金剛力士二像・三重塔が重文〕がある。今も残る石垣や礎石に信長を偲ぶことしばし〈以上安土町〉。

これでもまだ名刹古社が残る。何しろ三〇〇メートル足らずだが、近江平野のあちこちに頭をもたげる小山の中腹・頂上といったところをめぐるのだから、どうしても廻り道になり、日時のかかること夥しい。

石塔寺三重石塔

県境、鈴鹿の方に入ってみよう。名神高速道に近く、〔興福寺〕〔聖武天皇勅願寺、藤原末の二仏像が重文〕・〔布施神社〕〔鎌倉期の小本殿三棟が重文〕〈八日市市〉、それをくぐって〈蒲生町〉に入ると〔石《いし》塔《どう》寺〕がある。名のとおり最古・最大〔七メートル〕の三重石塔〔重文〕は百済系渡来人の建立で、誰がみても朝鮮ふう。それより驚いたのは、塔周囲を埋める五輪塔群〔重文のものあり〕とそれに続く小石仏群である。ここは文字通り石尽くしの古刹であった。しかも、〔赤人《しゃくにん》寺〕〔山部赤人にかかわる寺、隣に赤人を祀る山辺神社あり〕に石造七重塔〔重文〕があり、隣〔涌泉寺〕にも石造九重塔があった。中間の〔高木神社〕に室町期建立の重文本殿二棟。

〈永源寺町〉には町名の由来となる〔永源寺〕がある。開創は一四世紀半ばと比較的新しいが、彦根藩の援助をうけて大いに栄え、総門・楼門・大方丈・開山堂・法堂など大伽藍が建ち並ぶ。庶民には紅葉の名所として親しまれているが、数多くの重文墨蹟をもつことでも名が知られている。南の〈日野町〉、近江鉄道日野駅周辺に、〔金剛定寺〕（聖徳太子開創、聖観音・不動三尊が藤原中期の重文）・〔正明寺〕（聖徳太子開創、清涼殿を移築した檜皮葺本堂・千手観音三尊像が重文）、森厳な境内に諸殿が並ぶ〔綿向《わたむき》神社〕などがある。

常楽寺三重塔

—— 九　湖南から伊賀・笠置へ

(1)草津から甲賀に向かう

まず〈草津市〉、駅の北、湖に近くあるのが、城塞のような古刹〔観音寺〕（湖の通行税徴収権を握っていた証。聖徳太子開基、唐様の檜皮葺阿弥陀堂・柿葺書院のほか、重文の仏像三体・諸仏画を所蔵する）、さらに湖に近く、広い境内に諸堂が建つ〔常教寺〕（重文聖観音立像）、石山寄りに〔老杉《おいすぎ》神社〕（檜皮葺本殿重文）・〔西遊寺〕（鎌倉期の薬師立像・藤原期の毘沙門天が重文）・〔石《せき》津《しん》寺〕（重文本堂）と踵を切する。南側に回ると、〔伊砂々《いささ》神社〕・〔新宮神社〕という一間社流造檜皮葺の重文本殿をもつ両古社がある。

草津線に沿い南下する。〈栗東町〉に、〔宇和宮神社〕（本殿重

善水寺本堂

文）・〔安養寺〕（近江八景を模した庭園、重文薬師坐像）・〔小槻《こつき》大社〕（荘厳な檜皮葺本堂が重文）・史跡和中散本舗・〔金胎《こんたい》寺〕（阿弥三尊・四天王が重文）・〔金勝寺〕（金勝山頂の諸堂宇に四体の重文仏像）。狭い〈石部町〉だが、西部に逸することのできない両名刹、〔常楽寺〕・〔長寿寺〕がある。何れも良弁の開山で、西寺・東寺の異名をもつ。山門を入ると、山の斜面を背にした広い境内に、室町初期建立の国宝たる和様本堂が建ち（秘仏千手観音・釈迦如来・二八部衆・風神・雷神が重文という壮観さ）、左脇の石段の上に、瓦葺だが優美な国宝三重塔が姿をみせるのが西寺である。清雅な堂宇に魅せられて去り難かったことを想い起こす。ここから東に一キロの野道を辿ると東寺。のどかな山里の雰囲気に包まれて鎌倉前期の国宝本堂（檜皮葺寄棟造で、堂内に平安期の阿弥陀・釈迦の重文両坐像）がある。奥の阿弥陀堂に三メートルもの巨像阿弥陀（重文）があるのには驚き。深閑とした楓並木の参道は紅葉時を想像させるに十分である。西隣りの〔白山神社〕は東寺の鎮守（拝殿が重文）。

石部の東、〈甲西町〉には〔正福寺〕と〔善水寺〕がある。正福寺の伽藍は新しいが、収蔵庫に藤原初期の十一面観音四体・薬師坐像、鎌倉初期の地蔵半伽像（何れも重文）が安置されている。これも良弁の開基。善水寺は天平初期の開創で、五〇〇メートルほど山道を登ると、正面七間・側面五間、大きな檜皮葺屋根・蔀戸の国宝本堂が出迎える。最澄が天台宗に改宗した延暦寺別院であり、堂内は正に藤原から鎌倉にかけての仏教美術の宝庫。本尊薬師坐像、脇侍の梵天・帝釈天、四天王、金剛力士など一四体（すべて重文）が安置されているという古寺巡礼に欠かせない〝かくれ古刹〟である。

〈水口町〉に入ると、まず〔大地《だいち》寺〕。行基が開いた古刹で、長い参道を行くと白壁の塀が見え、遠州作庭のみごとな枯山水庭園のある書院がある。ついで〔願隆寺〕（松尾山山腹にある延暦五年開基の閑静な寺、重文仏像三体）・〔大岡《だいこう》寺〕（白鳳の創建で石段を登りつめた本堂に重文仏像二体）と続く。〈甲南町〉は、甲賀忍法で有名な忍者屋敷に続いて、〔正福寺〕（聖徳太子創建、高い石段の上の落ち着いた境内にある本堂に十一面観音立像・釈迦坐像の重文）・〔伊勢廻《いせば》寺〕（山間部にある眺望に恵まれた寺、一木造の十一面観音と両脇侍三体が重文）と廻ることになる。

いよいよ最南、県境の〈甲賀町〉、ここに〔油日《あぶらび》神社〕と〔櫟野《らくや》寺〕がある。油日神社は甲賀五三家の氏神だが、現在は油の神様。楼門を中心に回廊（ともに室町期）がめぐらされ、中に拝殿（桃山）、本殿（室町、檜皮葺で一間の向拝）がある堂々たる造り（すべて重文）。櫟野寺は最澄の開基、名の通り櫟《いちい》の十一面観音坐像が本尊で高さ四メートル、ほかにも藤原期の仏像が多数あり、二〇体（十一面立像が三体、聖観音立像八体ほか）が重文で、宝蔵殿に安置されている。櫟野寺の後に〔阿弥陀寺〕（阿弥陀坐像・聖観音立像が重文）がある。

それにしても、草津沿線は、とてつもない仏教美術の宝庫であった。その繋がりに魅せられて、先に先に運ばれたというほかはない。

(2) 大津市

大津は準観光地。ここでは石山周辺・浜大津・坂本周辺と三つに分けて一覧に止める。

石山寺の北、瀬田唐橋に近く〔建部大社〕（近江一の宮）。浜大津に向って、〔円福院〕（五百羅漢・快慶作釈迦坐像）・〔記恩寺〕（借景庭園）・〔義仲寺〕（義仲敗死の場で小さな寺だが多くの句碑がある）。南、瀬田川の上流に、〔正法寺〕（泰澄開基で岩間《いわま》寺とも。西国札所一二番、地蔵立像・不動三尊が重文）・〔安養寺〕（立木観音とも）・〔富川磨崖仏〕（耳だれ不動）・〔田上不動寺〕（円珍創建、舞台造の重文本堂）と信仰寺院がある。

浜大津では、三井寺のほか、北に〔円満院〕（三井寺の門跡

笠置寺弥勒磨崖仏

寺院、宸殿・多くの絵画が重文）、東に〔関蝉丸神社〕・〔安養寺〕（重文阿弥陀坐像）・〔大津別院〕（本堂・書院が江戸期の重文）がある。

坂本周辺、南から〔近江神宮〕・〔盛安寺〕（穴太《あのう》積みの石垣、庭園と藤原期十一面立像）・〔日吉大社〕・〔西教寺〕（天台真盛宗の総本山で重文多数）・〔安楽律院〕（比叡十六谷の一つにある）・〔聖衆来迎寺〕（白壁の塀をめぐらす堂々たる寺、客殿ほか六仏像と多くの仏画が重文）がある。

(3)伊賀上野から笠置へ

草津線柘《つ》植《げ》、伊賀〈上野市〉はすぐそこである。芭蕉の生まれ故郷であり伊賀流忍術で有名。それはそれとして、東に伊賀一の宮の〔敢国《あえくに》神社〕、西に〔仏土寺〕（藤原後期定朝様の重文阿弥陀坐像）・〔高倉神社〕（檜皮葺本殿と八幡・春日の末社が桃山期の重文）、南に〔西蓮寺〕（天台真盛宗の別格本山）・〔猪田神社〕（極彩式の本殿は室町期の重文）・〔市場寺〕（阿弥陀坐像と四天王立像が重文）・〔観音寺〕（阿弥陀坐像が重文）がある。ここまでくれば近鉄で赤目（四八滝で有名）から室生に出られるが、観光名所は、省略して、ほとんど観光客のいない笠置を紹介しておこう。

笠置山は、後醍醐天皇の行宮のあったところで現在は京都府〈笠置町〉にある。山腹にたつ〔笠置寺〕は石尽くし、重文十三重石塔、そして線刻の石仏は一見の価値がある。本尊は山頂の弥勒（高さ一五メートル幅一二メートル、ほとんど消えかかっている）だが、ほかに文殊・薬師・虚空蔵（これはみごと）などを残す。

(4)伊勢・志摩

伊勢・志摩はメモを紛失し、記憶に残る大寺だけを紹介しておく。

〈津市〉〔専修寺〕（真宗高田派の本山、三重県最大の寺、御影堂・如来堂ほか重文多数）。

〈松阪市〉〔継松寺〕（一〇体余の古仏あり）・〔清光寺〕（藤原期の美しい阿弥陀坐像）・〔朝田《ちょうでん》寺〕（空海の彫った地蔵立像と曽我蕭白の障壁画を伝える）。

〈伊勢市〉〔金剛証寺〕（伊勢神宮奥ノ院が俗称。伊勢参宮の隆盛とともに繁栄し、広い境内に朱塗りの太鼓橋を渡した池があり、諸堂宇が並ぶ。柿葺の本堂は桃山建築の美を表わす）・〔久昌寺〕（平知盛の菩提寺、鎌倉期の阿弥陀立像）。

〈多気町〉〔近長谷《きんちょうこく》寺〕（参道を一五分ほど登った山中に、藤原期六・五メートルの重文十一面観音立像）。

〈勢和村〉〔神宮寺〕（諸堂宇と多数の石仏が並ぶ大寺）。

南紀は台風のため二回の機会を逸し、残念ながら未見。観光名所の、京都市、奈良・大和路、吉野とともに、ガイド・ブックで補ってほしい。また関西地方は、学会の途次、日帰りで寄ったところが多いので、結果、一覧表的になったことを予めお断りしておく。

── 一〇 丹波に戻り、大阪郊外へ

(1)丹波（京都府）

丹波は、現在、京都府と兵庫県にわかれるが、ここでは、京都府のそれを。保津川下りの出発点〈亀岡市〉。三街道の分岐点にあたり、明智光秀の城下町として整備が始まった古い町で、西・北・南に神社・仏閣が多い。西、ちょっと遠いが〔法常寺〕まで足を延ばしたい。ここは歴代朝廷の美術品が多数保存されている名刹だが、内庭がいい（ただし非公開）。少し戻って〔金輪寺〕（四メートルの重文石造五重塔）・〔谷性《こくしょう》寺〕（光秀の菩提寺）・〔宝林寺〕（四メートルの石造九重塔と薬師・阿弥陀・釈迦の平安後期各坐像が重文）と廻り、八つ岩権現の磨崖仏をみて、北に、〔出雲大神宮〕（和銅年間の創建で、足利尊氏が修造した檜皮葺の本殿は流麗な重文）・〔極楽寺〕（重文十一面観音立像）・〔国分寺趾〕・〔養仙寺〕（四〇〇体の布袋像がある）、そして駅の南、〔穴太寺〕（閑かな集落のなかの西国札所二一番で古い釈迦涅槃像がある）・〔金剛寺〕（印象的な竜

宮風の山門をもち、円山應挙が晩年に残した数多くの重文波涛図・群仙図・山水図がある、穴太は彼の生れ故郷）・古社〔稗田《ひえだ》野《の》神社〕・〔神蔵寺〕（重文薬師坐像）と立ち寄れば、まずはオーケー。隣りの〈八木町〉の〔清源寺〕（二一体の木喰仏、とくに二メートルの釈迦は一〇〇〇体満願仏）に行ければ満願としようか。

〈園部市〉では、街から離れた〔摩気神社〕（延喜式内社）・〔普済寺〕（唐様観音堂が重文）・〔大山祇神社〕（重文柿葺本殿）。〈丹波町〉では、北の〔大福光寺〕（本堂・多宝塔が重文）、西の〔九手神社〕（丹波祖神大山咋命を祭る、本殿重文）。〝かやぶきの里〟で売る〈美山町〉の〔西乗寺〕に重文の阿弥陀三尊坐像（鎌倉初期作）。大本教の本部がある〈綾部市〉には、すべて駅の北側だが、それぞれ離れ離れに、北西に〔楞厳《りょうごん》寺〕（花の寺の異名）、北東に〔照福寺〕（枯山水の名勝含勝庭）、その北に〔安国寺〕（尊氏が各地に建てた安国寺の一つ、重文の地蔵半伽像）、駅から三〇キロ北東に離れて〔光明寺〕（聖徳太子創建、国宝仁王門）がある。〝丹波のもみじ寺〟と呼ばれる〔長安寺〕は〈福知山市〉の駅東姫髪《きはつ》山の山腹にあり、宮津行のバスを河守で乗り換えれば〈大江町〉の〔元伊勢神宮〕（内宮と整った外宮がある）は近い。

(2)大阪郊外

大阪府に入ろう。まず〈島本町〉に〔水無瀬神宮〕（後鳥羽院の離宮跡に建つ社、国宝の書画と重文の客殿・茶室灯心亭をもつ）、〈枚方市〉に〔交野天神社〕（鎌倉期天竺様式の本殿が重文）・〔片埜神社〕（檜皮葺の本殿が重文）、〈交野市〉の〔獅子窟寺〕（急坂を登った景勝の地にある幽寂の山寺、役行者が開いたもので十二神将を従えた国宝の薬師坐像があり、檜一木造平安初期作。裏山に三三観音石仏のほか奇岩巨岩と岩窟）は必見。〈高槻市〉にも北から、〔本山寺〕（本尊の行基作毘沙門天と聖観音の各立像が重文）・〔神峰山《かぶさん》寺〕（平安後期の阿弥陀坐像・聖観音立像二体が重文、石造の十三重塔・五重塔あり）という古刹（何れも役行者が開いたもので山の中腹にあり紅葉の名所）と〔安岡《あんこう》寺〕（平安末期の諸仏像）、それに茨木に近く〔普門寺〕（重文方丈と枯山水の石庭をもつ）がある。〈茨木市〉に入ると、延喜式内社の〔阿為《あい》神社〕・〔総持寺〕（西国札所二二番）。〈箕面市〉は関西の観光名所、紹介の要はないかもしれないが、役行者ゆかりの〔滝安寺〕（重文如意輪観音坐像）と〔西江寺〕、それと〔勝尾寺〕（西国札所二三番）がある。あとは兵庫に近く、〈能勢町〉の〔妙見山〕・〔今養寺〕（重文大日坐像ほか）、〈池田市〉の〔久安寺〕（重文の楼門と阿弥陀坐像）、

野中寺お染久松墓

〈豊中市〉の〝萩ノ寺〟〔東光院〕(重文釈迦坐像)と続く。

大阪市の東、奈良に近く、〈東大阪市〉に、まずは生駒寄りに河内一の宮の〔枚岡《ひらおか》神社〕(灯籠の並ぶ参道)のほか、北から〔興法寺〕(役行者開基)・〔慈光寺〕・〔六万寺〕(何れも行基創建)の古刹、市中の〔長栄寺〕(聖徳太子創建)。〈八尾市〉に、生駒寄りの〔玉祖《たまのおや》神社〕(式内社)、市中の〔顕証寺〕(久宝寺御坊)・〔大信寺〕(八尾御坊はコンクリート)・〔大聖将軍寺〕(聖徳太子開基〝下の太子〟の異名)、〈柏原町〉の〔安福寺〕(行基創建)がある。

多数の古墳群の存在で知られる南河内は古代文化の宝庫だ。なかでも〈藤井寺市〉には、天平時代の国宝千手観音坐像(実際に千本の手をもつ)で有名な〔葛井《ふじい》寺〕がある。西国札所五番、平地の乾いた雰囲気のなかにあるが風格が感ぜられるのはさすが。また東の尼寺〔道明寺〕(歌舞伎菅原伝授手習鑑に係わる古刹)にある国宝の一木造檀像十一面観音立像は筆者が見惚れたもの(ほかに重文の十一面・聖徳太子像があり、隣りには道明寺天満宮)。西の〈羽曳野市〉に〔野中《やちゅう》寺〕(〝中の太子〟の異名、何よりも白鳳期の金銅弥勒半伽像が有名)・〔誉《ごん》田《だ》八幡宮〕(応仁天皇陵を信仰の対象としたもの)。奈良県寄りの〈太子町〉にある〔叡福寺〕(〝上の太子〟の異名)は町なかにあるが、南大門・二天門・多宝塔（重文）・金堂と、諸堂宇が建つ巨刹、正面奥に太子の廟があった。河内は正に聖徳太子づくめである。

さらに南に下る。〈富田林市〉に、〔錦織神社〕（華麗な本殿が重文）・〔明王寺〕（眼病の参詣寺院、不動三尊が重文）・〔竜泉寺〕（山中の石段を登りつめた朱色の仁王門が重文、幽邃な庭がある）。そして、行かずばなるまい〈河内長野市〉、そこには、東南に〔観心寺〕、西南に〔金剛寺〕がある。行基の草創、南朝ゆかりの観心寺は弘仁期仏像の宝庫である。山門を入って石段を登った正面に建つのが鎌倉初期折衷様式（和様・唐様・天竺様）の国宝本堂、三間の向拝をつけた瓦葺の堂々たる建築である。本尊如意輪観音坐像は右立て膝で人に知られた官能美の国宝仏像、切れながら伏目がち、肉づきのいい頬にふれた六本の手、密教美術の粋がここにある。三宇の重文建築のほかに二〇数体の重文仏像を有する大寺といえば、その名刹ぶりが偲ばれよう。他方、金剛寺もこれに負けず劣らず重文の宝庫。鎌倉期の七堂宇と四仏像のほか多数の仏画を擁する（庭園もみごと）。同じく行基草創と伝え、後白河法皇の皇妹八条女院の女官が得度住持したことから女人高野と称され、のち北朝の三上皇の行在所に、また後村上天皇の行宮ともなった名刹である。ここで気を静めて、更めて市内をみれば、駅のすぐ西側に〔長野神社〕（室町期檜皮葺の重文本堂）、ちょっと離れて東南に〔河合寺〕（入鹿の開創で七体の重文仏像）、西南に〔烏帽子形八幡神社〕（文明年間の建立になる檜皮葺重文本堂）、観心寺の南二キロ、紅葉谷の名がある紅葉の名所“鬼住の里”に空海開基の〔延命寺〕（釈迦立像と曼荼羅の重文）、ここから西一・八キロに〔興禅寺〕（行基開創の習合色の濃い古刹、重文阿弥陀坐像）がある。

古代朝廷の痕跡を止める大阪の宗教美術はほんとに奥深い。やっと最後の和泉に辿りついた。

まず仁徳天皇陵のある〈堺市〉から。瓦土塀を巡らす〔南宗寺〕には広い境内に多くの塔頭が立ち、紹鴎らの茶道精神の基を培ったという静かな雰囲気が流れる。織部の作庭は枯山水、仏殿が重文である。すぐ東の〔大安寺〕の本堂には永徳の障壁画がある。阪和線津久野駅近くにある〔家原《えばら》寺〕は行基生誕の地で、巨勢金岡の描いた行基菩薩行状絵伝（重文）がある。南部にあるのが、〔日部《くさべ》神社〕（本殿は室町初期の重文）・〔多治速比売神社〕（天文年間の重文本殿）・〔桜井神社〕（鎌倉前期の重文拝殿）・〔法道寺〕（正平年間の重文多宝塔）。〈泉大津市〉に〔泉穴師神社〕（重文本殿と平安期の神像八三

中山寺八百羅漢

体）、〈和泉市〉に、市中の〔聖神社〕（本殿・末社二殿が重文）、和歌山寄りに〔松尾寺〕（桜の名所）・〔施福寺〕（槙尾山頂の西国札所四番）、〈岸和田市〉の市中に〔兵頭《ひょうず》神社〕（重文桃山期本殿）・行基開創の〔久米田《くめた》寺〕、南東に〔積川《つがわ》神社〕（桃山様式の重文本殿）・役行者開創の〔大威徳寺〕（天文年間の重文多宝塔）、〈貝塚市〉には、行基開創の、〔水間寺〕（豪壮な本堂と三重塔）・〔孝恩寺〕（鎌倉期の国宝観音堂と一八体の等身大重文仏像を擁する名刹）、〈熊取町〉の〔来迎寺〕（鎌倉様式の重文本堂）、〈泉佐野市〉の〔慈眼院〕（文永年間の国宝多宝塔と重文金堂）・〔意賀美《おがみ》神社〕（嘉吉年間の重文本殿）・〔七宝滝《しっぽうりゅう》寺〕（役行者開創で舞台造本堂）、県境の〈岬町〉に、湾に面し〔船守神社〕（慶長年間建立の重文本堂）・〔興善寺〕（三メートルに及ぶ平安後期の大日坐像ほか二体の重文仏像）がある。

まこと、大阪府内では、聖徳太子・役行者・行基ゆかりの古寺が踵を切するというのも、むべなるかな。

一一　播州へ向けて

(1)六甲山麓

現在、工業都市として知られる〈尼崎市〉も、かつては城下町。ここに寺町があり築地塀の続く街並みのあることは、余り知られていない。〔本興寺〕（唐様の開山堂ほかの重文あり）・〔長遠寺〕（重文の本堂・多宝塔）。隣り〈伊丹市〉に江戸期再建の〔昆陽寺《こやでら》〕（行基創建）、北〈川西市〉に多田源氏ゆかりの〔満願寺〕（重文石造九重塔に池泉回遊庭園）と〔多田神社〕（本殿・拝殿・随身門が重文）。〈宝塚市〉では、西国札所二四番〔中山《なかやま》寺〕（聖徳太子開創、四体の重文仏像と八〇〇体の羅漢）に、何よりも鉄斎ゆかりの〔清荒神《きよしこうじん》〕が必見である。〈西宮市〉の〔浄橋寺〕（重文の阿弥陀三尊）も近くに。芦屋寄りの〔神呪《かんのう》寺〕は、眺めはよいが、周辺はすっかり開発が進んでいた（四体の重文仏像を有する）。〈神戸市〉周辺は名刹だけをみてみよう。

太山寺三重塔

　摩耶山の中腹にある〔忉利天《とうりてん》上《じょう》寺〕は法道仙人開基の古刹、四〇〇段の石段と聞けば胸が躍るが、古い建物は火災で焼失。むしろ再度山の〔大竜寺〕が魅力（和気清麻呂が開創、如意輪坐像が重文）、風趣がある山里に〔無動寺〕がある。後者は聖徳太子の創建で、閑静な境内で大日・釈迦・阿弥陀・不動明王の坐像と十一面観音立像の重文仏像が出迎えてくれる。ここから歩いて五分、通称〔六條八幡〕（中村八幡神社）に、なんと檜皮葺の室町中期三重塔（重文）があった。そして、市の北はずれの〔石峯寺《しゃくぶ》〕にも色鮮かな同時期の三重塔（薬師堂とともに重文、法道仙人開基）。

万葉の昔から詠われた須磨・明石。まずは一ノ谷合戦ゆかりの〔須磨寺〕、簡素な雰囲気に何故か物悲しさを感じたのは〝一谷嫩《ふたば》軍記〟の故か。下駄をひっくり返す遊び道具があるのは何故か。海岸にでれば、しかし、かつての白砂青松は跡形もない。北、丘陵に沿って、東から〔妙法寺〕（行基開創の古刹、昆沙門天が重文）・〔転法輪寺〕（藤原期の重文阿弥陀坐像）・〔多聞寺〕（藤原期の阿弥陀・日光・月光が重文）と西に延びる。必見はさらに北にある〔太山寺〕、重文の壮大な八脚仁王門をくぐると、石垣をあちこちにめぐらす参道が続く。塔頭の安養院（枯山水庭園）をすぎると、三重塔・阿弥陀堂、そして銅板葺朱色の和様国宝本堂（一四世紀初めの再建）がみえてくる。二万坪近い境内に堂宇が並び（多くの重文仏像・仏画を有するが阿弥陀坐像のみ公開）、閑雅な趣が満ちる。岩場の不動磨崖仏、数多くの石仏など、訪ねるものを倦きさせない。そして法道仙人開基の〔如意寺〕、松林のなか、手前に文殊堂（室町中期）、その先、左右に阿弥陀堂・三重塔（室町初期）が対置する。しばし見とれる塔である。〈明石市〉でまずいったのが〔柿本神社〕、何でここに柿本人麻呂がという疑問からであったが、彼が石見の国守となる前に播磨守であったといい、石見から都に上る途中に寄っていたらしい。西隣りが空海創建の〔月照寺〕で柿本神社が鎮守神。舞子浜に走ると、三階建八角堂の中国式建築〔移情閣〕が道路脇にポツネンと建っていた。

(2)兵庫丹波

兵庫丹波を駆け足で回ってみよう。〈三田《さんだ》市〉で忘れてならないのは、〔永沢《ようたく》寺〕（篠山に近い北端にあり今も禅寺の厳しい雰囲気を漂わせている）と〔金心《こんしん》寺〕（三田は金心寺の門前町、重文三像）。北、〈丹南町〉の〔大国寺〕には、和唐折衷の本堂（室町初期建立）と五体の藤原期仏像（何れも重文）、東に、〈篠山町〉の〔西光寺〕（平安期の重文仏像四体）・〔櫛石窓《くしいわまど》神社〕（延喜式内社、三体の重文神像）、さらに北に向って〈山南《さんなん》町〉の〔常勝寺〕（長い石段を登りつめた本堂に秘仏銅造千手観音立像）・〔石龕《セキガン》寺〕（定慶作の金剛力士像）、〈柏原町〉の〔八幡〕（社殿が重文、三重塔あり）、〈氷上《ひかみ》町〉の名刹〔達身寺〕（行基の草創、一〇数体の重文仏像）などがある。

(3)播磨地方

巨刹随一の円教寺、鶴林寺・一乗寺・浄土寺・斑鳩寺などの名刹が周辺に散在する姫路が、やはり根拠地となろう。新幹線からも眺められる書寫全山が寺域という西国札所二七番の巨刹が〔円教寺〕。大堂宇が並ぶ山上まではロープ

鶴林寺本堂

ウェイ、そしてしばらく山道を行くと（観光馬車あり）、見上げるような懸崖造の摩尼殿が目に入る（重文の四天王像あり）。手前の小道を左に辿れば、壮大な重層の大講堂、常行堂、食堂がコの字に並び（何れも重文）、さらに奥に宝形造の開山堂がある。

さて、姫路の東からぐるり回ってみよう。まずは〈三木市〉の〔伽耶《かや》院〕、七世紀創建の古刹で開基は法道仙人。本堂・多宝塔が重文。ついで、〈小野市〉の〔浄土寺〕は、東大寺大仏殿再建の大勧進重源が東大寺別所として建立した寺院である。田園の只中に、白い築地をめぐらして国宝浄土堂（鎌倉初期天竺様式宝形造本瓦葺）・重文薬師堂などが建つ。丁度、図画の課外授業で小学校児童が群れており、いささか雰囲気がそがれたが、堂内に入ってびっくり。五メートルを越える本尊阿弥陀と二メートル半の両脇侍の各立像（国宝）が、堂内に突っ立って拝観者を威圧する。快慶作という。像をすえてから堂を建てたといわれ、天井はなく木組みが露わの化粧屋根裏。西日が堂内に入り朱塗りの柱が映えて、ここは文字通りの極楽浄土であった。

北に上ると、法道仙人開基の、〔光明寺〕〈滝野町〉と〔朝光寺〕（鎌倉末の国宝本堂）・〔清水寺〕（西国札所二五番）〈社町〉。西の〈加西市〉に回れば、古石仏群（鎌倉末期の五百羅漢〔北条石仏〕と白鳳期の半肉彫り三尊像のある〔古法華〕・法道仙人開基の二六番札所〔一乗寺〕（国宝三重塔・重文の三堂宇四仏像）。南、〈加古川市〉に下れば、聖徳太子開基の古刹〔鶴林寺〕。こんもりした森の広い境内に、国宝の本堂（室町初期の入母屋造本瓦葺）・太子堂（藤原期の宝形造檜皮葺）、重文の四堂と三重塔が建つ。そしてあの有名な白鳳仏金銅聖観音立像と弘仁仏十一面観音立像があった。硝子のケースに納まってやや場違いな感じを受けたが、きびしくも美しい等身大の十一面観音は忘れ難い。同じく太子開基の〔斑鳩寺〕〈太子町〉は法隆寺別院、重文の三重塔・仏像一二体を備える。

ここのところ、一見して、聖徳太子・法道仙人開基が目に付く。『元亨釈書』によれば、法道は天竺の人で、中国・百済をへて一乗寺に住んだという。摂・播・但で法道開創を伝える寺は百をこえ、何れも山岳寺院で十一面観音を祀るのが特徴。像は役小角に類似するが、筆者はむしろ泰澄との類似性に注目したいと思っている。

―― 一二　吉備国

(1)備前・美作

入口の〈備前市〉で〔真光寺〕（重文の本堂・三重塔）・岡山藩旧閑谷学校に寄れば、次は〈岡山市〉を根拠地にして周辺を回れよう。東側では、藩主池田家の菩提寺〔曹源寺〕（池泉回遊式庭園）・〔西大寺〕（総欅造本堂・三重塔）と、〔余慶寺〕（重文二像と三重塔）〈邑《お》久《く》町〉、〔本蓮寺〕（重文本堂・三重塔）〈牛窓町〉。東北には〔法界院〕・〔金山寺〕（重文本堂・三重塔）と、西北に〔妙教寺〕（通称最上《さいじょう》稲荷、巨大な鳥居が?）。さらに、木下藩の陣屋町足守に池泉回遊式の〔近水園〕と家老屋敷、西にはいわゆる吉備路が延びる。

ここの三題噺は、法然・吉備津彦・新熊野三山か。そのため、吉備路に入る前に津山線に沿って北上しよう。途中、〈御《み》津《つ》町〉に不受不施派総本山〔妙覚寺〕、そして〈久米南町〉に〔仏教寺〕・〔誕生寺〕がある。誕生寺は熊谷直実（蓮生坊）が法然上人の生家跡に創建したもので、法然母子別れの悲話が残る。美作国久米郡の押領使であった父漆間《うるま》時国が預所明石定明の夜襲で討死し叔父にひきとられた。時に九歳。長ずるにつれ、仇討ちを恐れる明石の手を逃れるため、母の薦めで比叡山に登ることになり、母子が涙で別れの手を振り

吉備津神社・本殿と拝殿

合ったとか。その証人の大銀杏（樹令八〇〇年？）が境内にたつ。法然、時に一三歳。ここには両親の廟、産湯の井戸、そして四三歳の自刻像と、遺跡が数多く残る。

〈津山市〉は美作の小京都。藩主森家別邸に残る衆楽園・田町の武家屋敷・安国寺・本源寺と寺町、それに勝間田町の商家と小京都の名に恥じない景観を残す。北に五キロ離れた〔中山神社〕は美作一の宮（本殿重文）、西一キロ、院庄館跡の〔作楽《さくら》神社〕には児島高徳の懐しい伝説が残る。

さて、古代に栄えた吉備国、四道将軍の一人吉備津彦命が、豪族温羅《うら》を鎮撫して、子孫は吉備国造として勢威をふるい、仁徳天皇の時代に吉備国総鎮護の神として祀られたという。それが〔吉備津神社〕で、松並木の参道と門前町を残す延喜式名神大社。足利義満が再建した本殿・拝殿が国宝、南北両隋身門は重文という必見の古社、本殿に直結する拝殿は妻入りに裳階《もこし》が付くという独特のもので、一見してその珍らしさがわかる。本殿右横から一直線に延びる三〇〇メートルの回廊があり、その長さに息を呑む。途中に鳴釜の神事が行われる御釜殿に大釜があった。ところが、北東に二〇分ほど歩いたところに〔吉備津彦神社〕という紛らわしい古社があって、こっちが備前一の宮（吉備津神社は三備一の宮）。吉備が大化改新で三備にわかれたときに分請されたもので、いわば分家。しかし、こちらには隋身門前にみごとな庭園がある。ここから造山古墳・風土記の丘・備中国分寺と、サイクル・ロードが田園地帯に延びる。

(2)備中

〔備中国分寺〕の五重塔が見えてくれば〈総社市〉。そして伯備線に沿って、本文で紹介した雪舟ゆかりの宝福寺の重文三重塔が迎えてくれるという次第。

かつての備中松山、板倉五万石の城下町〈高梁市〉は備中の小京都である。伯備線を降りたら、一気に臥牛山頂の松山城まで登ることにしよう。後は、武家屋敷・寺町通り、戻って紺屋町筋・本町と歩けばよい。町の東、山際に沿って一キロ強の寺町通りに、頼久寺・龍徳院・巨福寺・寿覚院・道源寺・定林寺・松蓮寺……と北から白壁が並ぶ。〔頼久寺〕は旧備中安国寺、サツキを刈り込んだ遠州作の枯山水様蓬莱庭園をもつが、刈り込みが余りにみごとで造り過ぎの印象を受ける。〔松蓮寺〕は二段構えの石垣の上に建つ砦風のもの。桜並木のある美観地区紺屋町筋に明治二二年建造の古いキリスト教会があった。

人気の観光都市〈倉敷市〉を中心に、吉備路に近く〔安養寺〕（重文二像）、西の外れに良寛がいた〔円通寺〕、南に〔藤戸寺〕（謡曲『藤戸』の舞台）がある。が、興味を引かれるのは児島半島で、そこには神仏混淆の見本のような古寺が居並ぶ。因由は、役行者の配流によって難を避け、ここに新熊野三山を造営した弟子の五流五家――尊滝院・大法院・報恩院・建徳院・伝流院――が存在したから。その中心が修験道総本山を名乗る〔五流尊滝院《そんりゅう》〕（熊野神社と共存、六棟の本殿が並ぶ）であり、新熊野三山の一つ〔蓮台寺〕（行基の開創、由加神社と共存し備前焼の大鳥居の奥に諸堂が建つ）もある。

(3)備後

吉備も広島県の東部、備後路に入る。

〈福山市〉で降りたら、足はいやでも名勝鞆ノ浦に向かう。まず〔明王院〕、開基は空海という古刹。緑を背に朱塗の本堂・五重塔（何れも鎌倉末の国宝）が鮮やかに建ち、今も瞼に焼きついている。五重塔は高さ三〇メートル、本瓦葺だが和様で優美である。ついで鞆の町なかに〔安国寺〕（重文の釈迦堂と仏像三体）、〔対潮楼〕（福禅寺の客殿で朝鮮通信使の宿舎）、半島の突端〔阿伏兎《あぶと》観音〕〈沼隈町〉と回る。断崖の石垣の上に立つ観音堂は三間四方宝形造の重文で、鞆の浦観光のシンボル・マークである。

仏　通　寺

文学碑で有名な〈尾道市〉は、坂道沿いに二〇余りの古寺がぎっしりの観光都市。駅から東に向って坂を上ったり降ったり、二時間半の寺めぐりコースが待っている。名前だけあげれば、〔持光寺〕・〔光明寺〕・〔千光寺〕・〔天寧寺〕（背後に孤立して重文三重塔あり）・〔慈観寺〕・〔福善寺〕・〔西国寺〕（行基開創の荘重な古刹、丹塗り重文の金堂・三重塔と仏像二体）・〔西郷寺〕（本堂・山門が重文の小さな寺）・〔浄土寺〕（聖徳太子の開創、壮大な伽藍が広い境内いっぱいに立ち並ぶ、国宝の本堂・多宝塔、重文の阿弥陀堂・山門・聖徳太子像）・〔海竜寺〕……と案内板に従って歩けばよい。かつては八一もの寺があったというから、廻船問屋の豊かな経済力がその支えになっていたのであろう。

小早川隆景が城を築いた〈三原市〉。のち福島正則・浅野家の城下町として繁栄を重ねたわりに名刹は少ない。しかし北西の郊外、広大な境内に三〇余の堂宇が散在する臨済宗仏通寺派大本山〔仏通寺〕がある。重文の地蔵堂、朱塗りの多宝塔……、老杉と楓に囲まれ森厳の趣ある名刹、ここは屈指の禅道場である。ほか、市街地の〔宗光寺〕・〔極楽寺〕に城の城門と裏門が移築されて残るにすぎない。三原から船で生口島〈瀬戸田町〉に渡れば、有名社寺の模造建築が集う〔耕

古保利薬師堂弘仁仏

三寺〕があるが、その裏手、国宝三重塔のある〔向上寺〕と、島の南にある〔光明三昧院〕（行基開創、重文十三重石塔）を忘れてはならない。大三島にある〔大山祇神社〕〈大三島町〉は知る人ぞ知る武具の宝庫。数多くの国宝・重文を擁する。

一三 安芸から長門へ

「安芸の小京都は」ときかれて、答えられる人は少ないのではないだろうか。城下町を想像していた人には意外や意外、塩の商都〈竹原〉であった。平安時代に下賀茂神社の荘園になり、京風文化を生みだしたことが小京都とよばれる所以であろう。市内には賀茂川が流れるが、ここに町人文化が花開いたのは、塩田経営で巨富を築いた商人達の学問に対する情熱によるものであった。東側山沿いに南から〔長生寺〕・〔西方寺〕（大悲閣である普明閣は宝形造二重屋根の前面に高楼が張り出した舞台造）・〔照蓮寺〕（江戸期竹原の文化センターで名園がある）と北に続く。突然、眼前に普明閣が現われたときの物珍らしさを伴った驚きは今も忘れ難い。麓、南北に古い街並みが続き、重要伝統的建造物群保存地区がある。山陽の祖父頼惟清《これすが》・頼春風の旧宅、本陣の吉井家・酒造竹鶴家の町家などなど。整備され過ぎという印象もあったが。

〝酒のふる里〟（加茂鶴・白牡丹・福美人など）〈西条市〉は素通りしてもいいだろう。浅野四二万石の城下町〈広島市〉に入る。被爆地ゆえ関心は郊外に向けられるが、とりあえずは浅野別邸の〔縮景園〕、そして〔三滝寺〕（多宝塔に重文阿弥陀坐像）・〔不動院〕へ。不動院は、前身が安芸安国寺という古刹であり、浅野の菩提寺である。国宝金堂は柿葺入母屋造正面三間側面四間裳階付で中世禅宗様仏殿では最大のもの。楼門・鐘楼などが重文。広島に滞在してこれだけでは勿体ないと、〈千代田町〉に車をとばす。目的は古保利薬師堂の仏像。貧弱な堂だと思ったが、なかにはなんと平安初期の重文弘仁仏一二体が安置されていた。何れも損傷・欠落があって痛々しく、正直、期待外れの感はあったが、よくよくみると温和な表現の優品であった。

山陽道の終り〈下関市〉。長府は長門の国府、小京都であり、そこに〔功山寺〕がある。ここは大内義長自刃の地・高杉晋作決起の地であるが、五間四方檜皮葺重層入母屋造唐様の国宝仏殿がある。また、新幹線駅舎近く、長門一の宮〔住吉神社〕に流造と春日造の折衷様式をもつ国宝本殿（拝殿重文）があるほか、関門橋近くに、あの安徳天皇を祀る〔赤間神宮〕がある。

—— 一四　いよいよ出雲

ＪＲで東京から一番不便な本州の地は鳥取であろう。そのせいか、名刹も、現在、その大部分が未訪のまま残っている。〈香住町〉の応挙寺、〈浜坂町〉の相応峰寺、〈鳥取市〉の摩仁寺、〈若桜《わかさ》町〉の不動院岩屋堂、〈智頭《ちず》町〉の豊乗《ぶじょう》寺、〈三朝《みささ》町〉の三仏寺、〈大栄町〉の観音寺、〈大山町〉の大山寺、そして伯耆の小京都〈倉吉市〉らが、それである。

(1)東出雲

かくして古寺遍歴は古代国家の雄、記紀神話の三分の一を占める〝神話の国〟、出雲という最後の佳境に入る。吉備国とともに、伯耆・出雲には近畿同様に巨大古墳が多く、また多数の鉄剣が出土したことで、かつてのその勢威が偲ばれる。出雲といえば、現在、出雲大社にだけ眼が奪われ勝ちだが、早くに大和政権に服した西出雲に引き換え、タタラ製鉄の技術に支えられて優れた武器を所持し、六世紀末まで中央政権に対抗した東出雲のことを考えれば、その中心松江周辺の巡歴にも史的興趣が湧こう。しかも、これには松平一八万石の城下町散策というオマケまで付くのだから、移動距離は延び

清　水　寺

ても、松江の宍道湖畔、嫁ケ島を望む宿に泊まって、出雲紀行の醍醐味を味わうということになるのではないか。

水の都〈松江市〉。現在は松平不昧公、小泉八雲によって広く知られている。松江城、塩見縄手の武家屋敷・小泉八雲旧居・明々庵・普門院・観月庵・菅田庵とくれば、茶室のオンパレードはさすが。西郊の〔月照寺〕は松平九代の菩提寺、境内三千坪、昼なお暗い木立のなかに廟が並ぶ。『怪談』にでてくる巨石の大亀は六代宗衍公の廟にある寿蔵碑。湖畔に近く重文名鐘の〔天倫寺〕がある。

松江大橋を渡ると雑賀（洞光寺・円成寺）を経て、神話の里・国府跡の風土記の丘に。出雲神話の里は〔八重垣神社〕・〔神魂《かもす》神社〕、南、〈八雲村〉の〔熊野大社〕に始まる。連理の玉椿の前に極細色の櫛名田姫の画を揚げているのが八重垣神社。須佐之男命・櫛名田姫を祭神とするところから重文板絵神像（巨勢金岡画）を模したものだろうが、一見観光神社かと見紛う。しかし、ここは『出雲風土記』にも記載された古社。だが男根を祀り、姫が姿を映した「鏡ノ池」（縁結びの占）ありで、神話の世界と現状の落差に唖然とする。

他方、神魂神社は、出雲国造の祖天穂日命の創建というのだから、ここが出雲国の本拠地であり、伊弉諾・伊弉冊を祀る境内は霊気漂う雰囲気の名社である。大社造（千木・内部とも出雲大社の男造に対する女造）の本殿は室町初期の墨書銘をもち国宝に指定されている。出雲一の宮、熊野大社は、これに対し、いわば東出雲の地主神を祀る古社で、本殿は新しいが同様に大社造である。

東に向う。〈広瀬町〉は、古くは富田《とだ》といい尼子の根拠地で、室町末には中国十一ケ国の中心であり、藤原初期の重文二像がある〔巌倉寺〕、草創当時の造顕になる重文二像がある〔城安寺〕（高い石段の上に壮麗な楼門が）がある。〈安来市〉、今は安来節で知られているが、ここの〔清水寺〕は山陰随一というにふさわしい巨刹。老杉・松に囲まれた一六万平方メートルの寺域をもつ推古朝開山の古い名刹。大門をくぐると、開山堂・本坊書院・宝蔵（平安初期の十一面観音立像・平安中後期の阿弥陀三尊像・丈六阿弥陀座像の重文像を納める）、そして高い石垣の上に文殊堂・護法堂・護摩堂・根本堂（七間四方柿葺入母屋造、重文）・毘沙門堂・三重塔（山陰唯一の総欅造、重文、三三メートル）と奥に続く。一文字池をもつ雄大な庭園のある本坊書院、塔頭蓮乗院の茶室古門堂など、みどころいっぱいである。二〇近くの堂宇、その伽藍配置の多様さは、さしずめ〃山陰の円教寺〃というところか。

西に、〔雲樹寺〕（重文の四脚門・書翰、ツツジの植え込みがみごと）がある。足立美術館は知る人ぞ知る。

〈米子市〉には現存する山陰最古の庭園（小ぶりだが）〔深田庭園〕がある。弓が浜を経て〈美保関町〉に入る。民謡でおなじみの〃関の五本松〃の近くに〔美保神社〕（重文本殿は比翼大社造という珍しい型式）・〔仏谷寺〕（後鳥羽・後醍醐隠岐配流のさいの行在所、八百屋お七の恋人吉三が出家後没した寺、重文貞観仏が五体）がある。

ここから島根半島の横断。枕木山（石垣が残る〔華蔵寺〕から中海の眺望が絶佳）、そして〈鹿島町〉の〔佐太神社〕（島根半島の地主神（？）、三棟並列の大社造）から〈平田市〉の〔一畑薬師〕への途は、宍道湖を見下ろしながらの快適なドライヴ・コース。一畑電鉄に乗ればローカル・カラー満喫ののんびり旅が味わえる。

(2)西出雲

一畑薬師は、国宝・重文こそないが、標高二〇〇メートルの山腹にある眼病治癒の妙心寺派参詣寺院（境内五万坪）。旧参道は麓から一三〇〇の石段を登る。そして壮大な石垣の上に庫裡・法堂が立ち並び、さらに数十段上れば鐘楼堂・薬師本堂・禅堂があり、法堂と薬師本堂が回廊で繋がるという巨

峰寺庭園

刹。途中、〔康国寺〕（書院の庭は茶室のある枯山水）に寄って、もう一つの名刹〔鰐淵《がくえん》寺〕に行く。安来の清水寺と並ぶ天台宗の古刹（推古朝開創）である。仁王門・大慈橋・是心院・松本坊・等樹院を通って根本中堂に至る。苔むした石垣・石段に歴史の重みを感じつつも、古木の多い静閑な境内は現世から隔絶された趣をもつ。多くの重文書画・推古朝の聖観音立像がある。

日御碕海岸〈大社町〉に出る。〔日御碕神社〕（和布刈《めかり》神事が知られる）に寄って、画聖巨勢金岡ゆかりの筆投島を経、〔出雲大社〕へ……。ついで〈出雲市〉の〔大寺薬師〕（推古朝創建だが小堂のみ、藤原初期の重文九像を残す）・〔光明寺〕（目黒・成田とともに日本三不動の一）・〔立久恵薬師〕（五百羅漢石像）から奥出雲に入れば、出雲路も終わりに近い。〈加茂町〉に〔光明寺〕（楓に包まれた長い石段をのぼった鐘楼に古い朝鮮銅鐘がある）があるが、目的地は〈三刀屋《みとや》町〉。展望のきく〔禅定寺〕（行基開創）から最終の〔峰寺〕へ。

かつて四二坊を連ねた関西修験道の中心的道場、峰寺は、現在残る三坊（主坊の普光寺に定朝作金剛大日如来とまんだら庭園がある）の総称で、役小角開基、現在は御室派に属する。苔むした石段をふみしめ、大きな草鞋を吊した茅葺の仁王門をくぐって境内に入ると、瓦葺重層向拝付の根本堂、茅葺三層の庫裡、行基作の重文聖観音が納まる観音堂などが並ぶ。閑寂な山中の古寺という雰囲気には、えもいわれぬ風情がある。「こんな山の中まで……」と、絵葉書を頂戴し茶菓のもてなしをうけて、一時間余の懇談に及ぶ。修験道と真言密教の話に夢中で、暗くなるまで辞する時機を失っていた。

出雲が抱える古社名刹の懐の大きさには全く言葉がない。

「補遺」という制約から、簡潔な紹介を旨としたため、寺社名の羅列に近く、加えて繁簡粗密さまざまという結果に終り、また写真の掲載も極力自制したため、筆者の巡歴の想いを十分に語ることができなかった。

本書に掲げた古社寺は、一九六〇年半ばごろから、一九九〇年ごろまでの足跡を辿ったもので、来訪の地が幾つか残ることになったのは、「はしがき」にも記したように、宗教の比較文化論への強い関心から、その後、ヨーロッパの聖堂巡礼に精を出すようになったためである。フランス・イタリア・イギリス・ドイツ・ベルギー・スイス……と回った近年の一〇数年、聖堂紀行の執筆の準備に執心して、古社寺巡礼(記)を完結させる余裕がなかった。

それはともかく現地につくと、とりあえず、駅の観光案内所もしくは当地観光協会、そこでなければ市役所・町役場の観光課を訪ねて、資料の入手に努めた。結構細かい寺社まで訪ねえたのはそのためで、「補遺」の執筆に当っては、それらの資料で当時を想起しながら、次の図書をも参考にした。

圭室文雄編『日本名刹大事典』雄山閣

『全国寺院大鑑』全三巻(上・下・別)法蔵館

宮地直一・佐伯有義監修『神道大辞典』臨川書店

白井永一・土岐昌訓編『神社辞典』東京堂出版

国宝・重要文化財(重文と略記)の指定・区別は拝観当時のもので、新しくは〈『国宝・重要文化財大全』全一二巻毎日新聞社〉を参照されたい。仏像には非公開のものもあったが、それらについては〈久野健編『仏像集成』全八巻　学生社〉を参照した。また、五重塔・三重塔の詳細な資料集〈濱島正士『日本仏塔集成』中央公論美術出版〉が出版された(二〇〇一年二月)。

御当地の古社名刹を知りうる機会を提供できたとあらば、筆者の喜びこれに過ぎるものはない。

〈著者紹介〉
池田政章（いけだ・まさあき）
1926年　金沢に生まれる
1954年　東京大学法学部卒業
現　在　立教大学名誉教授

〈主要著作〉

古寺のある風景（一粒社）

憲法社会体系Ⅰ（憲法過程論）（信山社）

憲法社会体系Ⅱ（憲法政策論）（信山社）

憲法社会体系Ⅲ（制度・運動・文化）（信山社）

『憲法』(1)(2)(3)(4)（有斐閣，共編著）

『憲法の歩み』（有斐閣，編著）

『裁判官の身分保障』（勁草書房、共編著）

『古都税反対運動の軌跡と展望』（第一法規，共編著）

古寺遍歴―法文化の深層を尋ねて―

2001年（平成13年）6月20日　初版第1刷発行

著者　池田政章

発行者　今井貴　渡辺左近

発行所　信山社出版株式会社
〔〒113-0033〕東京都文京区本郷6-2-9-102
電話　03(3818)1019
FAX　03(3818)0344

Printed in Japan.

印刷・製本／松澤印刷・大三製本

ISBN4-7972-2186-0　C3332

山田泰弘著

『株主代表訴訟の法理——生成と展開』

500509

栞第1刷
2000・12①

信山社
東京都文京区
本郷6-2-9-102

総合的な株主代表訴訟論

浜田道代
（名古屋大学法学部教授）

会社法と民事訴訟法との境界領域に位置している株主代表訴訟制度は、取り組み始めると止めどもなく疑問が深まるばかりになるような難問をいくつも孕んでいる。本書は、この難問に正面から取り組んで、包括的総合的に深く掘り下げた成果を収めたものである。とりわけ、代表訴訟制度を法的構造論との関係で解明しようとしている点に、本書の最大の特色がある。これは、これまでなされてこなかったことが不思議なほどに基礎的な取り組みであり、これによって解釈上・立法上の諸問題を考察する前提となる大きな構造論を成り立たせたという点で、本書の理論的な寄与は大きい。

株主代表訴訟は、昭和二五年に初めて我が国に導入された当初、アメリカ法との比較において精力的に研究が進められた。その時点でもっともこれを深く研究したのは、北沢正啓博士である。その後も注目に値する論文等がいくつか発表されたが、現実に株主代表訴訟が提起されることは多くなかったことを反映して、研究面でも日本法の立場に即した分析が特に深められることは少なかった。平成五年の商法改正は、この状況に大きな変化をもたらした。訴訟を手がける実務弁護士が依頼人の立場を守るのに好都合な新しい見解を発表し始め、その影響下に判例が新たな展開を見せ、あるいは従来十分に想定されていなかったような実務処理が進められるようになった。このような状況を受けて、訴訟法学者も会社法学者も、目前の諸課題につき活発に見解を発表するようになり、いくつかのテーマをめぐって鋭く論争が繰り広げられる事態となった。さらに、解釈論を工夫するだけでは取締役が窮地に陥るのを妨げないと懸念する立場から、議員立法による立法的な手当が目論まれるようになった。近時の法務省法制審議会商法部会による商法の大幅見直し計画の中でも、代表訴訟制度の見直しが一つのテーマとして検討されることになった。

このような状況下で、本書はこのテーマに最も総合的包括的に取り組んだ本格的な研究である。とりわけ次の諸点において、高く評価される。

第一に、比較法的観点からアメリカ法に加えてイギリス法を丹念に辿った。これまで我が国においてはアメリカ法について研究の蓄積があるものの、イギリス法には余り目が向けられてこなかった。イギリス法を視野に取り込んだことは、これがアメリカ法のさらに源流をなしているという事実と、一九世紀以降イギリスの株主代表訴訟がアメリカとは異なる方向へと進んだという事実ゆえに、本書の考察を多角的で幅のあるものとするのに役立っている。

第二に、株主代表訴訟が日本に導入された昭和二五年商法改正前後の状況もまた丹念に辿っている。イギリス・アメリカの制度との比較に加えて、旧制度から新制度へ何がどのように変わったかを明らかとすることにより、日本の代表訴訟制度を構造的に分析しうる視点を獲得している。

第三に、訴訟の現場から突きつけられている解釈問題のうち主要なものをもれなく取り上げて、統一的な視点から議論を展開している。関連する数多くの判例・決定例や論文・判例評釈を渉猟し、それらを踏まえた上で、それぞれの論点に関する自らの見解を矛盾を来さない形で提示することに成功している。しかも、それぞれに提示されている結論は、現実の要請に十分な考慮をしながらも、代表訴訟の構造分析に基づく論理的体系的思考を重視したものとなっている。現実の都合を優先させて理論的矛盾を抱え込むことをいとわない利益衡量的な解釈論や立法論を厳しく廃している点に特徴がある。

第四に、取締役の責任は誰がどのように追及するものとすべきかにつき、考え得るモデルとその折りに遭遇するであろう問題点を列挙し、各国の制度を手がかりにしつつ、理論的総合的な分析を試みている。その分析成果を基礎に、日本の代表訴訟制度に一定の評価を下し、今後の制度改革の方向性を示している。

第五に、親子会社・株式交換の問題へと研究を広げ、多重代表訴訟の問題につき本格的な議論を展開している。この視角からアメリカ法を詳細に分析したものは、これまで我が国に見られなかった。しかもその分析を基礎に、日本法の下で、多重代表訴訟に関する新たな解釈論を提示している。

以上により、本書は学界レベルの最先端を切り開く最も意欲的な業績の一つに数えられるべきものとなっている。

山田氏は、株主代表訴訟が活発化する機縁となった平成五年商法改正時において、学部の三年次生として、私の商法演習に参加した。この株主代表訴訟制度を分析すれば、今日の日本社会を成り立たせる本質的な要素を解明することにつながるとの直感を得て、学部学生時代からこのテーマと真剣に取り組み始めた。学部卒業後は大学院へと進学し、五年の歳月をかけてこの課題と格闘してきた。そのようにして、注ぎ込まれた努力が本書として実を結んだ。

今後株主代表訴訟のあり方について考察を深めようとする者にとって、必読の書となるに違いない。

［著者紹介］　**山田泰弘**（やまだ・よしひろ）
一九七二（昭和47）年生まれ
一九九五（平成7）年3月　名古屋大学法学部卒業
一九九七（平成9）年3月　名古屋大学大学院法学研究科博士課程（前期課程）修了
二〇〇〇（平成12）年3月　名古屋大学大学院法学研究科博士課程（後期課程）修了
高崎経済大学経済学部経営学科講師・博士（法学）

2003 民事手続法の基礎理論 民事手続論集 第1巻 谷口安平著 近刊
2004 多数当事者訴訟・会社訴訟 民事手続論集 第2巻 谷口安平著 近刊
2005 民事紛争処理 民事手続論集 第3巻 谷口安平著 A5判上製 11,000円 新刊
2006 民事執行・民事保全・倒産処理（上）民事手続論集 第4巻 谷口安平著 12,000円
2007 民事執行・民事保全・倒産処理（下）民事手続論集 第5巻 谷口安平著 近刊
2166 明治初期民事訴訟の研究 瀧川叡一著 4,000円 新刊
163 日本裁判制度史論考 瀧川叡一著 6,311円 ４６変 341頁 上製箱入
628 裁判法の考え方 萩原金美著 2,800円 ４６変 320頁 並製
789 民事手続法の改革 リュケ教授退官記念 石川 明・中野貞一郎編 20,000円
2118 パラリーガル 田中克郎・藤かえで著 2,800円 Ａ５変 256頁 上製カバー
2125 法律・裁判・弁護 位野木益雄著 8,000円 Ａ５判変 336頁 上製カバー
419 近代行政改革と日本の裁判所 前山亮吉著 7,184円 Ａ５変 336頁 上製箱入カバー
850 弁護士カルテル 三宅伸吾著 2,800円 ４６変 211頁 並製ＰＰ
575 裁判活性論 井上正三ディベート集Ⅰ 井上正三著 9,709円 Ａ５変 35頁 上製箱入り
605 紛争解決学 廣田尚久著 3,864円 Ａ５変 402頁 上製カバー
2157 紛争解決の最先端 廣田尚久著 2,000円 四六判 184頁
9013 民事紛争をめぐる法的諸問題 白川和雄先生古稀記念 15,000円 Ａ５変 660頁
5018 図説判決原本の遺産 林屋 礼二・石井 紫郎編 1,600円 Ａ５ 102頁 並製カバー
102 小山昇著作集（全１３巻セット）小山昇著作集セット 257,282円
28 訴訟物の研究 小山昇著作集1 37728円 菊変 504頁 上製箱入り
29 判決効の研究 小山昇著作集2 12,000円 菊変 382頁 上製箱入り
30 訴訟行為・立証責任・訴訟要件の研究 小山昇著作集３14,000円 菊変 380頁
31 多数当事者訴訟の研究 小山昇著作集４ 12,000円 菊変 496頁 上製箱入り
32 追加請求の研究 小山昇著作集５ 11,000円 菊変 310頁 上製箱入り
33 仲裁の研究 小山昇著作集６ 44,000円 菊変 645頁 上製箱入り
34 民事調停・和解の研究 小山昇著作集７ 12000円 菊変 328頁 上製箱入り
35 家事事件の研究 小山昇著作集８ 35,000円 菊変 488頁 上製箱入り
36 保全・執行・破産の研究 小山昇著作集９ 14,000円 菊変 496頁 上製箱入り
37 判決の瑕疵の研究 小山昇著作集１０ 20,000円 菊変 540頁 上製箱入り
38 民事裁判の本質探して 小山昇著作集１１ 15,553円 菊変 345頁 上製箱入り
39 よき司法を求めて 小山昇著作集１２ 16,000円 菊変 430頁 上製箱入り
109 余録・随想・書評 小山昇著作集１３ 14000円 菊変 380頁 上製箱入り
898 裁判と法 小山昇著作集 別巻１ 5,000円 Ａ５変 336頁 上製箱入り
1794 法の発生 小山昇著作集 別巻２ 7,200円 Ａ５変 304頁 上製カバー
55 訴訟における時代思潮 クライン Ｆ.・キヨベェンダ Ｇ.著 1,800円 ４６変 172頁
62 日本公証人論 植村秀三著 5,000円 Ａ５変 346頁 上製箱入り
1791 やさしい裁判法 半田和朗著 2,800円 Ａ５変 232頁 並製表紙ＰＰ
96 民事紛争解決手続論 太田勝造著 8,252円 Ａ５変 304頁 上製箱入り
103 比較訴訟法学の精神 貝瀬幸雄著 5,000円Ａ５変 312頁 上製箱入り
172 体系アメリカ民事訴訟法 グリーン Ｍ 小島武司 他訳13,000円 Ａ５変 452頁 上製箱入り
374 要件事実の再構成（増補新版）三井哲夫著 13,000円 Ａ５変 424頁 上製箱入り
904 司法書士のための裁判事務研究・入門 日本司法書士会連合会編 5,000円
552 民事紛争交渉過程論 和田仁孝著 7,767円 Ａ５変 300頁 上製箱入り
814 民事紛争処理理論 和田仁孝 著 2,718円 Ａ５変 29頁 並製カバー
569 多数当事者の訴訟 井上治典著 8,000円 Ａ５変 316頁 上製箱入り
630 民事訴訟審理構造論 山本和彦著 12,621円 Ａ５変 430頁 上製箱入り
685 国際化社会の民事訴訟 貝瀬幸雄著 20,000円 Ａ５変 640頁 上製箱入り

中東正文編著

［日本立法資料全集］

『商法改正［昭和25年・26年］ＧＨＱ／ＳＣＡＰ文書』

500510

菜第１刷
2001・3①

信山社
東京都文京区
本郷6-2-9-102

戦後の会社法の骨格を作った昭和二五・二六年改正

中京大学学長
名古屋大学名誉教授
弁護士　北澤正啓

昭和二五年商法改正は、戦後の会社法の骨格を形作ったという点で、現在までの最も重要な改正である。それにもかかわらず、これまで改正の経緯に関する資料については、関係者の回顧録などがあるにとどまり、学術的な分析が十分になされてこなかった。

このような状況のもとで、しかも商法が明治三二年の制定一〇〇周年を迎えた年に、昭和二五年と翌二六年の改正に関するＧＨＱ／ＳＣＡＰ文書が、ほぼ完全な形で刊行されることは誠に意義深い。これによって、少なくともＧＨＱ側の資料はほぼ完全に出揃い、他方、日本側から提出された資料も少なからず明らかにされたから、占領当局との折衝過程も相当程度明らかになった。

昭和二五年と二六年の改正について、いつの日か誰かがこのような研究をしてくれることを私自身期待していたが、名古屋大学で私の最後の講義を聞き、浜田道代教授の薫陶を受けている新進気鋭の中東正文君がこれを完成されたことは、欣快至極である。

今後の商法の発展を考えるに当っては、会社法の歴史を確認することが不可欠である。本書は、会社法の研究者のみならず、実務家にとっても、必読の書物といえよう。

第二回大隅健一郎賞受賞の論文を核に
GHQ／SCAP文書を収集・分析

名古屋大学大学院
法学研究科教授　浜田道代

本書は、第二回大隅健一郎賞の対象となった論文を核として、資料集としてもいっそうの完全を期したものである。栄誉ある大隅賞が授与されたものであるだけに、会社法の来し方行く末を考えてみる上で、不可欠の文献となっている。

歴史的な研究は、地道で着実な努力を要する割には、労力に見合った成果を得ることが極めて困難なものである。しかし、中東正文氏は、昭和二五年・二六年の商法改正につき、その鍵が収められているGHQ／SCAP文書に正面から取り組み、膨大な資料の収集および分析に総力を結集した結果、実に実り多い成果を導き出すことに成功した。上述のように学問上も高い評価を与えられるべき著作にまとめ上げることができたという点で、本書は、歴史的研究としては希有なほどに幸せな部類の研究に属するといえるであろうが、それもすべて、彼の着眼点のよさと分析力の確かさと注ぎ込んだ情熱の大きさのなせるわざである。

中東氏の本研究は、もとをたどれば、北澤正啓先生の古稀祝賀論文集『日本会社立法の歴史的展開』(商事法務研究会、一九九九年)の企画の一環としてなされたものである。この古稀祝賀論文集の企画にあたっては、執筆分担を適材適所でお願いしたところが、編者としての私の会心の部分である。それぞれの方に最も似合いの箇所の担当をお願いしたがゆえに、各自充実感を感じながら執筆していただけたのではないかと自負している。そこでは、熱心に取り組むうちに次第に深く入り込んで詳細な研究を成し遂げた者が続出したが、この中東氏の研究こそ、その最たるものであった。

ＧＨＱ体制下で進められた昭和二五年・二六年の商法改正は、わが国の戦後の様相を大きく規定したものであり、日本会社立法史上最大級の意義を有するものであったことはいうまでもない。そのような重要な課題に取り組んで、これほどまでによく消化し、学界に多大な還元をなし得る学術的成果に結実させたのは、中東氏の抜きん出た能力と着実な努力があってのことである。ＧＨＱに関する資料が比較的まとまった形で存在しているであろうことは、北澤先生も期待されていたようであるが、これほど膨大な資料を取り扱うことになろうとは、当初は想像もできなかった。五〇年前の資料とはいえ、読みとることすら困難な資料が多かったようである。それを読み込み、系統的に整序する作業は一段と難しく、並大抵の努力をもってしては行いうるものではない。

近時は会社法の改正を巡る動きも一段と目まぐるしく、それに伴って会社法研究も目前にある問題を直接的に取り扱うものが多くなっている。それ自体必要であり、有意義であるには違いないが、このような時代環境にあるだけに、現在の問題のルーツがどこにあるのかを探求することが欠かせなくなっている。その意味でも、本書の意義は、様々な立法提案がなされる現代にあって、古くて新しい視点を提供するものである。

中東氏の意欲的な労作が、会社法の研究者のみならず、法の運用や立案に携わる各界の人々に活用されることを期待してやまない。

［編者紹介］ **中東正文**（なかひがし・まさふみ）

名古屋大学大学院法学研究科助教授

一九六五年　三重県伊勢市で生まれる。

一九八九年　名古屋大学法学部卒業、一九九一年　名古屋大学大学院法学研究科博士課程（前期課程）修了。同年　名古屋大学法学部助手、一九九三年　中京大学法学部専任講師、一九九六年　名古屋大学法学部助教授、一九九九年に改組により現職。

一九九二－一九九三年　カリフォルニア大学バークレー校ロー・スクール客員研究員、一九九八年　ビクトリア大学法学部客員研究員。

一九九七年　第二回大隈健一郎賞を受賞